Christoph Sigwart

Kleine Schriften

Zweite Reihe

Christoph Sigwart

Kleine Schriften
Zweite Reihe

ISBN/EAN: 9783337336202

Hergestellt in Europa, USA, Kanada, Australien, Japan

Cover: Foto ©ninafisch / pixelio.de

Weitere Bücher finden Sie auf **www.hansebooks.com**

Kleine Schriften

von

Christoph Sigwart,
Professor der Philosophie an der Universität Tübingen.

Zweite Reihe.

Freiburg i/B. und Tübingen 1881.
Akademische Verlagsbuchhandlung von J. C. B. Mohr.
(Paul Siebeck.)

131952.

Druck von H. Laupp in Tübingen.

Vorwort.

Die Rede, welche dieses Bändchen eröffnet, ist zuerst in der Beilage des Staatsanzeigers für Württemberg vom 5. April 1876 gedruckt worden, und hier nur insofern etwas abgekürzt, als einige Sätze weggelassen sind, welchen keine allgemeinere Bedeutung zukam.

Die zweite und dritte Abhandlung sind aus hier gehaltenen Vorträgen entstanden; die vierte ist ein revidierter Abdruck des auf Ostern 1879 erschienenen Programmes der hiesigen philosophischen Facultät. Die wenigen Veränderungen, welche die Darstellung erfahren hat, bestehen theils in genauerer Ausführung einzelner Punkte, theils in Weglassung überwiegend kritischer Stellen.

Die fünfte Nummer führt einige Gedanken weiter aus, welche ich in dem Artikel „Temperamente" in der pädagogischen Encyclopädie von Schmid, Palmer und Wildermuth niedergelegt hatte.

Der letzte Vortrag endlich ist in engerem Kreise gehalten; sein Gegenstand wird das leichtere Gewand rechtfertigen, welches, wie ich hoffe, nicht so weit seine Gleichartigkeit mit ernsteren Untersuchungen verhüllen wird, daß er nicht die Reihe derselben beschließen dürfte.

Tübingen, März 1881.

Der Verfasser.

Inhalt.

Ueber die sittlichen Grundlagen der Wissenschaft.

Rede zur Feier des Geburtsfestes des Königs in der Aula
zu Tübingen am 6. März 1876.

In einer Stunde, in welcher wir zusammentreten, um
den Gefühlen ehrfurchtvollen Dankes gegen den hohen Er=
halter und Beschützer unserer Hochschule Ausdruck zu geben,
ziemt es sich wohl auf das Ziel hinzublicken, das unsere aka=
demische Gemeinde sich steckt, und uns den Sinn unseres
gemeinschaftlichen Thuns zu vergegenwärtigen. Ich fürchte
den Vorwurf nicht, daß sich darüber nichts Neues und nur
Selbstverständliches sagen lasse; denn an das, was selbst=
verständlich ist, muß zuletzt in der Wissenschaft wie im Le=
ben jede Ueberlegung und jede Entscheidung anknüpfen;
und der Philosoph wenigstens lernt in dem unaufhaltsamen
Wechsel neuer Lehre alte und erprobte Wahrheit so schätzen,
daß er in der Wiederholung des Alten keine Gefahr sieht.
Ueberdem gilt der Gewohnheit und der herrschenden Mei=
nung Vieles als längst ausgemacht und selbstverständlich,
bei dem vorsichtigere Untersuchung doch noch das Recht hat,
nach der Begründung seines Anspruchs zu fragen und den
Sinn festzustellen, in welchem dieser Anspruch gilt. So
wird heutzutage Niemand, auf dessen Stimme wir hören,

1

die Nothwendigkeit bestreiten wollen, daß der Staat die Wissenschaft pflege und wissenschaftliche Anstalten erhalte, daß eine Anzahl von Männern die Wissenschaft und ihre Lehre zum ausschließlichen Lebensberuf mache, und daß die Erkenntniß und Verbreitung der Wissenschaft von keiner Rücksicht beschränkt werden dürfe; aber doch würden wir nicht durchweg gleichlautende Antworten erhalten, wenn wir fragten, was denn der letzte Grund dieser Nothwendigkeit und ihr eigentlicher Charakter sei.

Wir reden häufig von der Wissenschaft, als ob sie ein selbständiges, wesenhaftes Dasein hätte, wie ein ausgedehn= ter Bau auf festen Fundamenten, in den wir nur einzutre= ten und dessen einzelne Räume wir zu durchwandern und unter uns zu theilen hätten, oder wie ein lebendiger Organismus, der aus unscheinbaren Anfängen wächst und sich entwickelt, Zweig um Zweig aus sich hervortreibt nach inneren Ge= setzen, die wir aus seiner Geschichte zu entnehmen trachten, und nach denen wir uns eine Vorstellung des vollen aus= gewachsenen Ganzen entwerfen. Aber unter welchem Bilde wir von solchem Sein und Leben der Wissenschaft re= den mögen, es bleibt immer ein Bild, dem nur unsere Phantasie ein selbständiges Dasein verleiht. In ähnlichem Sinne reden wir auch von der Sprache, von ihrem Mate= rial, ihrem Bau, ihren Gesetzen, ihrer Entwicklung, und vergessen oft dabei, daß die Sprache ihre wirkliche Existenz nur im Sprechen und Verstehen der Einzelnen hat; oder wir reden vom Staate als einer außer uns und über uns stehenden Macht, wir leihen ihm eine Art von persönli=

chem Dasein, ein Leben das Jahrhunderte oder Jahrtau=
sende dauert; und doch besteht der Staat nur durch den
Willen und die Thätigkeit seiner Glieder, hat seine Festig=
keit nur in ihrer Uebereinstimmung, und seine Macht nur
dadurch, daß die Ordnungen des gemeinsamen Lebens bei
der weit überwiegenden Zahl der Zusammenlebenden vermöge
ihrer Interessen und ihrer sittlichen Gesinnung Anerkennung
erlangen und den Willen erzeugen, diese Ordnungen zu er=
halten.

So ist es auch mit der Wissenschaft; sie besteht und
lebt nur in dem Geiste der Einzelnen; sie wurzelt in ihrem
Gedächtniß und der Kraft ihres Denkens, und ihr Fortbe=
stand ist die ununterbrochene Arbeit, durch welche der Ein=
zelne das Wissen erwirbt, sich gegenwärtig hält und erwei=
tert, ihre Zukunft endlich ruht darauf, daß statt der ab=
sterbenden Generationen immer neue und neue Reihen die=
selbe Arbeit des Lernens und Forschens wieder beginnen
und weiter führen. Wohl mag es uns, wenn wir den im=
mer wachsenden Umfang des Wissens bedenken, mit einer
Art von Bangigkeit erfüllen, daß in so zerbrechlichen und
engen Gefäßen eine so unermeßliche Fülle kostbaren Gutes
aufbewahrt werden soll, und wir fragen besorgt, wohin
es kommen mag, wenn ein immer kleinerer Bruchtheil des
gesammten Schatzes wirklicher Besitz eines Einzelnen wer=
den, als lebendiger Gedanke in ihm vorhanden sein und in
Andern erzeugt werden wird. Und wie zum Troste wen=
den sich dann unsere Blicke hinauf zu den weiten Räumen,
in denen schwarz auf weiß die Wissenschaft von Jahrhun=

derten und Jahrtausenden ihre dauernde greifbare Wirk=
lichkeit hat, und die lange Kunst der Vergänglichkeit des
kurzen Lebens entrückt ist. Aber es ist ein melancholischer
Trost; denn erst recht bringlich fragen uns diese Bände,
wie viel lebendige Kraft nöthig sei, um die erstarrten Ge=
danken aus dem Todtenschlafe zu erwecken, und es muthet
uns an, als sollten wir einen Gletscher mit dem Hauche
unseres Mundes flüssig machen.

Je deutlicher wir uns aber vergegenwärtigen, daß die
Wirklichkeit der Wissenschaft nur in dem Bewußtsein der
einzelnen Wissenden ihren Sitz hat, desto sicherer stellt sich
die Frage ein, woher wir denn das Recht haben, von der
Wissenschaft in der Einzahl, wie von einem einheitlichen
geschlossenen Ganzen zu reden. Wo ist sie, diese Wissen=
schaft, wessen Wissen ist sie und welcher Geist besitzt sie?

Es scheint nicht schwer, eine Antwort auf diese Frage
zu geben. Wie die deutsche Sprache von keinem Deutschen
ganz gesprochen, von keinem ganz verstanden wird, aber
doch eine in sich zusammenhängende, von gleichartigen Re=
geln beherrschte Summe von Wörtern und Wortverbindun=
gen bildet, die von Deutschen gebraucht werden; wie ein
Theil des Wortvorrathes allen gemeinsam und verständ=
lich, ein anderer Theil nur in kleinen Kreisen im Gebrauche
ist, und jeder zuletzt eine individuelle Auswahl trifft, um
seine Gedanken zu bezeichnen, so scheint es auch mit der
Wissenschaft zu sein. Von dem unermeßlichen Gesammtge=
biete des Wißbaren hat jeder einen besonderen, von dem
Besitze aller anderen unterschiedenen Theil inne; Einzelnes

ist ihm allein bekannt, anderes theilt er mit Wenigen, anderes mit einem größeren Kreise; noch anderes, die elementarsten und einfachsten Kenntnisse, die uns der Verlauf des Lebens selbst zu erwerben zwingt, sind in Aller Hand. Wenn wir also von der Wissenschaft als einheitlichem Ganzen reden, könnten wir die Summe des Wissens aller Einzelnen meinen, die sich durch vielfach ineinandergreifende, aber doch nirgends sich deckende Kreise bildlich darstellen läßt, und der Zusammenhang des Ganzen bestünde darin, daß, wie Glieder einer Kette, das Wissen des Einen in das der zunächststehenden Anderen eingreift, und ergänzend und fortführend sich daran anschließt.

Bei genauerer Betrachtung aber werden wir uns doch bedenken, dieser Summe alles dessen, was die Einzelnen wissen, dem in seiner Vollständigkeit gedachten, aber nirgends greifbaren Conglomerate ihrer Kenntnisse, den stolzen Namen der Wissenschaft zu geben. Dächten wir auch die Kenntnisse der mannichfaltigsten Art so lückenlos aneinandergefügt, daß sie sich zu einem annähernd vollständigen Bilde der Welt gestalteten, fänden wir das ganze Universum in den einzelnen Geistern abgespiegelt wie in den tausend Facetten eines Insektenauges, deren jede einen Bruchtheil desselben enthielte — es fehlte uns das Auge, das jenes Mosaik betrachtete, es fehlte uns die Seele, für welche jenes Ganze da wäre und einen Werth hätte.

Nicht in dieser äußerlichen Aneinanderreihung können wir die Einheit der Wissenschaft suchen; sie hat ihre Existenz als gewußter und gewollter Zweck. Nicht dort erkennen wir Wissenschaft an, wo zufällig Kenntnisse entstehen, wie sich eben der Neugier die Gelegenheit zur Beobachtung bietet, oder das Bedürfniß des Lebens auf die Natur der Dinge zu achten zwingt, oder ein glücklicher Einfall eine allgemeine Wahrheit richtig trifft; sie ist uns weder ein Geschenk einer von selbst sich entwickelnden Natur, noch ein bloßer Nebenerwerb bei der Befriedigung unserer Bedürf= nisse, sondern eine mit Bewußtsein übernommene Aufgabe und ein Gegenstand planmäßiger Arbeit; erst ein Ideal des Wissens, auf das wir unsern Erwerb von Kennt= nissen beziehen, macht denselben zur wissenschaftlichen Thä= tigkeit, und wir messen die Reinheit und Stärke des wif= senschaftlichen Sinnes an der Klarheit, mit der das Ideal der Wissenschaft gedacht wird, und an der Sicherheit, mit der es unser Thun regelt.

Entwerfen wir uns aber dieses Ideal in seinen Haupt= zügen, so enthält es zuerst die extensive Vollständig= keit unserer Erkenntniß. Ein treues Bild des Univer= sums, das unabsehbar nach Raum und Zeit vor uns sich ausbreitet, soll gezeichnet werden; der Riß des Weltbaus soll in seinen Maßen vor uns liegen; mit gleicher Klarheit suchen wir die Vertheilung der kosmischen Massen, welche die immer sich schärfende Sehkraft der Teleskope in den zurückfliehenden Fernen des Weltraumes erblickt, wie die Lagerung der Atome in dem kleinsten Splitter von Ma= terie zu ergründen; auf der ganzen Erdoberfläche soll sich keine Höhe und keine Tiefe unserem Auge und unserer Messung entziehen, kein Gewässer rinnen, keine Pflanze

wachsen, kein Thier sich regen, das wir nicht kennen; wir
fragen selbst den Wind, von wannen er kommt und wohin
er fährt. Das Unbekannte, wo es sei, empfinden wir wie
einen Vorwurf, von dem uns zu befreien keine Anstrengung
zu groß, keine Unternehmung zu gewagt dünkt.

Ebenso verfolgen wir rückwärts in der Zeit die Ge=
schichte der Welt; aufgerollt vor unsern Blicken soll die
Vergangenheit des Alls liegen; wir wollen im Geiste zusehen,
wie seit Myriaden von Jahren die Himmelskörper ihre
Kreise gezogen, wie die Erde sich geballt und ihre Ober=
fläche sich geschichtet hat, wie die Geschlechter der Pflanzen
und der Thiere auf ihr erschienen und wieder verschwun=
den sind; und zuletzt soll die Geschichte unseres eigenen
Geschlechtes uns erzählen, wie die Völker gelebt und das
vielverschlungene Netz ihrer rastlosen Thätigkeit über die
Erde gesponnen haben, wie sie gedacht und gesprochen und
von welchen Ideen ihr Geist, von welchen Regungen ihr
Gemüth bewegt worden ist.

Aber ein solches Gesammtbild der Welt wäre ein ver=
wirrendes Chaos von Formen und Vorgängen, das festzu=
halten keine Einbildungskraft ausreichte, wenn es nicht un=
sern Begriffen gelänge, Ordnung und Uebersicht in die
Vielheit zu bringen und die unzählbare Menge des Ein=
zelnen in das feste Fachwerk von Gattungen und Arten zu
stellen. Erst dadurch erhebt sich ja die Wahrnehmung
zur Erkenntniß, daß wir vergleichend und unterschei=
dend das Einheitliche und Gemeinsame in dem Vielen her=
ausfinden und in festen Abständen seine Unterschiede ab=

stufen, bis uns der Stammbaum vorliegt, aus dem die
Nähe oder Ferne der Wesensverwandtschaft aller Dinge
abzulesen ist. Ein System von Begriffen in der Welt
verwirklicht zu denken, ist die zweite Forderung unseres
wissenschaftlichen Ideals.

Aber neben der extensiven Vollständigkeit und der lo=
gischen Ordnung ist noch ein Drittes darin enthalten —
die durchgängige Gesetzlichkeit. Alles was ist und ge=
schieht als nothwendig zu begreifen, in seinem Hervorgehen
aus bestimmenden Ursachen nach allwaltenden unveränder=
lichen und unfehlbaren Gesetzen zu verstehen, ist uns die
höchste Vollendung des Wissens; nur dasjenige Gebiet gibt
uns das Gefühl wirklicher Herrschaft, in dem wir solche
Gesetze ergründet haben und nach ihnen den aus jeder Kom=
bination mit Nothwendigkeit eintretenden Erfolg voraussa=
gen können. Längst hat das ruhelose Weiterbringen der
Forschung die Grenze überschritten, welche der Erkenntniß
strengen Causalzusammenhanges durch den Unterschied des
geistigen Lebens von dem materiellen Geschehen gezogen
schien; die Gedanken und Bilder, die verschwiegen durch
unsere Seele ziehen, die Handlungen unseres Willens und
die Ausbrüche der Leidenschaft müssen, wenn eine strenge
Wissenschaft von der Seele möglich sein soll, ebenso festen
Gesetzen gehorchen als der Gang der Magnetnadel und der
Schlag des elektrischen Funkens, und der vollendeten Er=
kenntniß müßte es gelingen, den weiteren Gang der Geschichte
mit derselben Sicherheit vorauszusehen, wie eine Monds=
finsterniß oder einen Venusdurchgang.

Mögen wir noch so weit von der Verwirklichung die=
ses Ideals entfernt sein — das klare Bewußtsein desselben
und der feste Glaube, daß es unsere Aufgabe sei, dasselbe
zu verwirklichen, scheidet uns von dem Abenteurer, der
planlos auf Entdeckungen ausgeht, wie von dem Lohnar=
beiter, der sich für Zwecke müht, die er nicht kennt, einigt
dagegen die gesammte Thätigkeit aller Einzelnen und gibt
ihrem Zusammenwirken Richtung und Maß.

Woher aber haben wir die Züge dieses Ideals ge=
nommen und woraus entspringt der Wille es zu verwirk=
lichen?

Wenn wir die Geschichte fragen, auf welchem Wege
der Mensch sich aus der Verwirrung erhebt, in welche ihn
die von allen Seiten auf ihn einstürmenden Eindrücke der
äußeren Natur, in welche ihn die Unruhe seiner eigenen
Triebe und der stete Kampf ums Dasein zu stürzen drohen,
so sehen wir überall ihn zuerst damit beginnen, daß er
in seine eigene Thätigkeit Ordnung und Plan, Sinn und
Vernunft bringt, unter klar gedachte Zwecke die Mannich=
faltigkeit seiner Strebungen und Triebe beugt, das gemein=
same Leben nach Sitte und Recht ordnet und damit ein
für Alle gültiges, über seinem Belieben stehendes Gesetz
anerkennt. In dem Bewußtsein dessen, was er s o l l,
vollzieht er zuerst den Gedanken einer systematischen Ein=
heit, der vernünftigen, von Grundsätzen beherrschten Ord=
nung einer Vielheit von Wesen und ihrer Beziehungen;
denn sein Wollen ist nur dann vernünftig, wenn es aus

Einem Gedanken den Wechsel seiner vielfältigen Thätigkeit
regelt.

Das Bewußtsein eines Zweckes, den er sich setzt, eines
Gesetzes, das er sich gibt, einer Pflicht, die er anerkennt,
gibt ihm das Gefühl seiner Würde als eines freien und
vernünftigen Wesens; in diesem hebt er sich aus dem Zu=
sammenhange der vernunftlosen Natur heraus, und stellt
sich ihr gegenüber als ein Wesen eigener Art; sie ist ihm
der Schauplatz seiner Thätigkeit, das Gebiet, auf dem er
zu herrschen berufen ist. Und so scheidet er zuerst in ihr,
was ihm freundlich entgegenkommend die Mittel zur Er=
reichung seiner Zwecke bietet, und was feindlich widerstre=
bend ihn zu Kampf und Ueberwindung herausfordert, die
guten und die bösen, die lichten und die finstern Gewalten.
Aus seinem Wollen, das Zwecke in der Welt verwirklicht,
entspringen die Motive, die ihn drängen, sein Verhältniß
zu ihr zu verstehen; je deutlicher er seiner vernünftigen
Freiheit sich bewußt ist, desto mehr rückt er in den Abstand
von den übrigen Dingen, von dem aus er sie zu übersehen
vermag; erst dann kann er sich berufen glauben, sie mit
seinem Wissen zu umspannen und in sich selbst alle ihre
Strahlen in Ein Bild zu vereinigen.

Nur aus sich selbst kann er zuletzt das Maß dessen
nehmen, was er als höchstes Ziel für sich anerkennt; nichts
Aeußeres, was ist und geschieht, kann ihm sagen, was er
als sein höchstes Gut, als den Zweck seines Daseins zu
betrachten habe. In dem Stoff des Wissens freilich ist er
von außen abhängig; was da ist und geschieht, kann er

nur baburch erfahren, baß bie Dinge auf seine offenen
Sinne einwirken; aber biese Einwirkungen, zerstreut unb
zufällig wie sie ber natürliche Verlauf ihm zuführt, könn=
ten ihn niemals zwingen, sie zu einem Ganzen zu vereini=
gen, unb niemals bie Ibee eines allumfassenben Systems
erzeugen. Wohl ist von Anfang an ein natürlicher Er=
kenntnißtrieb in ihm lebenbig, unb sucht balb bieses balb
jenes zu beobachten unb zu begreifen, unb aus ihm ent=
nimmt er bie F o r m e n, in benen sein Wissen sich gestal=
ten muß; aber was ihn seine Natur zu thun treibt, kann
sich erst bann zu einem festen Zwecke, zu einer unwiberruf=
lichen Aufgabe gestalten, wenn er ben Werth bieses Triebes
begreift unb ihn als einen Theil seiner Bestimmung aner=
kennt, bie zu erfüllen er verpflichtet ist. Was er wissen k a n n,
ist ihm burch bie Welt unb seine geistige Organisation vor=
geschrieben; b a ß er wissen s o l l, entspringt aus seiner sitt=
lichen Natur unb kann nur von seinem Willen bejaht wer=
ben. Unb biesen Primat bes Wollens auch auf bem wis=
senschaftlichen Gebiete könnte selbst bie vollenbete Wissen=
schaft nicht aufheben. Gelänge es uns auch, mit mathema=
tischer Genauigkeit bie Formeln aufzustellen, nach benen
bas wirkliche Denken unb Thun ber Menschen vor sich geht,
sie würben uns nicht belehren über bas was sein soll, so
wenig als bie Moralstatistik unb überzeugt, baß jährlich so
unb so viele Verbrechen begangen werben sollen; es ist uns ja
nicht gegeben, unserem lebenbigen Thun nur zuzusehen, unb
es wie ein frembes Ereigniß zu zergliebern; inbem wir
bas thun, wollen wir, unb bie vollste theoretische Ueber=

zeugung, im Wollen von einer unausweichlichen Nothwen=
digkeit bestimmt zu sein, könnte weder den Unterschied zwi=
schen dem aufheben was geschieht und dem was geschehen soll,
noch unser Wollen hindern, immer wieder über das Ge=
gebene hinauszustreben. Das Erste und Höchste ist immer
die Ueberzeugung von dem, was unsere letzte Bestimmung
ist; und nur weil uns aus dem Bewußtsein dieser Bestimmung
die Idee der Wissenschaft fließt, ist sie da als Aufgabe, und
verwirklicht sie sich in ununterbrochenem Fortschritt.

Es erklärt sich daraus, daß die dem Wollen und Han=
deln des Menschen entnommenen Begriffe zuerst die leiten=
den Gesichtspunkte für die Erkenntniß der Welt werden;
er sucht sie in demselben Sinne zu verstehen, in welchem
er sich selbst und sein bewußtes Thun versteht, aus den
leitenden Zwecken. Wenn Sokrates den planlosen und
fruchtlosen Phantasieen der älteren Naturphilosophie ent=
gegen ein festes und seiner Sache gewisses Wissen fordert,
da beginnt er mit der Forderung, daß der Mensch wissen
soll, was er will, daß er in einem deutlich gedachten Be=
griffe sich zuerst über sein eigenes Thun Rechenschaft gebe.
Seine ethische Richtung wirkt in Platon nach; die ewigen
Musterbilder, nach denen die Welt geschaffen ist, durch
welche sie allein erkannt werden kann, finden ihre Einheit
in der Idee des Guten; und ebenso ist für Aristoteles
der Gedanke des Zwecks der Schlüssel, mit dem er in alle
Räthsel einzudringen strebt; Natur wie sittliche Welt wer=
den ihm verständlich, wenn er sie als ein von Zwecken be=
herrschtes Werden betrachtet. Das Interesse, die Welt als

ein zweckvolles Ganze zu verstehen, drängt Platon und Ari=
stoteles zum M o n o t h e i s m u s; denn der Polytheismus,
der in der Welt nur die getheilten Kreise von einander un=
abhängiger Gewalten sieht, ist seiner Natur nach der die
Einheit suchenden Wissenschaft feind. Umgekehrt hat der
Monotheismus der jüdischen und christlichen Religion den
fruchtbaren Boden für die Idee einer allumfassenden, die
einheitlichen Gesetze des Universums erforschenden Wissen=
schaft gegeben. Oder in welcher andern Form konnte zuerst
der Gedanke aufgehen, daß Himmel und Erde von Einem
Gedanken umfaßt, und daß der Mensch berufen ist, diesen
Gedanken zu verstehen, als in dem Glauben an Einen
Schöpfer, der Himmel und Erde gemacht und den Menschen
nach seinem Bilde geschaffen hat? in welcher Form konnte
wirksamer ausgesprochen werden, daß nichts zufällig ist und
die Dinge nicht nach blindem Ungefähr in verworrenen
Bahnen sich kreuzen, als in dem Gedanken einer Vorsehung,
ohne deren Willen kein Sperling zu Boden fällt? Theils
die allzu menschlichen Bilder, welche sich an diese religiösen
Gedanken knüpfen und die damit verwandte Neigung, in
Wundern die göttliche Wirksamkeit sinnlich anzuschauen,
theils die Erinnerungen an die Kämpfe gegen die Dogmen
der Kirche, unter denen die Wissenschaft großgewachsen ist,
lassen leicht die durchschlagende Bedeutung jener Grundan=
schauungen des christlichen Glaubens für die Entwickelung
der wissenschaftlichen Ideen unterschätzen; aber es genügt
ein Blick auf die eigentlichen Begründer der großen Grund=
sätze heutiger Forschung, auf G a l i l e i und K e p l e r, um

zu sehen, was ihnen die christliche Gottesidee war. Die
Erforschung der Gesetze, durch die alles nach Maß und Ge=
wicht bestimmt ist, hat für Galilei nur einen Sinn, wenn
wir an die Stetigkeit und durchgängige Allgemeinheit der
Naturgesetze glauben; und dieser Glaube hat zu seinem
Fundamente den Glauben an den allmächtigen und weisen
Schöpfer, der die Welt nach bestimmten Zwecken geordnet
hat; und ebenso ist Kepler's Sinnen und Rechnen von
dem Gedanken getragen, die Harmonie in der Welt zu
finden, welche das Werk einer unendlichen Intelligenz
haben muß.

Wir bescheiden uns heutzutage, und mit Recht, den
göttlichen Weltplan zu erforschen und die Zwecke einzeln
nachzuweisen, zu denen alles gerade so geordnet ist; aber
auch in den Gebieten, die am sichersten vor jedem Ver=
gleiche mit menschlichem Thun geschützt zu sein scheinen,
verrathen die Grundbegriffe noch den Boden, auf dem sie
gewachsen sind. Wenn die Mechanik alles Geschehen auf
Kräfte zurückzuführen trachtet, die unabänderlichen Ge=
setzen gehorchen, so erkennen wir leicht in dem Ausdrucke
Kraft noch das schattenhafte Bild unseres Wollens, das
durch unsere Muskeln Druck und Zug zu üben Macht hat;
und in dem Worte Gesetz klingt noch vernehmlicher der ge=
bietende und Gehorsam fordernde Wille durch, der die Glie=
der eines Gemeinwesens in ihren Handlungen an feste und
unverbrüchliche Regeln bindet; und so haben wir auch in
der Mechanik nur das übertragene Bild eines Reiches, in
dem jeder Einzelne willig die Aufgabe erfüllt, die ihm die

Ordnung des Ganzen vorschreibt, und eben darin die voll=
kommenste Erfüllung dessen, was zuerst die Forschung suchte.

Aber auch wo die wissenschaftliche Einsicht in die Ge=
setzmäßigkeit alles Geschehens uns noch nicht gelungen ist,
lassen wir uns nicht irren; wir halten an dem wissenschaft=
lichen Ideale fest, und das Recht dazu, und damit die Gül=
tigkeit der höchsten Grundsätze wissenschaftlicher Forschung
fließt zuletzt nur daraus, daß wir die Erkenntniß wollen
müssen. Aus der Erfahrung läßt sich ja niemals die Un=
möglichkeit des Zufalles und regelloser Verwirrung bewei=
sen; es ist nicht so, daß die logische Ordnung eines Begriffs=
systems, daß der durchgängige ursächliche Zusammenhang
alles Geschehens mit Händen zu greifen wäre; aber wir
verfahren so, als müßte die Welt erkennbar sein, wir halten
an der Forderung fest, daß auch das scheinbar Verworrenste
in durchsichtige Formeln sich müsse auflösen lassen, und wir
glauben an ein immer fortschreitendes Gelingen, weil wir
die Wissenschaft als eine Aufgabe betrachten, auf deren Er=
füllung wir nicht verzichten dürfen. Mag uns noch so oft
die Hoffnung täuschen, mag uns die Wahrnehmung, daß
eine Theorie um die andere im Laufe der Zeiten stürzt,
manchmal zweifelhaft machen, ob wir nicht einem für uns
unlösbaren Räthsel gegenüberstehen, mag uns das Gefühl
beschleichen, als ob schon wieder der Boden unter uns wanke,
und was wir bisher geglaubt zu der langen Reihe von
Irrthümern sich gesellen werde — wir hielten es für un=
männliche Schwäche, uns darum der skeptischen Stimmung
hinzugeben, welche die Hände in den Schoß legt, weil zu

einer so unendlichen Aufgabe unsere Kräfte nicht zureichen.
So wenig die Gesetzgebung deßhalb rastet, weil es doch nicht
möglich ist, die Verbrechen zu verhindern und das goldene
Zeitalter des allgemeinen Friedens herbeizuführen, so wenig
rastet die Forschung, ihr Ziel zu verfolgen; hier wie dort
ist es die verpflichtende Kraft der sittlichen Idee, welche die
immer erneuten Anstrengungen fordert.

Auf dieser ruht es, daß die Pflege der Wissenschaft
nicht der persönlichen Liebhaberei der Einzelnen überlassen,
sondern als eine gemeinsame Angelegenheit und als ein Theil
der Aufgabe erkannt ist, welche der in den Staatsordnungen
zusammengefaßte und wirksame Gesammtwille sich setzt; und
daraus ergibt sich, daß die Arbeit an der Wissenschaft ein
Beruf werden kann und soll, eine der Formen, in denen
der Einzelne seine Kraft in den Dienst des Ganzen stellt.
Aus dem Bewußtsein des gemeinsamen Ziels geht das Zu=
sammenwirken Aller, welche die Wissenschaft betreiben, die
Gliederung der Wissensgebiete, die Theilung der Arbeit her=
vor; sie würde der Wissenschaft feindlich sein, sobald sie das
Bewußtsein der Gemeinschaft aufhöbe, und es dahin käme,
daß die einzelnen Gebiete, wie revolutionäre Provinzen
eines großen Reiches, sich für selbständig erklären und die
anderen ignorieren und mißachten, oder fehdelustig und er=
oberungssüchtig ihre besonderen Gesetze auch den andern
aufdrängen wollten.

Weil das Wissen eine gemeinsame Angelegenheit ist,
werden wir auch nur dem zugestehen, daß er mit wissen=
schaftlichen Sinne arbeite, der lernend und lehrend in die

gemeinschaftliche Arbeit eintritt. Weber wer verschmähte, sich den Erwerb anderer zu Nutze zu machen und den schon begonnenen Bau weiter zu fördern, wird uns als ein Mann der Wissenschaft gelten, noch der gelehrte Schatzgräber, der im Dunkel der Einsamkeit nur zu eigener Befriedigung Kenntnisse sammelt und mit ihrer Mittheilung geizt. Darum fordern wir von jedem, den wir als vollberechtigtes Mitglied unserer Gemeinschaft anerkennen sollen, daß er nicht blos die Kraft habe, sondern auch den Trieb und den Willen bethä= tige, an der Förderung des gemeinsamen Wissens Theil zu nehmen und durch Schrift oder Wort zu lehren. Und wie keine sittliche Gemeinschaft die Pflicht abweisen kann, ihre Grundsätze dem nachwachsenden Geschlecht einzupflanzen und dasselbe zur Fortführung ihrer Aufgabe zu erziehen, so geht auch aus dem Wesen der Wissenschaft die Pflicht der Er= ziehung zur Wissenschaft hervor.

Nicht darin allein sehen wir ja das Ziel unseres Be= rufes, unsern Schülern ein bestimmtes Maß von Kenntnissen mitzutheilen, das ihnen etwa für die spätere Praxis un= entbehrlich wäre, sondern darin, ihnen das Ziel des voll= endeten Wissens vorzuhalten, damit sie den weiten Blick und den freien Geist gewinnen, den die Richtung auf das Ganze der Wissenschaft verleiht, und ihnen die Regeln der For= schung und die Methoden zu zeigen, welche die Idee des Wissens in jedem Gebiete vorschreibt.

Denn davon muß überall jedes vernünftige Thun aus= gehen, daß es an den Zwecken die Mittel und an dem Plane des Ganzen den Werth jedes einzelnen Versuches mißt;

darum fragen wir zuerst, was als Wahrheit gelten darf
und was nicht; was als strenge bewiesen für alle feststehen
muß, und auf welchen Wegen die Beweise zu erbringen sind;
wo die feine Grenzlinie läuft zwischen der Gewißheit und
der Vermuthung, zwischen der Wahrheit und der Wahr=
scheinlichkeit, zwischen der Thatsache und der Hypothese. Je
deutlicher das Bewußtsein über die Bedingungen des Er=
kennens, desto empfindlicher ist das wissenschaftliche Gewissen,
desto strenger die Kritik, in der dieses Gewissen sein Urtheil
fällen soll. Nichts beweist so deutlich für die Vertiefung
und Verschärfung der ethischen Forderungen, welche das
Ideal der Wissenschaft einschließt, als die klare Einsicht, die
in jedem Gebiete allmählich über die dem Gegenstand ange=
messene Methode gewonnen wird, und die Strenge, mit der
wir darauf achten, daß diese Methoden befolgt werden; sie
stellen die Moral der wissenschaftlichen Thätigkeit dar, den
Inbegriff der Regeln, die für den Dienst an der Wissen=
schaft die Natur des Zweckes vorschreibt.

Uebersehen wir die Entwicklung des wissenschaftlichen
Geistes in den letzten Jahrhunderten, so finden wir als den
hervorstechendsten Zug des Fortschrittes nicht sowohl die
ungeahnte Erweiterung des Wissens, sondern vor allem das,
woraus diese Erweiterung erst entsprungen ist, daß nemlich
immer schärfer auseinandertritt, was individuelle Meinung
und was fester Erwerb für alle Zeit ist. Es liegt ja in
der Natur der Sache, daß der menschliche Geist, ungeduldig
zu seinem Ziele zu gelangen, durch Gebilde seiner Phantasie
die Lücken ergänzt, die er durch Beweise nicht füllen kann,

und geneigt ist für wahr zu halten, was ihm Zusammen=
hang und verständliche Einheit in das Stückwerk seines Wis=
sens zu bringen vermag. Nicht bloß die Philosophie, die
das Ideal einer einheitlichen allumfassenden Erkenntniß als
die eigentliche Triebkraft unseres Strebens lebendig zu er=
halten berufen ist, hat seit Platon die Dichtung zu Hilfe
gerufen, um in festen und bestimmten Zügen zeichnen zu
können, was sie ahnte und suchte; auch den nüchternsten
Wissenschaften ist es nicht erspart, in unbeweisbaren Vor=
stellungen die Einheitspunkte zu suchen, aus denen sich die
einzelnen Thatsachen zu einem sinnvollen und verständlichen
Ganzen ordnen; weder die Atome der Chemie, noch die
Entwicklungslehre der organischen Wissenschaften sind mehr
als die Formen, in denen wir heute unserer Ueberzeugung
von einem einheitlichen Grunde einer unübersehbaren Menge
von Einzelnheiten Ausdruck geben. Aber unser Auge ist ge=
schärft für den Unterschied zwischen Schein und Wahrheit;
wir nehmen es schwerer, auf ungenügenden Beweis zu
glauben und Glauben zu verlangen; und je lauter das
kritische Gewissen seine Stimme erhebt, desto friedlicher können
nebeneinander die verschiedenen Wissensgebiete bestehen und
sich die Hand reichen. Die Ansprüche der Philosophie, ein
absolutes Wissen zu besitzen und in ihren Formeln den
letzten Sinn alles Seins und Werdens endgiltig auszu=
drücken, sind verstummt; die wissenschaftliche Theologie wei=
gert sich nicht mehr, die Grundsätze geschichtlicher Forschung
auf ihrem Gebiete zuzulassen, die Naturwissenschaft kommt
von dem Wahne zurück, als sei mit Attraction und Repul=

sion ober bem Geseze ber Erhaltung ber Kraft das Räthsel
auch ber geistigen Welt gelöst; und so gewinnen wir all=
mählich gleiches Maß und Gewicht, nach dem die Wahrheit
gewogen wirb, wir bisputiren nicht mehr barüber, ob etwas
in ber Philosophie falsch und in ber Theologie wahr sein
könne; es bilbet sich ein gemeinsames Recht, bem sich alle
unterorbnen, ein festes Prozeßverfahren, nach bem die Strei=
tigkeiten entschieben werben können.

Fassen wir die Wissenschaft unter dem Gesichtspunkte
ber Erfüllung einer sittlichen Aufgabe, bann haben wir auch
das Recht von einem n a t i o n a l e n Charakter berselben,
von einer b e u t s c h e n Wissenschaft zu reben. Ihrem Ge=
genstande nach ist die Wissenschaft kosmopolitisch; bieselbe
Welt bietet sich allen bar, und bieselben Bedingungen ber
Erkenntniß sind allen gestellt; und so fügt sich auch, was
irgendwo an Wissen erworben wirb, von selbst ineinander
zu einem Gemeingute ber Menschheit. Wohl aber bestehen
Unterschiebe bes Sinnes, in bem die Wissenschaft betrieben,
und ber Vollständigkeit, mit ber bas gemeinsame Ziel ge=
bacht und nach allen Seiten ins Werk gesetzt wirb, ebenso
Unterschiebe ber Lebenbigkeit, mit ber die ganze Nation die
Wissenschaft als ihre Aufgabe anerkennt. Wenn wir mit Stolz
von beutscher Wissenschaft reben, so meinen wir nicht sowohl
ben Glanz ihrer Erfolge, als die Reinheit ber Gesinnung,
die jede Vermischung mit frembartigen Interessen verschmäht,
und die, getragen von ber Willigkeit, bas wissenschaftlich
Erkannte gelten zu lassen, freimüthig und rücksichtslos ber
Wahrheit die Ehre gibt; wir benken an ben großen Ver=

band unserer Universitäten, die, durch den Wetteifer aller
Glieder des deutschen Volkes gegründet, in ihren Einrich=
tungen dahin zielen, jeder tüchtigen Kraft einen Wirkungs=
kreis zu eröffnen, und die selbst wetteifernd jede im Kleinen
ein Bild des Gesammtstrebens der ganzen Nation darstel=
len; wir rühmen uns, daß zwei Grundsätze an unsern Uni=
versitäten reiner und voller als irgendwo sonst verkörpert
sind — die Einheit der Wissenschaft, die nur leben kann,
wenn alle ihre Glieder in Wechselwirkung stehen, und die
Regel, daß die Forschenden lehren und die Lehrenden for=
schen, durch die allein eine nationale Erziehung zu wissen=
schaftlichem Sinne möglich ist.

Eine Pflanzstätte deutscher Wissenschaft in diesem Sinne
zu sein ist unsere Hochschule unter dem Schutze des hohen
Fürstenhauses, dem sie ihre Gründung verdankt, redlich be=
strebt gewesen; enger und durch mannichfaltigere Fäden als
vielleicht irgend eine andere mit dem Lande verbunden, dem
sie angehört, hat sie doch nie ein Sonderleben geführt, son=
dern ist gebend und nehmend in dem befruchtenden Verkehre
des gesammten deutschen Universitätslebens gestanden; durch
sie will Württemberg seinen vollen Theil zum Bau der
deutschen Wissenschaft beitragen, und die stets wachsende
Zahl ihrer Arbeiter soll den guten Namen erhalten, den
Württembergs Anstalten immer gehabt haben. Ein dank=
bares und ehrendes Andenken sei denen bewahrt, die nach
treuer Arbeit aus unserer Mitte geschieden sind; ein auf=
richtiges Willkommen benen zugerufen, die von nah oder
fern kommen, ihre Arbeit mit der unseren zu vereinigen.

Das lebendige Bewußtsein aber, daß jede deutsche Hochschule einem allgemeinen Zwecke dient, und daß jedes Glied des deutschen Volkes eine Pflicht gegen die deutsche Wissenschaft zu erfüllen hat und an ihrer Ehre Antheil nehmen soll, möge uns auch für die Zukunft erfüllen, und eine Mahnung sein zuzusehen, daß Württemberg nicht nach= lasse das Seine zu thun und sein Kontingent von Arbeitern auf dem Felde des Wissens zu stellen. Und so wende ich mich an Sie, Commilitonen, an alle, die ein lebendiges In= teresse für das Gedeihen der Wissenschaft haben und die Kraft in sich fühlen, an ihrem Weiterbau zu arbeiten — lassen Sie den Gedanken nicht aufkommen, Ihr Pfund zu vergraben, um nachher zu sprechen: Ich weiß, daß du ein harter Mann bist und erntest, das du nicht gesäet hast; ver= wechseln Sie nicht die ächte Bescheidenheit, welche die eigenen Leistungen an der Höhe des unerreichten Zieles mißt, mit der falschen, die sich ihr Ziel niedrig genug steckt, um auch ohne sonderliche Anstrengung nicht merklich unter demselben zu bleiben; bedenken Sie, daß es auch für die Wissenschaft eine allgemeine Wehrpflicht gibt, und daß ihr Dienst fort= während die Freiwilligen unter seine Fahnen ruft, um die sich lichtenden Reihen zu ergänzen.

Es ist zugleich der Dienst des Vaterlandes; und an diesen vor allem mahnt uns der Tag, an dem wir das Geburtsfest unseres Königs feiern. Aufs Neue ist auch im letzten Jahre durch reichliche Zeichen königlicher Fürsorge uns der höchste Wille kund geworden, unsere Hochschule zu immer vollerer Thätigkeit auszurüsten; so durchbringe und vereinige uns alle der Dank für die uns zugewendete Huld, der Wille, die königlichen Gedanken nach Kräften zu ver=wirklichen, und der Wunsch, daß in langer Zukunft seines edlen Strebens reiche Früchte zu sehen unserem Könige be=schieden sei!

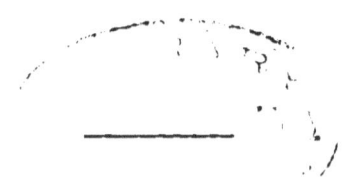

Der Kampf gegen den Zweck.

Der zweihundertjährige Todestag Spinoza's, der
am 21. Februar 1877 im Haag durch eine Rede Ernst
Renans gefeiert wurde, und die Enthüllung seines Denk=
mals am 14. September 1880 haben auf's Neue die Blicke
der weitesten Kreise auf den kühnen und einsamen Denker
gezogen, der, in dem ersten Jahrhundert nach seinem Tode
verabscheut oder mißachtet, seit der Zeit, da Lessing, Jacobi
und Herder das Verständniß für ihn erschloßen, nicht bloß
Gegenstand immer erneuten Studiums und immer sorgfäl=
tigerer Forschung geworden ist, sondern auch durch seine
Gedanken einen tiefgreifenden Einfluß auf die Entwicklung
der Philosophie geübt hat, ja gerade heutzutage als der
Vertreter einer weitverbreiteten wissenschaftlichen Richtung
wie ein Lebendiger vor uns steht. Denn einer der hervor=
stechendsten und bezeichnendsten Züge seiner Weltanschauung
ist die Läugnung der Gültigkeit des Zweckbegriffes und
die Bekämpfung des Rechtes ihn irgendwie in der Wissen=
schaft zu verwenden; und gerade dieser mit all der Strenge
und Rücksichtslosigkeit, die ihn auszeichnet, von ihm vorge=
tragenen Lehre kommt eine weit allgemeinere Bedeutung

zu, als der bestimmten Formulierung seiner Definitionen
der Substanz, der Attribute und der Modi, aus denen er
seine Sätze über Gott, den Menschen und des Menschen
wahre Freiheit entwickelt. Die einzelnen philosophischen
Systeme haben ja außer dem individuellen Gepräge, das
ihnen die eigenthümliche Fassung der metaphysischen Grund=
begriffe aufdrückt, noch gewisse Gattungscharaktere, die, wie
Stilgattungen in der Baukunst, die Anlage des Ganzen
bedingen und durch alle einzelnen Glieder hindurchwirken,
so daß nach ihnen die Verwandtschaften und die Gegensätze
der verschiedenen Weltanschauungen durchgreifend bestimmt
sind. Ein solches Gattungsmerkmal ist die Verwerfung
des Zweckbegriffs gegenüber dem Begriffe der wirkenden
Ursache. Was Spinoza in dieser Hinsicht aufgestellt, ist
der classische Ausdruck einer großen Hauptrichtung in der
Auffassung der Welt; es ist einer der Gesichtspunkte, die
zu verschiedenen Zeiten sowohl in der Philosophie als in
den besonderen Wissenschaften immer wiederkehren; und es
dient darum vielleicht zur Orientierung in einer Frage,
welche fast jede wissenschaftliche Forschung berührt, wenn
wir, an Spinoza zunächst anknüpfend, uns über die Bedeutung und das Recht dieser Läugnung der wissenschaft=
lichen Gültigkeit des Zweckbegriffs Rechenschaft zu geben
suchen.

Nachdem Spinoza im ersten Buche seiner Ethik die
Lehre entwickelt hat, daß aus Gott als der Einen unend=
lichen Substanz, deren verschiedene Seinsweisen wir als
einzelne Dinge bezeichnen, die gesammte Welt mit strenger

Nothwendigkeit hervorgeht, in allen ihren Theilen durch die Natur des unendlichen Seins unabänderlich bestimmt; nachdem er mit dem Satze abgeschlossen, daß die Dinge auf keine andere Weise hervorgebracht werden konnten, als sie wirklich hervorgebracht worden sind, so wenig als aus der Natur des Dreiecks je etwas anderes folgen kann, als daß seine Winkel gleich zwei Rechten sind, womit zugleich gesagt ist, daß alles Mögliche wirklich, alles Wirkliche noth= wendig ist: wendet er sich im Anhange des ersten Buches gegen die teleologische Auffassung der Welt, gegen den Ge= danken, daß Gott in der Hervorbringung derselben durch einen Zweck bestimmt werde, und diesen aus freier Willkür verwirkliche.

Die Vorurtheile, sagt er, welche der Einsicht in die durchgängige Nothwendigkeit des Zusammenhangs der Na= tur entgegenstehen, wurzeln zuletzt in einem einzigen: in der Meinung nemlich, daß alle natürlichen Dinge um eines Zweckes willen wirken, ja daß Gott selbst alles auf einen bestimmten Zweck hinlenke; denn Gott, sagt man, habe die Welt um des Menschen willen geschaffen, den Menschen aber, damit er Gott verehre.

Dieses Vorurtheil entspringt daraus, daß die Menschen allerdings von Natur den Trieb haben, ihren Nutzen zu suchen, und daß sie sich ihres Triebes bewußt sind. Sie handeln also allerdings nach Zwecken; sie wissen das von sich selbst, und erklären sich auch die Handlungen Anderer aus Zwecken; und bei dieser Erklärung beruhigen sie sich, weil sie gar nicht daran denken, nach den Ursachen zu fragen,

von denen sie zum Begehren und Wollen bestimmt werden,
vielmehr aus Unkenntniß dieser Ursachen sich für frei
halten. Sie finden ferner an sich selbst und in der äußeren
Natur Vieles, was ihnen als Mittel zur Erreichung ihrer
Zwecke nützlich ist, die Augen zum Sehen, die Zähne zum
Kauen, Pflanzen und Thiere zur Nahrung; und da sie
wissen, daß sie diese natürlichen Dinge nicht selbst verfer=
tigt haben, und sie doch nur als Mittel für ihren Nutzen
betrachten, kommen sie auf den Gedanken, daß ein anderer
oder andere da seien, welche über die Natur Macht haben
und das alles für sie bereit stellen. Den Gott oder die
Götter aber, welche sie die Welt für ihre Zwecke einrichten
lassen, stellen sie sich nach ihrem eigenen Bilde vor und
schreiben ihnen Motive nach Anleitung ihres eigenen Sinnes
zu; deßhalb glauben sie, die Götter thun alles für den
Nutzen der Menschen, um diese sich zu verpflichten und ihre
Verehrung sich zu sichern; und darum ersinnen sie ihrer=
seits verschiedene Weisen die Götter zu verehren, damit
diese sie besonders bevorzugen und die ganze Natur ihrer
blinden Gier und ihrer unersättlichen Habsucht zu Gefallen
lenken. Je tiefer dieser Aberglaube einwurzelt, desto mehr
treibt er wiederum, alles aus Zweckursachen nach dem
Grundsatze zu erklären, daß die Natur nichts umsonst thue.
Darum glauben sie jetzt, daß die Uebel, die sie in der
Welt finden, daher kommen, daß die Götter ihnen wegen
der Beleidigungen zürnen, die sie ihnen angethan, oder
wegen der Fehler, die sie sich in der Gottesverehrung ha=
ben zu Schulden kommen lassen; und wenn sie sehen, daß

Gutes und Uebles Fromme und Gottlose gleichmäßig trifft, retten sie sich, um nur ihr Vorurtheil nicht aufgeben zu müssen, durch die Auskunft, daß die Rathschlüsse der Götter den Menschen unbegreiflich seien, und verewigen so die Unwissenheit.

Aber diese Zweckursachen, aus denen Alles erklärt wird, sind nichts als menschliche Erdichtungen. Diese Ansicht kehrt die Ordnung der Natur um; sie macht das Letzte, den Erfolg, zum Ersten, und das Erste, die Ursache, zum Letzten; sie hebt die Vollkommenheit Gottes auf, denn indem sie Gott nach einem Zwecke wirken läßt, behauptet sie, daß er etwas begehre, dessen er entbehre, und macht ihn von etwas abhängig, das außer ihm ist.

Läßt sich aber die Lehre von Zwecken, welche die Natur erreichen soll, nicht festhalten, so fallen auch alle die Begriffe, welche den Zweckbegriff voraussetzen, dahin; gut und schlecht, Ordnung und Verwirrung, Schönheit und Häßlichkeit drücken nichts aus, was den Dingen an sich zukäme, sondern diese Prädikate wurzeln nur in dem zufälligen Interesse und dem zufälligen Geschmack der Einzelnen; und darum sind darüber soviele Meinungen als Köpfe.

Gegenüber dieser Verwechslung zufälliger Maßstäbe mit wahrer Einsicht hat die Mathematik den richtigen Weg zur Erkenntniß gezeigt; in ihr ist keine Rede von Zwecken, sondern nur von dem, was aus den Eigenschaften der Figuren mit Nothwendigkeit folgt; das ist der richtige Maßstab der Wahrheit, und die einzige wahre Erkenntniß ist

also die Einsicht, daß alles was ist, vermöge seiner Ursachen
nothwendig ist.

Das sind die Sätze, durch welche Spinoza den Zweck=
begriff beseitigt. Seit Lucrez war mit so rücksichtsloser
Schärfe die Verurtheilung aller Teleologie von Keinem
mehr ausgesprochen worden. Es entspricht der ganzen Bil=
dungsgeschichte des Philosophen, der zum jüdischen Rab=
biner bestimmt gewesen war, daß sein Widerspruch sich
hauptsächlich gegen die Teleologie der religiösen Weltauf=
fassung richtet, theils gegen den frommen Volksglauben an
eine göttliche Vorsehung, die nach menschlich verständlichen
Zwecken die Welt regiere, theils gegen die theologischen
Systeme, welche diesem Glauben einen metaphysischen Un=
terbau gegeben hatten. Die Verwendung des Zweckbegriffs
im engeren Gebiete der Naturwissenschaft, insbesondere als
eines Erklärungsgrundes für den Bau und die Lebensver=
richtungen der organischen Wesen, lag ihm ferner; obgleich
aus seinen Grundsätzen die Nothwendigkeit folgt, auch hier
nur wirkende Ursachen gelten zu lassen, hat er doch diese
Seite der Teleologie nicht ebenso ausdrücklich bekämpft.

Auf diesem Gebiete hatte schon fünfzig Jahre früher
Franz Bacon von Verulam Grundsätze der na=
turwissenschaftlichen Forschung ausgesprochen, welche sich
der bis dahin fast ausschließlich herrschenden aristotelischen
Philosophie entgegenstellten. Ihre Naturbetrachtung war
ja durchaus teleologisch; die wirksame Ursache in allem
natürlichen Geschehen, deren Wirkungsweise sich am deut=
lichsten in den lebendigen Wesen zeigt, ist die Form, das

im Begriffe gedachte einheitliche Wesen der Dinge; diese
setzt die Materie in Bewegung und weist dieser Bewegung
die bestimmte Richtung und das bestimmte Maß an. Das
Werden des ganzen einheitlichen organischen Wesens ist
aus der einheitlichen idealen Form zu erklären, die als
seine Seele, als innere Bewegungs= und Bildungskraft in
den Organismen thätig ist, ihre einzelnen Entwicklungs=
stufen nach einander hervortreibt und in der Vollendung
der reifen, dem Zweck vollkommen entsprechenden Gestalt
ihr Ziel erreicht. Jedes einzelne Glied eines Organismus
und jede einzelne Verrichtung ist erklärt, wenn sie als
Mittel für den Bestand des Ganzen nachgewiesen ist; denn
der Zweck bestimmt die Form der einzelnen Theile, die
Idee des Ganzen ist früher als die Theile, und zugleich
die Kraft, welche sie hervorbringt. Nur wirkt diese Kraft,
im Unterschiede von der rein theologischen Auffassung, nicht
willkürlich, in den übrigen Naturlauf da oder dort ein=
greifend, sondern der ganze in sich zusammenhängende Na=
turlauf ist zuletzt durch einen einheitlichen Zweck bedingt,
der sich in regelmäßiger Ordnung verwirklicht.

Gegen diese Anschauung vertritt nun Bacon die scharfe
Unterscheidung der wirkenden und der Zweckursachen, der
causae efficientes und der causae finales, die für Aristoteles
in letzter Instanz zusammengefallen waren. Die Physik
ist die Erforschung der wirkenden Ursachen; sie sucht die=
selben in den Eigenschaften der Materie, die ideellen Ur=
sachen aber schließt sie von der Betrachtung aus; die rein
mechanische Erklärungsweise der Atomisten, die alles aus

der Nothwendigkeit der Materie ableiten, ist hier auf dem
rechten Wege und fördert die Wissenschaft mehr als die
Erklärung aus Zweckursachen. Die Augenlider mit ihren
Wimpern sind nicht erklärt, wenn man sagt, sie dienen zum
Schutze der Augen; die Festigkeit der Haut der Thiere nicht
durch den Zweck der Abhaltung von Wärme und Kälte,
die Knochen nicht damit, daß sie als Säulen und Balken
dem Körperbau Festigkeit geben sollen. Man muß sagen,
warum gerade an den Augenlidern Haare wachsen, nemlich
weil die Feuchtigkeit an den Mündungen, an denen sie
austritt, Haare erzeugt; man muß sagen, daß an der Ober=
fläche des Körpers die Poren durch die Kälte und die Luft
geschlossen werden und so das feste Gewebe sich bildet.

Auch wo Bacon der aristotelischen Lehre sich mehr zu
nähern scheint, indem er als den Hauptgegenstand der Na=
turwissenschaft die Formen bezeichnet, meint er unter die=
sem Worte doch etwas anderes als Aristoteles, und setzt
die Form dem Zwecke entgegen, während Aristoteles beides
hatte zusammenfallen lassen. Unter ‚Form‘ versteht er
nemlich die allgemeinsten Structurverhältnisse und Bewe=
gungsformen der Materie, welche der bleibende und in allen
besonderen Fällen identische Grund bestimmter Classen von
Natur=Erscheinungen sind. So ist ihm die Form der Wärme
eine expansive Bewegung in den kleinsten Theilchen; das
ist der eigentliche Grund, um dessen willen die Dinge warm
sind, so verschieden die wirkenden Ursachen — Reibung,
Feuer u. s. w. — sein mögen, welche sie warm machen.

Auf der andern Seite ist er weit entfernt, die Be=

trachtung der Natur unter dem Gesichtspunkte des Zwecks
ganz zu verwerfen; nur der Vermischung der Zweckursachen
mit den Naturursachen will er steuern; aber er erkennt
nicht nur an, daß die Erforschung der wirkenden Ursachen
der Betrachtung der Natur unter dem Gesichtspunkte des
Zwecks nicht widerstreitet, sondern er behauptet im Gegen=
theil, daß die Erforschung der natürlichen Ursachen erst in
der Erkenntniß der Zwecke sich vollende, wie umgekehrt die
vollendete Zweckmäßigkeit die uneingeschränkte gesetzmäßige
Wirkungsweise der natürlichen Ursachen fordere. Ganz
ähnlich, wie später Kant in der Einleitung zur Naturge=
schichte des Himmels, führt er aus, daß es ein höherer
Erweis der Weisheit der göttlichen Vorsehung sei, wenn
die Naturkräfte durch ihr blind gesetzliches Wirken die gött=
lichen Zwecke erfüllen, als wenn in allen einzelnen Ge=
staltungen und Bewegungen die Vorsehung durch besondere
Acte eingreifen müßte; die Verfolgung der Naturursachen
führe aber zuletzt nothwendig auf die Zweckthätigkeit Gottes,
da bei einem zufälligen Zusammentreffen der Theile der
Materie im Sinne der alten Atomisten stehen zu bleiben
unmöglich sei.

So weist er denn die Lehre von den Zweckursachen
einem besonderen Theile seiner Metaphysik zu; und das
oft angeführte Wort (De Dign. et Augm. Scientiarum
III, 5), daß die Erforschung der Zweckursachen unfruchtbar
sei, wie eine gottgeweihte Jungfrau, hat einen ganz anderen
Sinn als den, in welchem es häufig verstanden wird. Denn
es bezieht sich blos darauf, daß von der Erkenntniß der

Zwecke keine practische Anwendung gemacht werden könne; während die Physik die Grundlage der Mechanik, die Meta=physik der Formen die Grundlage der Magie bildet, läßt sich die Kenntniß der Zwecke nicht benützen um nach ihr irgend etwas hervorzubringen; denn alle practische Thätigkeit kann nur darin bestehen, wirkende Ursachen in Bewegung zu setzen. Aber damit ist der rein wissenschaft=liche Werth der Teleologie nicht geläugnet; Bacon ist weit entfernt, geistige und ideale Principien aus der Phi=losophie überhaupt auszuschließen; er ist noch viel zu ab=hängig von Aristoteles und der scholastischen Philosophie, die er bekämpft, um so durchgreifend wie Spinoza den Zweckbegriff überhaupt für unzuläßig zu erklären.

In unserem Jahrhundert haben die Gedanken Bacons und Spinozas neues Leben gewonnen. Es bedarf nur eines kurzen Hinweises darauf, wie weit aller theologischen Auffassung und insbesondere dem Wunderbegriff gegenüber die Ueberzeugung sich verbreitet hat, daß alle einzelnen Er=scheinungen der endlichen Welt auch auf endliche, gesetzmä=ßig wirkende Ursachen müssen zurückgeführt werden, und daß die göttliche Causalität nicht neben, sondern nur in den Naturgesetzen wirke, daß ferner die Uebertragung der Form menschlichen Wirkens, das erst den Zweck denkt und dann die Mittel sucht, auf die unendliche Ursache vermie=den, ihr Wirken als die mit ihrem Wesen unmittelbar ge=gebene Thätigkeit gefaßt werden müsse. Die eingreifende Kritik, welche Schleiermachers Glaubenslehre der gewöhn=lichen Form theologischer Dogmatik entgegensetzte, kommt

in ihren Grundgedanken der Betrachtungsweise Spinozas
sehr nahe.

Auf der andern Seite ist auf dem besonderen Gebiete
der Naturwissenschaft die Forderung einer durchaus mechanischen Erklärung des Lebens immer stärker betont worden,
seit der Begriff der Lebenskraft, in der teleologischen Fassung, die Schellings Schule ihm gegeben hatte, Gegenstand
einer lebhaften und erfolgreichen Kritik geworden war.
Niemand wird heutzutage Widerspruch erheben, wenn die
Durchführung einer rein causalen Betrachtung durch alle
Gebiete des Wissens als die erste und vornehmste Forderung wissenschaftlicher Methode hingestellt wird. Das Gegebene erklären, heißt nichts anderes, als die Ursachen aufzeigen, aus welchen es nach allgemeinen und erkennbaren
Gesetzen mit Nothwendigkeit geworden ist. Die Mechanik,
welche zu sagen vermag, was aus irgend einer Lage und
Bewegung bestimmter Massen vermöge der ihnen einwoh-
nenden Kräfte nach unabänderlichen Gesetzen geschehen wird,
ist darum zum Muster aller Wissenschaft geworden; auch
wo der Versuch nicht gemacht wird, überhaupt alles Geschehen in der Welt auf Bewegung von Massentheilchen
zurückzuführen, wird doch der Grundsatz anerkannt, daß
die wissenschaftliche Betrachtung und Erforschung jedes Gebietes von Erscheinungen eben darin bestehe, die Wirkungsweise der dabei betheiligten Elemente zu untersuchen, und
die Erfolge zu berechnen, die nothwendig eintreten müssen,
sobald sie unter bestimmten Bedingungen zu einander ins
Verhältniß treten. Das ganze organische Leben erklärt sich

aus den gesetzmäßigen Veränderungen der Zellen, und für diese selbst scheint keine andere Annahme zu bleiben, als daß ihre Bildnng und ihre Veränderungen Folgen der in ihnen vereinigten Stoffatome und ihrer Kräfte sind. Wo etwas aus der Nothwendigkeit wirkender Ursachen hervor= geht, ist für den Zweck keine Stelle; nichts geschieht ja darum, damit etwas werde, sondern weil die vorhandenen Ursachen diesen bestimmten Erfolg hervorbringen müssen; es ist eine nebelhafte und im Einzelnen unvollziehbare Vorstellung, daß ein Zweck irgendwo in den Naturlauf ein= greife und ihn bestimme.

Ist nun in der That mit diesen allgemein anerkannten Grundsätzen wissenschaftlicher Forschung, die sich leicht auch auf das Gebiet des geistigen und insbesondere des gesellschaft= lichen Lebens übertragen lassen, alle und jede Anwendbar= keit des Zweckbegriffs ausgeschlossen? haben diejenigen Recht, welche meinen, man begebe sich aus dem Gebiete der Wis= senschaft heraus und verirre sich in eine populäre, der strengen Wissenschaft unwürdige und verkehrte Anschauungs= weise, wenn man irgendwo von Zwecken rede, außer na= türlich da, wo sie vorgestellte und erstrebte Gedanken ein= zelner beseelter Wesen sind, die aber ebenso dann aus ihrer Natur und ihrer jeweiligen Lage mit Nothwendigkeit hervor= gehen und weiter wirken, also der causalen Betrachtung unterworfen, nur Glieder in der Reihe von Ursachen und Wirkungen sind, welche in der Thätigkeitsweise beseelter Subjecte ablaufen? Ist also alle Teleologie wirklich der Wissenschaft feind? Ehe ein definitives Verdammungsurtheil

gegen eine so alte und so weitverbreitete Auffassung aus=
gesprochen wird, lohnt es sich vielleicht doch den Streit=
punkt genauer zu untersuchen.

Das wissenschaftliche Interesse ist zunächst ganz all=
gemein das, das Gegebene, unserer Beobachtung Vor=
liegende zu begreifen, indem wir seinen Grund aufzeigen,
um dessen willen es ist und gerade so ist wie wir es finden.
Wir begnügen uns nicht damit zu wissen, das es ist, son=
dern wollen wissen, warum es so ist. Dieses Interesse
wird befriedigt, wenn wir die Ursache anzugeben vermögen,
durch die es so geworden ist. Es würde hier zu weit
führen, die Herkunft dieses Begriffs und den Grund seiner
allgemeinen Geltung zu untersuchen; es genügt uns, daß
seine Anwendung in der wissenschaftlichen Praxis eine un=
bestrittene ist, und daß diese Anwendung in den Gebieten,
die am vollständigsten ihn durchzuführen vermögen, in
einem bestimmten Sinne geschieht. Was vorausgesetzt wird,
ist eine Vielheit von Dingen, Substanzen, Atomen etwa,
welche eine bestimmte Beschaffenheit haben; diese Beschaffen=
heit besteht aber eben darin, daß, sobald sie in bestimmte
Beziehungen zu einander treten, nach unabänderlichen Ge=
setzen bestimmte Erfolge eintreten. Wenn zwei Massen im
Raume in bestimmter Entfernung von einander sich befinden,
bewegen sie sich gegen einander, und zwar ist ihre Be=
wegung nach bestimmten Gesetzen von ihrer Masse und ihrer
Entfernung abhängig; das ist zuletzt Folge der Schwere
als der allgemeinen Eigenschaft der Materie. Wenn ein
Körper den andern stößt, so erfolgt wieder eine nach Rich=

tung und Geschwindigkeit bestimmte Bewegung, die von
der Masse, der Geschwindigkeit, der Elasticität der Körper
abhängig ist. Die letzten und eigentlichen Ursachen sind
dabei eben die Dinge mit ihren Eigenschaften oder Kräften;
in secundärem Sinne wird aber Ursache auch der Zustand
genannt, in dem sie sich eben befinden, die Beziehung, in
der sie stehen, weil davon abhängt, ob und in welchem
Maße ihre Kräfte in lebendige Wirksamkeit treten und
einen Erfolg hervorbringen. Indem wir so das einzelne
Geschehen aus Ursachen begreifen, sehen wir seine Noth=
wendigkeit ein, und diese Nothwendigkeit stellt sich uns in
Form eines allgemein gültigen alle Wesen gleicher Art zu
jeder Zeit beherrschenden Gesetzes dar, aus welchem wir
durch logische Schlüsse den einzelnen Fall abzuleiten ver=
mögen; die Nothwendigkeit der Natur ist damit das Gegen=
bild der logischen Nothwendigkeit, mit der aus den Prä=
missen der Schlußsatz folgt, und eben darum wird die
Natur auf diesem Wege unserem Denken durchsichtig, und
wir vermögen auf wenige Principien die unabsehbare Viel=
heit der Erscheinungen zurückzuführen.

Wo wir nun aber auch in der wirklichen Erforschung
der Natur diese Betrachtungsweise anwenden mögen, ist
immer unser Ausgangspunkt eine bestimmte Constellation
von wirkungsfähigen und wirkenden Dingen. Aus Einem
Ding für sich kann keine Veränderung folgen; alle Ver=
änderung beruht darauf, daß mindestens zwei in Beziehung
treten; alle Kräfte drücken Wechselbeziehungen verschiedener
Substanzen aus, alle Ursachen sind äußere Ursachen.

Darum muß, damit überhaupt eine Wirkung eintreten, eine Mehrheit von Dingen in bestimmten Verhältnissen vorausgesetzt sein: dieß ist ein Thatbestand, der gegeben sein muß, damit die Kräfte wirksam werden können. Das Gesetz sagt: Wenn Kohle und Sauerstoff bei bestimmter Temperatur, unter Abwesenheit anderer Einflüsse sich räumlich berühren, entsteht Kohlensäure; wenn zwei Körper aufeinanderstoßen und einen Theil ihrer Bewegung einbüßen, entsteht eine bestimmte Temperaturerhöhung u. s. w. Wollen wir das Gesetz anwenden, um etwas nach demselben abzuleiten, so müssen wir den Thatbestand vorfinden, und er ist zunächst etwas rein Gegebenes; das Gesetz sagt nicht, daß dieser Thatbestand da sein müsse, sondern bestimmt nur seine nothwendigen Folgen, wenn er da ist. Wir können weiter zurückgehen und fragen, wodurch diese Constellation, von der wir zunächst ausgehen, ihrerseits verursacht war; wir kommen dann auf einen früheren Zustand, auf eine frühere Constellation wirksamer Dinge, aus welchem die spätere mit gleicher Nothwendigkeit hervorgehen mußte. Wir können die gesammte in einem bestimmten Zeitpunkt gegebene Vertheilung der Massen, der verschiedenen wirksamen Stoffe rückwärts in ihre Ursachen verfolgen; wir kommen dann etwa mit Kant und Laplace zu einem ursprünglichen Nebelball, in welchem alle Materie unseres heutigen Sonnensystems in weitem Raume gleichmäßig vertheilt war; aber wieder haben wir diese bestimmte Constellation vieler Elemente als einen gegebenen Ausgangspunkt; von diesem aus muß die ganze Reihe der Veränderungen erfolgen, die zur Bildung der Sonne und der Planeten, zur Gestaltung der Oberflächen dieser Körper geführt hat. Jener Ausgangspunkt ist aber schließlich nicht weiter ab= zuleiten; irgendwo müssen wir stehen bleiben, um diese Be= griffe von Ursache und Wirkungsgesetz anzuwenden.

Das erkennt auch Spinoza an. Mit der Consequenz, die ihm eigen ist, zeigt er selbst die Lücke, welche sein Ver= such, die ganze Welt als nothwendige Folge aus dem Wesen Gottes darzustellen, nicht wirklich auszufüllen vermag. Denn das Einzelne ist nach ihm auf zweierlei Weise bedingt: ein= mal durch das Wesen Gottes, durch die allgemeine Natur der Ausdehnung und des Denkens; dadurch hat es be= stimmte Eigenschaften, die ein bestimmtes Verhalten noth= wendig machen. Aber aus diesen allgemeinen Gründen erklärt sich nicht das Einzelne in seiner concreten Bestimmt= heit; aus der allgemeinen Natur der Ausdehnung erklärt sich nicht, daß ein Körper von dieser Größe und Gestalt eben hier ist und in dieser Weise sich bewegt; das Einzelne wird vielmehr von anderem Einzelnen zum Sein und Wirken bestimmt, und dieses wieder von anderem, und so= fort ins Unendliche — so daß die causale Betrachtung von dieser Seite sich nicht abzuschließen vermag — und der letzte Grund, warum alles Einzelne gerade so ist, doch un= erreichbar bleibt. Denn die Behauptung, daß alles aus der Nothwendigkeit der göttlichen Natur folge, bleibt eine bloße Versicherung, für die ein Nachweis nicht erbracht werden kann.

Wie stellt sich nun zu dieser Erklärung aus Ursachen der Zweckbegriff?

Darüber kann ja gar kein Zweifel sein, daß dieser Begriff aus dem Bewußtsein unseres Wollens und Handelns entsprungen ist. Wir wissen, daß unser bewußtes willkürliches Thun von dem Gedanken eines zukünftigen Zustandes ausgeht. Dieser Gedanke wird Gegenstand unseres Wollens, und unser Wollen bestimmt nun weiter die Thätigkeiten, die auf die Verwirklichung jenes Gedankens gerichtet sind, und die, wo es sich um äußere Veränderungen handelt, in willkürlichen Bewegungen unseres Leibes bestehen. Diese Beziehung auf die künftige Verwirklichung durch unser Thun scheidet die Gedanken, welche wir als Gegenstände unseres Wollens Zwecke nennen, von anderen, die ihnen darin ähnlich sind, daß sie gleichfalls unser Interesse erwecken und einen Reiz auf uns ausüben, an deren Verwirklichung wir aber verzweifeln, von bloßen Wünschen oder unerreichbaren Idealen; dadurch tritt der Zweck aus seiner bloß subjectiven Innerlichkeit heraus, und fordert seinen Correlatbegriff, den des Mittels; dieser drückt die wirkliche Ursache aus, die nach den Gesetzen der Natur den Zweck zu realisieren geeignet ist, und von uns in Bewegung gesetzt werden kann. Ebendamit aber ist der Zweckbegriff, auch wenn wir ihn nicht weiter in seine eigene Entstehung zurückverfolgen, dem Begriff der wirkenden Ursache nicht entgegengesetzt, sondern schließt ihn vielmehr ein; er enthält die künftige Verwirklichung, er kann ja aber nur dadurch verwirklicht werden, daß eine reale Macht vorhanden ist, welche den gegebenen Zustand so verändert, daß das Gewollte daraus hervorgeht, und daß diese reale Macht durch den Zweckgedanken selbst zu ihrer Aeußerung bestimmt werden kann. Der Zweck als bloßer Gedanke, als rein innerliches ideales Bild des Künstigen, wäre voll=ständig machtlos und unfähig in die Wirklichkeit einzu=greifen, wenn nicht die Natur dem Wesen, das ihn denkt und will, zugleich die Möglichkeit verliehen hätte, durch seine Hände die Dinge zu bewegen und so diejenige Com=bination herzustellen, aus welcher nach allgemeinen Causal=gesetzen der Erfolg hervorgeht, der beabsichtigt war. Was den Zweck wirksam macht, ist also zuerst die psychologische Causalität, vermöge der er den Willen zur Bewegung der Glieder bestimmt, zum zweiten die psychophysische Causali=tät, vermöge der die Glieder dem Willensimpuls gehorchen, endlich die mechanische Causalität, vermöge der die Be=wegung der Glieder äußere Dinge bewegt und in die Lage bringt, in der sie weiter wirken. So entsprechen sich die Glieder einer Gedankenkette und die Glieder einer realen Kette von Ursachen und Wirkungen in umgekehrter Folge: im Gedanken ist erst der Zweck da, die Ueberlegung sucht von ihm rückwärtsgehend aus bekannten Naturgesetzen die Mittel, die ihn verwirklichen, findet eine bestimmte Com=bination von äußeren Dingen, welche durch Bewegungen des Körpers herbeizuführen sind; und nun erfolgen diese Bewegungen, die Dinge fangen an zu wirken und der letzte Erfolg entspricht dem ursprünglich gedachten Zweck. Dabei ist allerdings eines charakteristisch: der Zweck, objectiv be=

trachtet also der letzte Erfolg, erscheint für unser Denken
als eine Einheit; die verschiedenen Ursachen, die zusammen=
wirken müssen, und die auf einander folgenden Bewegungen,
die entstehen, sind eine Vielheit, deren räumlicher und zeit=
licher Zusammenhang durch die Einheit des Zwecks be=
stimmt ist.

Wenn wir nun nicht in uns selbst diesen Zusammen=
hang zwischen dem Denken und Wollen eines Zwecks, der
Berechnung der Mittel und den daraus hervorgehenden
Handlungen beobachten können, wenn wir vielmehr dem
Handeln eines Andern und den Ergebnissen desselben als
Beobachter gegenüberstehen, so ist uns unmittelbar nur das
äußere Geschehen gegeben; wir sehen etwa einen Menschen,
der Holzscheiter zusammenträgt, in dem Ofen schichtet, einen
brennenden Span unter sie legt, und den Luftzug her=
stellt, der das Brennen begünstigt; objectiv betrachtet ist
das eine Reihe gesonderter Bewegungen, durch welche eine
bestimmte räumliche Combination verschiedener Dinge her=
gestellt wird, aus der dann das Brennen des Holzes, die
Erwärmung des Ofens und durch ihn die Erwärmung des
Zimmers hervorgeht; aber wir begreifen die ganze Reihe
der Handlungen, und die daraus hervorgehende Combina=
tion einer Vielheit von Dingen aus dem, was objectiv be=
trachtet der Erfolg ist, aus dem Zwecke das Zimmer zu
erwärmen; zu diesem gewollten Erfolge combinieren sich
alle die verschiedenen Elemente des objectiven Geschehens,
und ihr Zusammenhang ist verstanden, wenn wir sie als
Mittel zu demselben erkennen.

Sehen wir nun davon ab, daß der Gedanke des Er= folges durch den Willen des Menschen und seine Organisa= tion hinburch die einzelnen Bewegungen wirklich hervor= bringt, betrachten wir nur das objective Verhältniß des realisierten Zweck's zu den äußeren Mitteln, die ihn verwirklicht haben, vermöge dessen der Zweck der einheit= liche Enderfolg einer Vielheit von Ursachen, diese aber geeignet sind einen Erfolg hervorzubringen: so ergibt sich zunächst die Möglichkeit einer rein formellen Anwen= bung des Zweckbegriffs, in der nur das Verhältniß des einheitlich gedachten Erfolges zu der Vielheit der Mittel in den Gesichtskreis tritt, und in der die gewöhnliche causale Betrachtung umgekehrt wird, indem sie von einem Erfolg zu den ihn bebingenden Ursachen zurückgeht. Der causalen Betrachtung ist es natürlich, von den einzelnen wirksamen Elementen auszugehen, und zu untersuchen, was sich aus ihren mannichfaltigen Combinationen nach bekannten Natur= gesetzen ergeben muß; sie verfährt synthetisch, von den Gründen zu den Folgen vorwärts gehend. Eine andere Betrachtung nimmt den Erfolg zum Ausgangspunkt, und fragt, durch welche Combination von Ursachen er hervor= gebracht wurde, oder hervorgebracht werden konnte; der Erfolg erscheint damit als der Zweck, dem die Ursachen als Mittel dienen, diese sind zweckmäßig für die Hervor= bringung des Erfolgs. Diese Betrachtungsweise ist ana= lytisch, von dem einheitlichen Resultat zu den Bedingungen desselben rückwärts gehend.

Causale Betrachtung und Zweckbetrachtung so einander

entgegengestellt verhalten sich wie zwei entgegengesetzte Rech=
nungsarten, etwa wie Multiplication und Division. Wenn
im Einmaleins uns gezeigt wird, welche Producte die Multi=
plication je zweier einfacher Zahlen gibt, so entspricht das
der causalen Betrachtung; wird aber gefragt, welche Zahlen
mit einander multipliciert werden müssen, um ein bestimmtes
Product zu geben, so entspricht das der teleologischen Auf=
fassung. Die Betrachtung der gegebenen Massen und Um=
laufszeiten der Planeten ergibt, daß die Störungen sich
immer wieder ausgleichen und nur Oscillationen in den
Bahnelementen innerhalb gewisser Grenzen hervorbringen,
so daß der Erfolg dieser Anordnung die Stabilität des
Sonnensystems ist. Wird diese Stabilität zum Ausgangs=
punkt genommen und gefragt, wie sie möglich ist, so er=
scheint sie als ein Zweck, der realisiert wird, und es zeigt
sich, daß sie nur möglich war, wenn die Umlaufszeiten
incommensurabel sind; jene Anordnung erscheint jetzt als
das zweckmäßige Mittel, um jene Stabilität zu sichern.

Beiderlei Betrachtungsweisen enthalten auch, an der
Forderung absoluter Nothwendigkeit gemessen, ein hypo=
thetisches Element, das selbst zunächst nicht als nothwendig
erwiesen wird; die eine sagt: wenn die und die Ursachen
gegeben sind, so muß dieser Erfolg eintreten; die andere
sagt: wenn dieser Erfolg heraus kommen sollte, so mußten
die Ursachen so und so beschaffen sein. Dabei führt die
rückwärtsgehende Betrachtung vielleicht auf eine Mehrheit
von Combinationen, welche denselben Erfolg hervorbringen

können; gerade wie das Product 36 durch Multiplication
entweder von 4 mit 9 oder von 6 mit 6 entstehen konnte.

Es sind dieselben Causalbeziehungen und Wirkungs=
gesetze, welche die eine und die andere Betrachtungsweise
zu Grunde legt; die Auffassung, welche irgend einen Erfolg
als Zweck betrachtet, läßt ihn zunächst durch dieselben Ursachen
zu Stande kommen, von denen die causale Betrachtung
ausgeht. Hätten wir eine durchgängige Einsicht in den
Causalzusammenhang der Welt, vermöchten wir alles was
ist und geschieht aus seinen Ursachen als nothwendig zu
begreifen, so würden sich beide Betrachtungsweisen voll=
kommen decken; wir würden rückwärts und vorwärts ganz
denselben Weg durchlaufen.

Aber diese durchgängige Einsicht steht uns nicht zu
Gebot; wir besitzen die Formel nicht, welche uns alle wirk=
samen Dinge der Welt in ihrem Zusammenhange nach be=
stimmten Wirkungsgesetzen zeigte; und darum treten jene
beiden Betrachtungsweisen zunächst im Einzelnen ausein=
ander.

Wo wir durch lange Reihen von Vorgängen hindurch
verfolgen können, wie von einer gegebenen Anordnung wirk=
samer Elemente aus nach bekannten Naturgesetzen wechselnde
Erfolge sich auseinander erzeugen, da wäre es willkürlich,
irgend ein Glied in dieser Reihe herauszugreifen und nun
als den festen Ausgangspunkt hinzustellen, auf den die
vorangehenden Bedingungen bezogen werden. Niemand
fällt es ein, etwa Sonnen= und Mondsfinsternisse als
Naturzwecke zu betrachten und die Lage der Mondbahn

gegen die Ekliptik für zweckmäßig zur Hervorbringung der
Finsternisse zu erklären; die Finsternisse ergeben sich viel=
mehr einfach als periodisch eintretende vorübergehende
Folgen bekannter und constanter Ursachen. Ebensowenig
verfallen wir mehr darauf etwa die Flußbeete oder einen
Wasserfall unter den Gesichtspunkt des Zwecks zu stellen;
wir sehen ein, wie die Natur der Erdoberfläche und die
Schwere des Wassers diese Erscheinungen zur nothwendigen
Folge haben.

Anders aber steht es, wo uns die Kenntniß der her=
vorbringenden Ursachen und ihrer Wirkungsgesetze im Stich
läßt; wo wir nicht einsehen, wie nach bekannten Naturge=
setzen eine bestimmte Anordnung oder Verbindung von Ele=
menten und damit eine gewisse Reihenfolge von Wirkungen
zu Stande kommt, und doch ein constanter sichtbarer Er=
folg da ist. Hier ist der gegebene Ausgangspunkt der
Erfolg, und auf ihn zunächst sind wir genöthigt dasjenige
zu beziehen, was ihn hervorbringt, wenn wir überhaupt
Zusammenhang finden wollen. In diesem Falle befinden
wir uns den Organismen gegenüber. Das Dasein, die
Erhaltung und Fortpflanzung der lebenden Wesen ist ein
constanter, immer in derselben Weise sich wiederholender
Erfolg; aber mit welcher physicalischer oder chemischer
Nothwendigkeit die organischen Formen sich bilden und
entwickeln, nach welchen allgemeinen Naturgesetzen der ver=
wickelte Apparat einer Pflanze oder eines Thiers sich auf=
baut, ist noch nicht erforscht; es ist noch nicht möglich gewesen
zu zeigen, wie unter bestimmten Bedingungen Kohlenstoff

und Wasserstoff, Stickstoff und Sauerstoff vermöge ihrer Eigenschaften sich zu einer Zelle zusammenfinden müssen, und nach welchen allgemeinen Gesetzen diese Zellen sich verändern und theilen und zu diesen oder jenen Geweben sich umbilden müssen. Dagegen drängt sich der Betrachtung von selbst das Verhältniß der Glieder eines Organismus untereinander und zu den äußeren Umgebungen auf, vermöge dessen sie geeignet sind durch ihre Wechselwirkung mit der Außenwelt und ihr Zusammenwirken untereinander das organische Individuum in seinem Bestande zu erhalten und den Lebensproceß weiter zu führen; versagen sie den Dienst oder werden sie von außen zerstört, so hört das Leben auf und das Individuum zerfällt.

Darum ist der Weg, den die Untersuchung der Organismen von Anfang an damit gegangen ist, daß sie unter den Gesichtspunkt des Zweckes gestellt wurden, der natürliche gewesen; in die Vielheit der einzelnen Bestandtheile, die von der causalen Betrachtung aus zufällig erscheint, kommt verständlicher Sinn und Zusammenhang, sobald wir sie als Organe, als Werkzeuge, als Mittel zu einer bestimmten Leistung für die Erhaltung des Ganzen betrachten; von diesem Punkte aus erscheint die Form und die Function der einzelnen Theile begründet, und damit ist zunächst der Forderung genügt, von irgend einer Seite aus das „Warum" des Gegebenen einzusehen. Keine Physiologie kann aus den hervorbringenden Ursachen, aus der Mechanik der einzelnen Stoffbestandtheile zeigen, daß das Auge sich rund bilden muß, daß die Hornhaut durchsichtig wird, er-

klären, wie die Krystalllinse sich wölbt, wie es zugeht, daß
sie eine Flüssigkeit von anderem Brechungscoefficienten enthält als der Glaskörper und so einen achromatischen Apparat herstellt, nach welchen physicalischen oder chemischen
Gesetzen der Sehnerv in der Entfernung des Brennpunkts
der Linse in ein Mosaik von Endgebilden sich ausbreitet,
die durch Licht chemisch veränderlich sind, woher die Fasern
stammen, die die Krümmung der Linse für verschiedene
Entfernungen des Objects accommodieren, und warum an
der Innenfläche des Auges ein schwarzes Pigment sich ab-
lagert, welches die innere Reflexion verhindert; vom Standpunkte der wirkenden Ursachen können wir aus allgemeinen
Gesetzen nicht einsehen, wie diese verschiedenen Bestandtheile
einander gegenseitig ihre Form und ihre Lage bestimmen,
oder welche gemeinschaftliche Ursache sie gerade so bildet
und disponiert; das Licht ferner und das Auge, das sich
im Dunkel bildet, sind für die causale Betrachtung unabhängig von einander. Aber diese Menge einzelner Bestandtheile wird verständlich, sobald wir vom Zwecke des
Sehens ausgehen; auf diesen erscheint jetzt alles als
Mittel bezogen, von diesem Punkt aus ist der Zusammenhang der Form und Beschaffenheit der einzelnen Theile
klar; der Bau des ganzen Organs wird einer einheitlichen
Auffassung zugänglich, wenn wir ihn nach Analogie eines
einem Zwecke dienenden künstlichen Apparats betrachten.

Auch hier schließt die teleologische Betrachtung die
causale nicht aus. Schon die Zweckmäßigkeit des Apparats ruht ja eben darauf, daß nach den allgemeinen Ge-

setzen der Refraction das Bild auf der Netzhaut entstehen
muß. Die naturgesetzliche Wirksamkeit der einzelnen Theile
bringt den Erfolg hervor, den wir als Zweck betrachten,
und nur dann, wenn die Wirkungsweise jedes einzelnen
Bestandtheils genau erkannt und ihr Beitrag zum Resultat
festgestellt ist, schließt sich die Erkenntniß der Zweckmäßig=
keit ab. So ist die teleologische Betrachtung eine Auf=
forderung, die causalen Beziehungen nach allen Seiten zu
verfolgen, durch welche der Zweck verwirklicht wird. Sie
hat die Bedeutung eines heuristischen Princips, denn
die Voraussetzung, daß der Organismus zweckmäßig gebaut
sei, nöthigt nach der Wirkungsweise jedes einzelnen Theils
zu fragen und die Bedeutung seiner Form, seiner Structur
und seiner chemischen Eigenschaften zu erkennen, und führt
zugleich zu der Erklärung etwa vorhandener Nebenerfolge,
die sich dem Zwecke nicht unterordnen, aber durch die ver=
wendeten Mittel unvermeidlich werden.

Und da weiterhin in der Natur der Punkt nicht auf=
findbar ist, an dem eine zwecksetzende und durch Zwecke
bestimmte Macht ähnlich der des Menschen nachweisbar in
den Naturlauf abändernd eingriffe, um jene Bildungen
herzustellen, so hindert die teleologische Betrachtung nach
keiner Seite hin die natürlichen Ursachen und Bedingungen
der Entstehung und Entwicklung der organischen Wesen zu
verfolgen; im Gegentheil, je deutlicher die Eigenthümlich=
keit der zweckmäßigen Anlage des Organischen erkannt ist,
desto stärker fordert sie auf zu fragen, aus welchen Ur=
sachen so verwickelte Combinationen hervorgegangen sein

können; wird damit allerdings von einer Seite die ganze Natur
unter den Gesichtspunkt des Zweckes gestellt, sofern sie darauf
angelegt erscheint, diese höchsten Formen des Mechanismus
hervorzubringen, so wird andrerseits eben damit auch die Erforschung der natürlichen Ursachen auf das Ganze ausgedehnt.

Die allgemeine Bedeutung der von Darwin ausge-
gangenen Bewegung besteht ja eben darin, daß sie, indem
sie die Zweckmäßigkeit der Organismen unbefangen anerkennt, die Aufgabe sich stellt, diese Zweckmäßigkeit aus allgemeinen Gesetzen causal zu erklären und als den streng
nothwendigen Erfolg gegebener Ursachen und ihrer Combinationen hinzustellen; sie versucht diese Aufgabe zu lösen,
in dem sie das Verhältniß, das durch den Begriff des
Zwecks ursprünglich angedeutet ist, umkehrt. Nicht aus einem
Zwecke als vorangehender Ursache wird das Dasein zweckmäßiger Bildungen erklärt, sondern die naturnothwendig
entstandene thatsächliche Zweckmäßigkeit bildet den Erklärungsgrund für die Existenz der bestehenden Organismen,
weil die weniger zweckmäßig organisierten Individuen im
Kampf ums Dasein untergehen mußten. So hat Darwin
unternommen, die mechanische Betrachtungsweise mit der
Anerkennung der Zweckmäßigkeit auszusöhnen.

Sobald man sich dieß vergegenwärtigt, kann man es
nur als eine auf Misverstand beruhende Prüderie bezeichnen,
wenn es eine Zeit lang Mode war, auch nur die Nennung
des Wortes Zweck für wissenschaftlich unanständig zu halten,
während in hartem Contraste zu dieser Aechtung jeder Rede-
wendung, die an Teleologie auch nur von Ferne erinnerte,

fort und fort unbeanstandet Physiologie und Pathologie
unterschieden wurden. Und doch ist der Gegensatz von
Gesundheit und Krankheit ja nur auf dem Boden des
Zweckbegriffs erwachsen; schließt man diesen aus, so kann
man zwar das, was in der Mehrzahl der Fälle sich findet,
als normal, das was nur als Ausnahme vorkommt, als
abnorm bezeichnen; aber die so bestimmten Begriffe von
normal und abnorm decken sich mit den Begriffen von
Gesundheit und Krankheit nicht, sonst müßte derjenige, dem
ein der Mehrzahl seiner Mitmenschen schädlicher Exceß keine
Nachwehen hinterläßt, zu den Kranken gerechnet werden.

Eben dieser Gesichtspunkt aber, der unabweisbar immer
wieder dazu geführt hat, an dem Gedanken des Zwecks
die Variationen der Constitution und der Lebensprocesse
der Organismen zu messen, deckt uns eine neue Seite des
Zweckbegriffs auf, nach welcher er eine höhere Bedeutung,
als die bisher betrachtete bloß formelle beansprucht. Nicht
bloß der Gedanke, aus der Einheit eines constanten Er=
folges in die Vielheit seiner Bedingungen verständlichen
Zusammenhang zu bringen, pflegt uns zu leiten, wenn wir
den Zweckbegriff verwenden, sondern darum hauptsächlich
sind wir geneigt, diesen Gesichtspunkt gelten zu lassen, weil
dieser Erfolg uns irgend einen Werth zu haben scheint,
und darum geeignet ist, uns den Eindruck eines Zieles zu
machen, das die Verwirklichung verdient, weil er also
seiner Bedeutung und seinem Werthe nach sich ebenso ver=
hält, wie das was wir selbst wünschen und wollen. In
Beziehung auf uns selbst ist uns der Werth von Leben,

Gesundheit und Wohlsein selbstverständlich, unser unmittel=
bares Gefühl entscheidet darüber. Nun ist es allerdings
eine beschränkte Auffassung, welche Spinoza mit Recht be=
kämpft, unser Wohlsein und unsern Nutzen zum Maßstab
der Zweckmäßigkeit in der Welt zu machen, und den Werth
der Dinge nur nach der Hülfeleistung zu bemessen, die sie
uns zur Befriedigung unserer gemeinen Bedürfnisse zu ge=
währen im Stande sind. Aber es gibt auch eine andere
weniger egoistische und spießbürgerliche Gedankenrichtung,
welche jenem unmittelbaren Gefühle von dem Werthe
unseres Wohlseins entspringt; durch eine von keinem prak=
tischen Interesse verunreinigte, sympathische Uebertragung
desselben gewinnt das Fortbestehen und Wohlsein des Leben=
digen für uns auch da einen Werth, wo unser individueller
Nutzen gar nicht in Frage kommt; wir sind durch die Erfüllung
der Zwecke, die uns selbst werthvoll sind, überall gemüth=
lich befriedigt, durch ihre Nichterfüllung verletzt; und wo
uns die Natur der Dinge nicht gestatten will, in sie selbst
irgend einen Genuß ihres Daseins und ihrer Vollkommen=
heit zu verlegen, wie bei den Pflanzen, da läßt uns der
ästhetische Eindruck, den sie machen, ihnen einen Werth
beilegen, der sie berechtigt als Zwecke der Natur zu gelten.
Obgleich Verstümmelung, Zerstörung und Tod der organi=
schen Individuen ein ebenso regelmäßig unter wechselnden
Bedingungen eintretender Erfolg ist, wie die zeitweilige
Erhaltung des Lebens und seine harmonische Entfaltung,
denkt doch Niemand daran, den Tod und die Zersetzung
als den Zweck zu betrachten, dem das Leben dient, und

zwar nicht bloß darum nicht, weil wir die Nothwendigkeit
nicht einsehen, warum zur Herstellung der Verwesungspro=
ducte der ganze Apparat des Lebens aufgeboten werden
mußte, sondern vorzugsweise darum nicht, weil unser ge=
müthliches Interesse und unser ästhetisches Gefühl wider=
streitet. Tod und Zerstörung erscheinen uns als ein Schick=
sal, das mit der Endlichkeit vielleicht unvermeidlich verknüpft
ist, aber nichts destoweniger uns wehe thut, als der Schatten,
der unsere Freude an der Natur trübt.

Nun läßt sich freilich mit Spinoza sagen, gut und
schlecht, vollkommen und unvollkommen, schön und häßlich
seien nur subjective Begriffe, und die Maßstäbe, nach denen
wir sie unterscheiden, unserer beschränkten Natur entnommen;
wir haben kein Recht, etwas darum als von der Weltord=
nung beabsichtigt zu betrachten, weil es unserem Gemüthe
wohlthut und unserem Geschmacke zusagt. Aber wir können
aus dieser unserer beschränkten Natur einmal nicht voll=
ständig heraustreten und unsere Menschlichkeit nicht ver=
läugnen; keine umfassende Weltanschauung, auch die Spi=
noza's selbst nicht, hat es vermeiden können, daß unter
der Hand doch jene Unterschiede der Werthschätzung in die
vermeintlich ganz kalt intellectuelle und objective Betrach=
tung der Nothwendigkeit alles Geschehens sich einschleichen.
Bei Spinoza ist es besonders auf ethischem Gebiete deut=
lich, wo er die Menschen und ihr Thun an dem Maßstabe
der Vernünftigkeit mißt, der reinen Erkenntniß den Vorzug
vor der Imagination gibt, und das wahre Gut des Men=
schen dem vermeintlichen gegenüberstellt, das Streben nach

jenem als berechtigt und vernünftig, das Streben nach
diesem als thöricht hinstellt. In der Naturwissenschaft
aber durchbrechen jene ästhetischen Gesichtspunkte überall
da die rein mechanische Auffassung, wo von Entwicklung
des Niederen zum Höheren, der unvollkommeneren Orga=
nisation zur vollkommeneren geredet wird. Auch der strengste
Anhänger einer alles aus blind wirkenden Ursachen erklä=
renden Selecticustheorie vermeidet es doch nicht, eine
Stufenreihe der Organisationen anzuerkennen, die nicht
bloß eine zeitliche Aufeinanderfolge darstellt, sondern eine
vom Niederen zum Höheren aufsteigende Bahn beschreibt,
und einen Fortschritt enthält. Damit aber wird anerkannt,
was eliminiert werden sollte, die Bedeutung der Vorstellung
eines Zwecks, an welchem die verschiedenen Formen ge=
messen werden. Oder von wo aus soll denn der Gegensatz
von vorwärts und rückwärts, von fortschreitender und rück=
schreitender Umbildung bestimmt werden, als von dem Ge=
danken eines Ziels aus, das erreicht werden soll, weil es
eine werthvollere Form des Daseins ist? Wird dieser Ge=
sichtspunkt wirklich ausgeschlossen, dann ist nicht abzusehen,
warum das Säugethier oder der Mensch einen höheren
und vornehmeren Rang in der Welt einnehmen soll, als
ein Regenwurm oder der frühverstorbene Bathybius Häckelii.
Fragen wir aber nach dem Maßstabe, nach welchem die
Höhe der Organisation bestimmt wird, so begegnen wir
Ausdrücken wie Theilung der Arbeit, Differenziierung der
Organe, und ähnlichen, zum deutlichen Zeichen, daß die
Herrschaft eines Zwecks über ein immer reicheres Gebiet

von Mitteln doch der leitende Gedanke ist, und sich in all
diesen Vergleichungen und Abstufungen zuletzt nur die ge=
heime Freude an dem Verstande in der Natur ausspricht,
der in der Weise menschlicher zweckmäßiger und künstlerischer
Thätigkeit die blinden Kräfte vieler Elemente zu immer
verwickelteren und mannichfaltigeren Leistungen zusammen=
bindet.

Läßt sich also die teleologische Betrachtung, die in der
verschiedenen Werthschätzung der Dinge wurzelt, nicht zum
Schweigen bringen, weil bei jeder vergleichenden Uebersicht
über die Gesammtheit der Lebensformen unvermerkt ihre
Gesichtspunkte sich mit der mechanischen Berechnung der
Ursachen und Wirkungen verbinden, so kann es sich im
Interesse der Klarheit der Begriffe nur darum handeln,
die Gesichtspunkte reinlich und sauber auseinanderzuhalten,
die in unserer Weltanschauung zusammenwirken, und eine
sorgfältige Grenzbestimmung zwischen mechanischer und ästhe=
tisch=teleologischer Auffassung vorzunehmen.

Das hat, in ähnlichem Sinne wie Bacon, Kant in
der Kritik der Urtheilskraft versucht. Beide Auffassungen,
die mechanische wie die teleologische, sind nothwendig, weil
sie Grundrichtungen unserer geistigen Thätigkeit überhaupt
entsprechen und durch apriorische Gesetze bestimmt sind;
aber beide sind streng von einander zu scheiden. Die rein
causale Betrachtung ist die der eigentlichen Wissenschaft;
in ihr werden die Erscheinungen nach den a priori fest=
stehenden Grundsätzen der Substantialität und der Causali=
tät in durchgängigen Zusammenhang gebracht, und so erst die

Wahrnehmungen zum Wissen erhoben; der Satz, daß das
Quantum der Substanz in der Welt unveränderlich ist, und
daß alles, was geschieht, etwas voraussetzt, worauf es nach
einer Regel folgt, sind die Axiome, denen sich alle Erscheinungen fügen müssen, wenn die Vielheit der Erscheinungen zur Einheit des Bewußtseins zusammengefaßt werden
soll, sie sind die Grundpfeiler aller Naturwissenschaft, und
diese ist also nothwendig eine mechanische, nicht in dem
engeren Sinn, daß sie alles Geschehen auf Bewegung, alle
Ursachen auf Bewegungskräfte reduciert, aber wenigstens
in dem weiteren, daß alles unter reine Causalgesetze gestellt wird, welche sagen, daß, wenn bestimmte Bedingungen
gegeben sind, bestimmte Veränderungen nach unabänderlichen Gesetzen in der Zeit darauf folgen müssen.

Die Auffassung der Natur unter dem Gesichtspunkte
des Zwecks aber befriedigt das gleichfalls unabweisbare
Bedürfniß, die Vielheit von Ursachen und Gesetzen, auf
welche die mechanische Betrachtung führt, unter einen einheitlichen Gesichtspunkt zu bringen. Die bestimmten Formen der Dinge, die wir in der Erfahrung finden, sind aus
mechanischen Gesichtspunkten ebenso wenig als nothwendig
nachzuweisen, wie die besonderen Gesetze, welche ihre Veränderungen regeln; wir verlangen aber auch dies zu begreifen, und vermögen dieses Bedürfniß nur so zu befriedigen, daß wir die gegebene Welt unter den Gesichtspunkt
des Zwecks stellen, theils so, daß wir aus einem Zweck
die Uebereinstimmung des Gegebenen mit den Formen
unseres Auffassens und Denkens ableiten, welche eine syste-

matische Ordnung aller einzelnen Erkenntnisse möglich macht,
theils so, daß wir die Welt als in sich selbst zweckmäßig
betrachten; und der letzte Halt, den in dieser Hinsicht der
Zweckbegriff findet, liegt in dem sittlichen Bewußtsein, in
der Anerkennung eines unbedingt giltigen Endzwecks für
unser Wollen, der uns zu dem Glauben treibt, daß die
Natur, in welcher die sittliche Aufgabe realisiert werden
soll, von Anfang an auf die Verwirklichung des höchsten
Gutes angelegt ist. Jenes führt dazu, die Natur so zu
betrachten, als ob ein Verstand den Grund der Einheit des
Mannichfaltigen ihrer empirischen Gesetze enthielte, dieses
führt zu dem Glauben an einen moralischen Welturheber.
Aber diese Annahmen sind strenge von der wissenschaftlichen
Erkenntniß zu unterscheiden; sie lassen sich nicht beweisen;
ihre Bedeutung liegt nur darin, daß sie unser Gemüth
durch die Harmonie befriedigen, in welche sie unsere sitt=
lichen Ueberzeugungen mit unserer theoretischen Erkenntniß
zu bringen gestatten; denn über die Wirkungsweise jener
höchsten Ursache vermögen wir uns keine bestimmte Vor=
stellung zu machen, da die Analogien des zwecksetzenden
menschlichen Thuns unzureichend sind.

Es würde uns zu weit führen, wenn wir untersuchen
wollten, in wiefern von Kants Voraussetzungen aus diese
Lösung des Conflicts zwischen Mechanismus und Teleologie
consequent ist, oder die Frage zu beantworten uns an=
schickten, ob nicht die teleologische Auffassung in ihrem
ganzen und vollen Sinne zuletzt doch die eigentliche Philo=
sophie Kants, seine positive Weltanschauung, seine innerste

Ueberzeugung war, die heutzutage über der einseitigen Be=
tonung der kritischen Ergebnisse seiner Analyse der Erfah=
rungserkenntniß in den Hintergrund gestellt und verdeckt
zu werden pflegt.

Aber für die gewöhnlichen Voraussetzungen der Wissen=
schaft, die nicht der Meinung ist, daß ihre Sätze nur Er=
scheinungen betreffen, denen als Vorstellungen des Subjects
dieses selbst Gesetze gibt, vielmehr glaubt, daß sie eine Er=
kenntniß des wirklichen Seins und der Gesetzmäßigkeit
realer Dinge einschließen, ist diese strenge Scheidung Kants,
so tief sie gedacht ist und so viel sie zur Klärung beige=
tragen hat, doch zuletzt ungenügend. Zweck und Ursache
rücken vielmehr noch näher zusammen, sobald wir den Be=
griff der Ursache, wie er der Naturwissenschaft zu Grunde
liegt, ganz zu Ende denken, sie sind so unauflöslich ver=
knüpft, daß, wie jede teleologische Betrachtung den Causal=
zusammenhang voraussetzt, so jede causale Auffassung, selbst
wenn sie im engsten Sinne mechanisch wäre, in der teleo=
logischen endigt.

Nach den herrschenden Voraussetzungen der mechani=
schen Theorie sind die letzten Elemente, die wir als wirk=
same Ursachen betrachten müssen, kraftbegabte Atome;
und ihre Kräfte sind der Art, daß vermöge ihrer jedes
Atom zu allen Atomen in der Welt eine gesetzmäßige
Beziehung hat. Das Wesen jedes einzelnen wird dadurch
ausgedrückt, daß es z. B. gegen alle anderen gravitiert,
und seine Bewegung durch seine jeweilige Lage zu allen
andern bestimmt ist, daß es ferner zu gewissen Classen von

Atomen diese, zu andern jene besonderen Beziehungen hat,
die sich in seinem chemischen Verhalten u. s. w. äußern.
Der methodische Gang der Forschung bringt es dabei mit
sich, daß wir zuerst die einzelnen Elemente isolieren müssen,
um sie einzeln zu verstehen und dann erst zu dem Ganzen
überzugehen, das sich aus ihnen bildet; für diese isolierende
Betrachtung drückt sich die Natur des einzelnen Atoms nur
in hypothetischen Sätzen aus: wenn ein zweites in bestimmter Entfernung ist, erfolgt eine aus ihrer gegenseitigen
Anziehung hervorgehende Bewegung, wenn zu einem Sauer-
stoffatom zwei Wasserstoffatome unter bestimmten Bedingungen treten, vereinigen sie sich zu einer Wassermolekel.
Dadurch schon wird aber in den Begriff eines jeden Atoms
die Beziehung zu andern Atomen aufgenommen; es ist in
der That kein isoliertes, für sich denkbares Element der
Welt, wenn es doch nur durch Kräfte bestimmbar ist, die
auf andere hinausweisen. Und machen wir uns nun klar,
wie wir es denken müssen, sobald wir jenen bloß hypothetischen Standpunkt verlassen, der einstweilen unbestimmt
gelassen hat, ob und wie viele andere Atome in der Welt
sind, sobald wir es vielmehr in seiner concreten Wirklichkeit nehmen: so folgt aus den Grundlagen der mechanischen
Theorie, daß sein Begriff nur durch die thatsächlichen Beziehungen zu allen andern, welche die Welt bilden, vollkommen und erschöpfend bestimmt ist; sein wirkliches Wesen
ist durch sein Verhältniß zu allen andern wirklich vorhandenen ausgedrückt, seine jeweilige Bewegung durch das ganze
Universum vorgeschrieben; in jedem Augenblick vereinigen

sich in ihm die Folgen, welche aus seinem Zusammensein
mit jedem der andern Atome nothwendig hervorgehen, in
jedem Augenblick richtet es sich nach der Lage und Ent=
fernung aller übrigen. Es ist also in der That, mit Leib=
nitz zu reden, sowohl seinem Begriff als seinem augenblick=
lichen Zustand nach ein Spiegel des Universums, es enthält
alle andern in sich, weil es zu allen andern in Wechsel=
beziehung steht. In Wahrheit ist also das Ganze ebenso
die Voraussetzung jedes einzelnen Theils, wie dieser ein
constituierendes Element des Ganzen; es ist eine bloße
Fiction, wenn wir so reden, als könnten wir die Welt aus
isolierten Elementen aufbauen; sie taugen dazu ja nur,
wenn sie ihre nothwendige Beziehung zu allen andern schon
in sich tragen, und durch diese selbst mit bestimmt sind.

Verfolgen wir aber diese Betrachtung weiter, so führt
sie zu der Frage, worin denn dieser durchgängige Zusam=
menhang zuletzt gegründet sei, und es ist, genauer betrachtet,
der ungeheuerlichste Gedanke, der bei der Vielheit dieser
Elemente als einer letzten Annahme stehen bleiben und sich
beruhigen, und nicht weiter fragen wollte, wie denn dieses
wunderbare Zusammentreffen möglich sei, daß jedes ein=
zelne dieser Atome eine Natur habe, welche mit der aller
einzelnen andern so vollständig übereinstimmt? Es gibt auf
diese Fragen keine andere Antwort, als daß dieser Zu=
sammenhang auf einen einheitlichen Grund zurückweise, aus
dem allein begreiflich ist, wie das Wesen eines einzelnen
Atoms dadurch bestimmt sein soll, daß es von anderen in
gesetzmäßiger Weise abhängt und sich nach ihnen richten

muß. Und wollte man selbst in der Art, wie wir in jener
hypothetischen Weise das Atom durch seine Kräfte definieren,
noch keinen Grund zur Verwunderung finden, so kann ja
doch aus diesem Begriff weder das Dasein der anderen
überhaupt abgeleitet werden, noch die bestimmte Stelle, die
jedes in der thatsächlichen Welt einnimmt; von jenem Begriffe aus ist es rein zufällig, daß es noch unzählige andere
gibt, und daß sie gerade so im Raum vertheilt sind. Alle
Beziehung von Verschiedenem muß doch zuletzt in einer
Einheit wurzeln, von der sie abhängen, und welche das
räumlich Getrennte zusammenbindet. Man redet häufig
von Naturnothwendigkeit, von Gesetz, von Wechselwirkung
nach bestimmten Gesetzen so, als ob es sich von selbst ver-
stünde, daß die einzelnen Dinge, die wir unterscheiden, sich
nach einander richten, und ihr Verhalten von dem Verhalten anderer abhängig machen müßten; aber ein Gesetz
kann niemals für sich eine Ursache sein oder eine Macht
ausüben, sondern nur Ausdruck der Thätigkeitsweise von
Subjecten sein, welche ihre Natur nothwendig macht. Diese
Natur aber wäre genauer zugesehen das unbegreiflichste
Wunder, wenn wir bei den Begriffen der einzelnen Elemente stehen bleiben wollten, zumal wenn wir sie bloß
mechanisch durch Bewegungskräfte bestimmen. Es war ein
verständlicher Gedanke, wenn die Philosophie der Alten,
welche noch Keplers Speculationen anfangs bestimmte, den
Gestirnen Seelen zuschrieb, und diesen eine Kenntniß ihres
Abstands von einander und einen Trieb zur Bewegung, vermöge dessen sie ihre Leiber, die Planeten, in bestimmten

Bahnen führten; es ist, so geläufig uns die Vorstellung sein mag, eine viel abenteuerlichere Auffassung, daß die bloße Masse der Sonne der Masse der Erde in jedem Augenblicke befehle, welche Geschwindigkeit und welche Krümmung der Bahn sie einhalten soll, und daß unser Planet sich nicht bloß nach seinem jeweiligen Abstand von der Sonne, sondern zugleich nach seinen Abständen von allen störenden Planeten richte. Die Vorstellung verbirgt ihre Paradoxie nur darum, weil wir denkend und rechnend diese Bewegungen verfolgen und als mathe= matisch genaue Consequenz gewisser Grundsätze darstellen können; aber daß es so ist, wird höchst ungenügend damit erklärt, daß man sagt, es sei nothwendig so, und die Naturgesetze gebieten es. Was sollen Sonne und Erde einander angehen, wenn nicht ein Grund da ist, aus dem diese ihre Beziehung nothwendig ist, eine Macht, welche Sonne und Planeten gleichzeitig bestimmt, ihre Be= wegungen nach einander zu richten? Und ebenso unbegreif= lich bliebe jede kleinste Wirkung eines Elements auf das andere.

So löst sich also die Vielheit der Ursachen, auf welche die mechanische Betrachtung als ihr Letztes zurückführte, durch den Begriff dieser Ursachen selbst wieder auf in eine Einheit; der einheitliche Grund des Ganzen bestimmt Wesen und Wirkungsweise der Theile, wie diese wiederum das Ganze bilden; der Begriff des Naturzwecks, den Kant for= mulirt hat, und den er auf die Organismen anwendet, tritt uns damit entgegen: daß die Theile nur durch ihre

Beziehung auf das Ganze möglich sind und daß sie von=
einander wechselseitig Ursache und Wirkung ihrer Form sind.
Aber noch von einer andern Seite treibt die mechanische
Betrachtung weiter. Die Unveränderlichkeit der Substanzen
und die Unveränderlichkeit der Gesetze ihrer Wechselbe=
ziehungen läßt den letzten Grund alles Geschehens als
einen vollkommen zeitlosen, in ewiger Gegenwart das wech=
selnde Geschehen bestimmenden erscheinen. Aus jeder Be=
wegung in der Welt folgt allerdings wieder Bewegung,
und von dieser Seite liegt die Ursache jedes augenblick=
lichen Zustandes der Welt in dem vorangehenden Zustand;
allein daß jener aus diesem hervorgeht, daß dieser con=
tinuierliche Zug von Veränderungen stattfindet, hat seinen
Grund immer in denselben, allezeit gegenwärtigen Kräften,
die nach unwandelbaren Gesetzen wirken. Jene wechselnden
Zustände sind nur die veränderlichen Bedingungen, unter
denen die stets gleiche Kraft wirksam ist; die letzte Ursache
bleibt ein schlechthin beharrliches, das die ganze Reihe der
Veränderungen in der Zeit nach Einem Gesetze bestimmt.
Das Gesetz der Erhaltung der Kraft, dieses große Princip,
in dem sich die mechanische Wissenschaft vollendet, hebt den
zeitlichen Unterschied von Ursache und Erfolg auf; der
ganze Verlauf der Welt kann nun ebenso als Einheit ge=
faßt werden, wie er in Zeitdifferentiale zerschlagen werden
kann, deren jedes die Bedingungen für das folgende ent=
hält; es gibt keinen Gegensatz mehr zwischen einem An=
fangszustand, der nur als Ursache, einem Endzustand, der
nur als Wirkung betrachtet werden müßte, denn in jedem

Moment ist dasselbe gesetzt, die ganze Welt ist ebenso ein=
heitlicher Erfolg wie einheitliche Ursache, Ein Grund setzt
das Ganze zumal, das nur der sondernden Betrachtung
im Einzelnen in wirkende Ursachen und ihre Wirkungen
sich auflöst.

Sehen wir nun auch davon vollkommen ab, daß In=
telligenz und Wille als wirksame Kräfte innerhalb dieser
mechanischen Welt sich finden, bleiben wir ganz im Gebiete
der mechanischen Wissenschaft, um aus ihr allein abzuleiten
was denn in jenem einheitlichen Grunde gesetzt werden
muß, auch wenn wir ihn so abstract als möglich fassen, so
ist die Voraussetzung aller Wissenschaft ja doch jedenfalls
das, daß die Gesammtheit der Beziehungen, die in der
Welt sind, erkennbar sei, und vom Denken durchdrungen
werden könne; daß die Gesetzmäßigkeit, mit der die ein=
zelnen Veränderungen erfolgen, identisch sei mit der logi=
schen Consequenz, welche sie aus gewissen Obersätzen zu be=
rechnen gestattet.   Die höchsten Leistungen mathematischen
Scharfsinnes wären machtlos gegenüber der Natur, wenn
sie nicht selbst eine verkörperte Mathematik wäre, das wirk=
liche Geschehen wäre in keine Formel zu fassen, wenn nicht
seine Bestandtheile ein System von Gedanken darstellten.
Die Voraussetzung aller Forschung, daß Gesetze in der
Welt herrschen, sagt nur in andern Worten, daß die Natur
Gedanken realisiere, daß Naturnothwendigkeit und logische
Nothwendigkeit dasselbe sei.   Dann ist aber auch gesagt,
daß die wirkliche Welt nicht erklärbar wäre, wenn sie nicht
durch Gedanken bestimmt ist.   Läßt sich die ganze Welt in

Einer mechanischen Formel darstellen, welche ihren ganzen
Verlauf rückwärts und vorwärts enthält, so müßte es doch
der ungeheuerlichste Zufall sein, wenn diese durchgängige
Congruenz mit unserem Denken nicht in ihrem Grunde
selbst gelegen wäre; ist sie aber nur aus Gedanken erklär=
bar, so muß sie ebenso als Zweck wie als bloße Wirkung
einer Ursache gelten; beides fällt auch hier zusammen. In
unserem beschränkten menschlichen Thun besteht eine Diffe=
renz zwischen Zweck und wirkender Ursache, weil der Zweck
des Menschen an gegebene Mittel gebunden ist; im Ganzen
fällt beides zusammen, Wirken und Gedanken verwirklichen
ist eins und dasselbe.

Wir enthalten uns, die Grundlinien des Begriffes
eines einheitlichen Grundes, die sich uns so ergeben, weiter
auszufüllen und diese Gedanken auf das eigentlich theo=
logische Gebiet zu verfolgen; denn es könnte ja nicht ohne
Erwägungen geschehen, die weit über die Gebiete hinaus=
greifen, aus denen der Kampf gegen den Zweckbegriff stammt.
Nur zwei Punkte mögen noch angedeutet werden, welche
zeigen, wie die Bekämpfung des Zweckes den Zweck nicht
los wird.

Wann glaubt denn die mechanische Naturwissenschaft
sicher zu sein, daß sie ein Causalgesetz vollständig erkannt
und sicher bestimmt hat? Nach allgemeiner Uebereinstimmung
dann, wenn sie experimentierend die Erscheinung aus den
Ursachen, welche sie ihr anweist, wirklich hervorbringen
kann. Alle Versicherungen, daß das organische Leben nur
aus den physicalischen und chemischen Kräften der Ele=

mentarstoffe, welche den Leib des Organismus bilden, zu
erklären sei, werden tauben Ohren predigen, so lange nicht
im Laboratorium eine Zelle mit ihrem Kern gemacht und
gezeigt wird, daß sie lebt und sich theilt; ist aber das ein=
mal wirklich gelungen, so wird auch jeder Widerspruch ver=
stummen. Was heißt das aber anderes, als daß wir nur
dann sicher sind, die Natur erkannt zu haben, wenn wir
nun rückwärts sie zwingen können, unsere Gedanken zu
verwirklichen? Wir setzen den Erfolg als Zweck unseres
Experimentierens; wir ordnen die Mittel zweckmäßig an;
trifft unsere Berechnung zu, tritt ein, was wir gedacht,
erweist sich unser Gedanke als das, was den Erfolg wirk=
lich hervorzubringen im Stande ist, so ist der Beweis er=
bracht; der Zweck controliert die Ursache. Darum legt
Bacon so großen Werth auf den Nutzen der Wissenschaft;
die Werke, die wir hervorbringen, sind die Gewähr der
Wahrheit unserer Erkenntniß; erst wenn die Natur unsern
vorausgehenden Gedanken gehorcht, wissen wir, daß sie
mit ihr übereinstimmen.

Und endlich: Die Auffassung, welche alle und jede
Gültigkeit des Zweckbegriffs läugnet, und nur die Betrach=
tung der wirkenden Ursachen für zulässig erklärt, hebt sich
selbst auf, indem sie den Unterschied von Wahr und Falsch
zerstört. Rein nach den wirkenden Ursachen betrachtet ist
alles gleich nothwendig, Wahrheit und Lüge, Wissenschaft
und Aberglauben, Wahnsinn und gesunder Verstand. Alle
Gedanken, mögen sie gedacht sein von wem sie wollen,
haben hier dasselbe Recht; auch die teleologische Auffassung

wäre nicht da, wenn sie nicht nothwendig wäre, und ist in der Welt kraft des Rechts der Causalität, so gut als die mechanische Wissenschaft. Wer Wahres und Falsches scheidet, mißt das menschliche Denken an einem Zwecke, und erkennt an, daß es dazu da sei, die Wahrheit zu finden. Würde aber die Natur der Dinge ihm das vermöge ihrer Noth= wendigkeit versagen, so wäre sein Beginnen wahnwitzig; er muß voraussetzen, daß seine eigene geistige Organisation auf Erkenntniß der Wahrheit angelegt ist, und daß darum auch die Natur der Dinge darauf angelegt ist, erkannt zu werden. Die Lebhaftigkeit also, mit der die Verbannung des Zweck= begriffs verkündigt, und die Betrachtung der wirkenden Ursachen als die allein wissenschaftliche und wahre ver= theidigt wird, „spottet ihrer selbst, und weiß nicht wie".

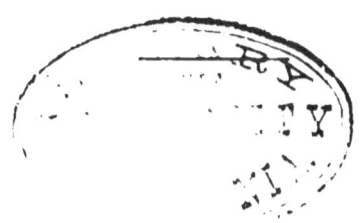

Ueber die Natur unserer Vorstellungen von räumlichen und zeitlichen Größen.

Wenn ich versuche, durch eine kurze Ausführung die uns geläufigen Vorstellungen räumlicher und zeitlicher Größen zu verdeutlichen, so habe ich nicht die Ergebnisse der wissenschaftlichen Reflexion im Sinne, durch welche diese Vorstellungen zu den Grundbegriffen der Mathematik erhoben worden sind. Ich wünsche vielmehr diese Vorstellungen nur soweit ins Auge zu fassen, als sie einen Bestandtheil unserer gewöhnlichen, vor aller logischen Bearbeitung vorhergehenden Auffassung der Dinge bilden, und immer schon in dem anschaulichen Bilde der Welt enthalten sind, das in Jedem von uns nach allgemeinen psychologischen Gesetzen, die ihm selbst unbewußt bleiben, aus den Functionen seiner Sinne und seines Verstandes entsteht, und das eben darum, weil es auf der Gewohnheit unseres ganzen Lebens ruht, auch von der wissenschaftlichen Erkenntniß niemals vollständig verdrängt werden kann.

Was zunächst den Raum betrifft, so will ich nicht ganz von vorne bei den schwierigen Problemen anfangen, wie wir überhaupt dazu kommen aus unseren Sinnesempfin

bungen uns die Vorstellungen von räumlichen, nach drei
Dimensionen ausgedehnten Gegenständen zu bilden, die in
verschiedener Entfernung von uns liegend den Raum um
uns her nach allen Seiten erfüllen; ich nehme vielmehr
als gegebene Voraussetzung an, daß wir räumliche Gegenstände wahrnehmen, die in bestimmten Richtungen und Entfernungen von uns und von einander sich befinden, und
von dort aus ihre Eindrücke auf unsere Sinne machen; ich
will nur die Frage näher untersuchen, wie wir denn zu
der uns geläufigen Vorstellung von der bestimmten Größe
dieser Objecte, der Größe ihrer räumlichen Dimensionen
und ihrer Entfernungen gelangen, und welcher Art diese
Vorstellung ist.

Es kann kein Zweifel sein, daß für den normalen
Menschen die räumliche Welt vorzugsweise durch das Auge
vorhanden ist; daß ihre Objecte gesehene Objecte, ihre
Größen gesehene Größen sind. Die weit beschränktere
Kunde, die uns der Tastsinn für sich gibt, sind wir jetzt
wenigstens gewöhnt in das Gesammtbild einzureihen, das
wir dem Auge verdanken.

Wir müssen also zuerst uns klar machen, wie sich das
Auge in Beziehung auf die Dimensionen der räumlichen
Dinge und ihre Größenunterschiede verhält.

Gehen wir der Bequemlichkeit wegen zunächst von der
Fiction aus, daß wir nur Ein Auge hätten, wie wir ja
in der That uns ohne wissenschaftliche Reflexion kaum bewußt sind, was es für einen Unterschied ausmacht, ob wir
mit einem Auge oder mit zweien sehen: so läßt sich unsere

Auffassung der Welt durch das Auge so darstellen, daß
wir von einem innerhalb unseres Kopfes liegenden Mittel=
punkte aus in den Raum hinaussehen, unsere Gesichtslinien
sozusagen von diesem Punkte aus hinaussenden, zunächst
nach vorn, soweit der Gesichtskreis des ruhenden Auges
reicht, dann aber, vermöge der Beweglichkeit des Auges
und des Kopfes, nach allen Seiten, nach oben und unten,
nach vorn und hinten. Denken wir jenen Mittelpunkt unserer
Gesichtslinien ruhend, Auge und Kopf um denselben be=
weglich: so läßt sich alles, was wir von einem gegebenen
Standpunkt aus übersehen, so darstellen, daß wir unsere
Gesichtslinien nach allen Seiten wie die Radien einer nach
allen Seiten um diesen Mittelpunkt sich dehnenden Kugel
ziehen. Je ein Büschel solcher von jenem Punkt aus=
gehender divergierender Strahlen trifft einen bestimmten
Körper, der, weil er undurchsichtig ist, unser weiteres Hin=
aussehen in den Raum verhindert — auch der Himmel
erscheint uns ja zunächst vermöge seiner Farbe wie ein uns
umschließendes Gewölbe —; jener Büschel trifft die uns zu=
gekehrte Seite der Körper, und trifft Flächen, die schräg
gegen die Richtung unseres Sehens stehen, schräg, so daß
der Büschel, der eine Fläche trifft, in demselben Maße
schmäler wird, als dieselbe sich schiefer stellt. Alles was
wir von einem gegebenen Standpunkt aus von einem Körper
sehen, ist eingeschlossen zwischen den Strahlen, welche seine
äußersten Umrisse, Punkt für Punkt, treffen. Darum können
wir alles, was wir von irgend einem Orte aus sehen, in
seiner unmittelbaren Erscheinung fürs Auge so vorstellen,

als ob wir mit dem Ausgangspunkte unserer Gesichtslinien
im Mittelpunkte einer Glaskugel uns befänden und als
ob nun mit einemmal alles was wir, sei es vor dem Glas
sei es durch das Glas hindurchsehen, auf die Oberfläche
des Glases genau in den Umrissen gemalt wäre, in denen
die nach den Grenzen der Körper gezogenen Gesichtslinien
die Glaskugel schneiden; die Lagerung der Dinge sofern
wir sie sehen, die Lagerung der Bilder um uns her würde
genau dieselbe sein.   Der Horizont einer weiten Aussicht
zum Beispiel wird den Aequator einer solchen Kugel vor=
stellen, deren Pol über unserem Scheitel liegt; jeder ein=
zelne Gegenstand des Horizonts nimmt mit seinem horizon=
talen Durchmesser einen Theil dieses Kreises ein, und alle
zusammen füllen seinen ganzen Umfang aus.

Wenn wir uns nun fragen, wie sich das unmittelbar
Gesehene als solches rücksichtlich seiner Größe verhält, in
welcher Hinsicht wir es unter sich vergleichen, mit welchem
Maße wir es messen können, so ergibt sich von selbst, daß es
sich dabei direct nur um Winkelgrößen handeln kann.
Das Maß der Größe eines gesehenen Bildes als solchen,
in einer bestimmten Dimension, etwa der horizontalen, sind
die 360 Winkelgrade, die um den Mittelpunkt in der Hori=
zontal=Ebene herliegen; ein je größerer Theil von 360
Graden der Winkel ist, den die Gesichtslinien nach den
Enden des Durchmessers einschließen, desto größer sehen
wir das Object; ebenso ist die Gesammtgröße des Bildes,
das sich uns als eine Fläche darstellt, und darum auf
einer Fläche gezeichnet werden kann, durch einen körper=

lichen Winkel ausgedrückt; die Gesammtgröße der qua=
bratischen Fensterscheibe, die ich vor mir sehe, durch den
körperlichen Winkel, der entsteht, wenn vom Ausgangspunkt
der Sehlinien nach allen Punkten ihres Umfangs Gerade
gezogen werden.

Dem entspricht auch vollständig die Operation, ver=
mittelst der wir die Größe der gesehenen Gegenstände gegen
einander abzumessen pflegen; es sind Bewegungen der Augen,
durch die wir die Hauptachse des Auges, in der der Firier=
punkt liegt, um bestimmte Winkel hin und her bewegen, und
die Beobachtung hat gezeigt, daß dieses Maß, das wir aus
dem Bewußtsein der Größe der Drehung unseres Auges
von links nach rechts, von oben nach unten gewinnen, ein
sichereres ist, als die Vergleichung der Dimensionen bei
ruhendem Auge, die überhaupt höchstens bei sehr kleinen
Größen angewendet wird. Wir können von den theils
variabeln, theils constanten Fehlern, die wir dabei machen,
hier absehen; zu den letzteren gehört z. B., daß wir in
verticaler Richtung geneigt sind größere Werthe anzunehmen
als in horizontaler, und daß wir eine ununterbrochene
Strecke kleiner schätzen als eine getheilte von derselben
Länge; was hiebei afficiert wird, ist die Schätzung des
Winkels, den wir durch die Bewegung der Blicklinie durch=
messen haben. Diese Fehler sind immerhin, wenn keine
sonstigen Störungen eintreten, so unbedeutend, daß wir,
um unsere Betrachtung nicht zu verwickeln, davon absehen,
und annehmen können, unsere Größenschätzung entspreche
in der That den Winkeln, welche die von den Gegenständen

ausgehenden, von allen Seiten auf uns einbringenden Licht=
strahlen mit einander an unserem Auge machen.

Es ist nur ein anderer Ausdruck für dieselben Ver=
hältnisse, wenn wir sagen, die unmittelbar gesehene Größe
sei immer die scheinbare Größe, in dem Sinne wie die
Astronomie von der scheinbaren Größe der Sonne und des
Mondes u. s. w. spricht, und sie dahin angibt, daß die
Gesichtslinien, die nach den Endpunkten eines Durchmessers
des Mondes oder der Sonne gezogen werden, etwa 31
Winkelminuten mit einander machen, oder, was dasselbe
heißt, etwa der siebenhundertste Theil des ganzen Umkreises
seien, auf dem dieser Durchmesser liegt, daß wir also die
aufgehende Sonne siebenhundertmal auf dem Horizont
herumlegen könnten.

Für die gesehene Größe der Gegenstände haben wir
demnach an der ein für allemal gegebenen unveränderlichen
Größe des Winkelraums um einen Punkt her ein vollkommen
sicheres und bestimmtes Maß, und können in Theilen dieses
Maßes jede gesehene Größe ausdrücken.

Nun ist es uns aber bei der Betrachtung der räum=
lichen Verhältnisse der Außenwelt nicht um diese scheinbare
Größe zu thun: die Verhältnisse der scheinbaren Größe
sind rein zufällig; sie wechseln mit unserem Standpunkte;
mit jeder Bewegung, die wir machen, vergrößert sich, was
uns näher rückt, was sich entfernt, verkleinert sich; dasselbe
Ding kann alle scheinbaren Größen von der Ausfüllung
unseres ganzen Sehfelds bis zum Verschwinden durchmachen.
Es ist uns auch nicht blos um die zufälligen Ansichten der

Dinge zu thun, wie sie sich in dem flächenhaften Bilde
barstellen, das nuser Auge allein uns liefern kann, sondern
um die Erkenntniß ihrer wahren körperlichen Gestalt; und
die Dimensionen dieser Gestalt spiegeln sich ja sehr ungleich
in der scheinbaren Größe, welche die einzelnen Theile des
flächenhaften Bildes haben. Die Längenfront eines Hauses,
dessen schmale Seite uns zugekehrt ist, erscheint schmäler
als diese, und schrumpft gar zur Linie zusammen, wenn
wir gerade in der Flucht derselben stehen; die scheinbare
Breite einer geraden Straße, auf der wir gehen, ist größer
als ihre scheinbare Länge. Die Bewegung zwischen den
Gegenständen, welche wir sehen, und die Möglichkeit sie
von verschiedenen Seiten zu betrachten, hat uns längst die
Täuschungen erkennen lassen, welche die perspectivische Ver=
kleinerung und Verkürzung mit sich bringt, und die dadurch
gewonnenen Erfahrungen leiten uns an, die scheinbare
Größe zur Erkenntniß der wahren Größe und Gestalt der
Dinge zu verwerthen; und diese Zurückführung gelingt um
so vollständiger, je mehr wir Gelegenheit haben, die Dinge
in verschiedenen Entfernungen und von allen Seiten zu be=
trachten. Wo das nicht der Fall ist, da täuschen wir uns
sogar in unserer nächsten Umgebung, weil wir die Reduction
nicht vollständig vornehmen; der Fuß unserer Zimmerwand [1]),
und ebenso die Länge unseres eigenen Beines vom Knie
an abwärts wird regelmäßig unterschätzt, weil wir beides
immer nur verkürzt zu sehen gewöhnt sind; und eben daher
kommt es wohl auch, daß wir die Größe der Kinder zu
gering anzunehmen geneigt sind. Wer aufgefordert würde,

sich ein Kind auszusuchen, das halb so groß ist als er, würde schwerlich auf eines von zwei Jahren und darunter verfallen.

Aber wo wir nun diesen Täuschungen nicht ausgesetzt sind — was nennen wir denn eigentlich die wahre Größe der Dinge gegenüber der blos scheinbaren, die sich unserem Auge unmittelbar darbietet? Kurzes Nachdenken belehrt uns, daß der Begriff der Größe überhaupt nur ein relativer ist, daß wir ursprünglich nur von größer, kleiner, gleichgroß, aber nicht von groß schlechtweg reden können, und daß alle unsere Größenschätzung einen Maßstab voraussetzt, mit dem wir die Dimensionen der wahrgenommenen Objecte vergleichen; daß zu einem solchen Maßstab ferner für unsere gewöhnliche Größenschätzung nur ein solcher taugt, der sich nicht blos an sich gleich bleibt, sondern uns auch fortwährend gegenwärtig ist, damit seine Vorstellung eine uns geläufige und zur Vergleichung immer bereit stehende sei.

In der That sind ja die Maßstäbe ursprünglich überall von unserem eigenen Leibe genommen, der jedenfalls die Bedingung erfüllt, uns immer gegenwärtig und unserer Vorstellung geläufig zu sein; die Daumenbreite, die Länge des mittleren Fingerglieds, die Spanne, die Länge des Armes vom Ellenbogen an, der Fuß, der Schritt, sind allerorten die ursprünglichen Längenmaße, mit denen wir die Größe der Dinge vergleichen; und was wir jetzt ihre wahre Größe nennen, ist zunächst das Verhältniß ihrer Größe zu der Größe dieser Maßstäbe.

Allein genauer zugesehen kommen wir damit doch
noch nicht aus der scheinbaren Größe heraus. Das Maß,
mit dem wir Gesehenes messen, muß ein gesehenes Maß,
seine Größe eine gesehene Größe sein; alle gesehene Größe
aber ist nur scheinbare Größe; auch die Größe unserer
Hand ist eine scheinbare, und diese scheinbare Größe wech=
selt mit der Entfernung, in der sich unsere Hand von
unserem Auge befindet; nur daraus, daß sie immer wieder
dieselbe Größe zeigt, wenn sie in dieselbe Entfernung zu=
rückkehrt, gewinnen wir die Ueberzeugung, daß sie an sich
ihre Größe nicht ändert; daß sie aber in dieselbe Entfer=
nung zurückkehrt, wissen wir ursprünglich nicht allein durch
das Auge, sondern auch durch die Empfindungen, welche
die Bewegung unserer Glieder begleiten.

Trotz dieser veränderlichen scheinbaren Größe kann
aber unsere Hand doch ein brauchbares Maß bleiben, nach=
dem wir uns von der Constanz ihrer wahren Größe über=
zeugt haben, wenn wir nur damit Objecte vergleichen, die je=
desmal in derselben Entfernung von uns sind; denn dann
werden sie, wenn sie sich nähern, in demselben Maße wach=
sen, wenn sie sich entfernen, in demselben Maße schwinden.
Daß aber unsere Hand und der damit gemessene Gegen=
stand wirklich in derselben Entfernung sind, davon über=
zeugt uns ursprünglich nicht das Auge, sondern der Tast=
sinn durch die Empfindung, welche die Berührung gibt;
und so beruht alles Messen ursprünglich auf dem Anle=
gen des Maßstabes; daß wir aber anlegen, empfindet die
Hand, und nicht das Auge. Nur durch die Cooperation

dieser beiden Sinne wird also ursprünglich die sichere Grundlage
für die Erkenntniß gewonnen, daß zwei Objecte in derselben
Entfernung von uns sich befinden; für das Auge sagt jetzt
aber unser Messen, daß die scheinbare Größe des gemesse=
nen Dings der scheinbaren Größe des Maßes in derselben
Entfernung gleich sei oder in bestimmtem Verhältnisse zu
ihr stehe; oder sagt, wie groß die scheinbare Größe sein
wird, wenn der Gegenstand sich in einer gewohnten Entfer=
nung befindet, die für kleinere Gegenstände die Weite des
deutlichen Sehens ist.

Kennen wir aber erst von den einfachsten Fällen aus
die Beziehung zwischen der scheinbaren Größe und der Ent=
fernung, so dehnen wir unsere Größenvergleichung auch
ohne wirkliches Messen auf Gegenstände aus, die sich in
weit verschiedener Entfernung von uns befinden. Wir bil=
den uns Vorstellungen über die wahre Größe eines Ge=
genstands, wenn wir seine Entfernung kennen, oder ge=
nauer, wir bestimmen daraus die scheinbare Größe die er
für das Auge haben würde, wenn er in einer uns ge=
wohnten und bekannten Entfernung wäre; und ebenso
schätzen wir aus der scheinbaren Größe eines Objects, dessen
erscheinende Größe wir in gewohnter Entfernung kennen,
seinen Abstand von uns.

Wir sind so geübt, diese einander gegenseitig unter=
stützenden und controlierenden Operationen innerhalb des
Bildes, das die Welt um uns her dem Auge darbietet,
unablässig vorzunehmen, daß uns meist nur das Resultat
derselben, nicht die Operation selbst zum Bewußtsein kommt.

Wenn wir einen Bekannten von Ferne sehen, so urtheilen wir nicht mit Bewußtsein, daß sein Bild hundertmal kleiner ist, als wenn er vor uns stünde, sondern wir interpretie= ren sofort die Kleinheit der Bilder aus der Entfernung, wir glauben ihn in seiner wahren Größe, zugleich aber die Entfernung selbst zu sehen, die wir doch nur aus der per= spectivischen Verkleinerung aller Gegenstände erschließen. Wer zum erstenmal durch ein Fernrohr sieht, hat nicht den Eindruck, daß es vergrößere, sondern daß es die Gegen= stände nähere oder „herziehe"; er ist so gewöhnt, die Ver= größerung des scheinbaren Durchmessers auf eine Vermin= derung der Entfernung zu deuten, daß ihm die unmittel= bare Wirkung des Fernrohrs vollständig oder wenigstens zum größten Theile entgeht.

Durch ähnliche Analogieschlüsse corrigieren wir fort= während die scheinbaren Verkürzungen seitwärts gesehener Flächen, und deuten sie auf die Ausdehnung, welche wir wahrnehmen würden, wenn sie in gleicher Entfernung von vorn gesehen würden, sobald wir aus irgend welchen An= haltspunkten erschließen können, daß sie schräg gegen unsere Gesichtslinie stehen.

Wie zwingend diese Gewohnheit ist, die Dinge nicht in den Verhältnissen aufzufassen in denen sie wirklich un= serem Auge erscheinen, sondern uns daraus Vorstellungen über ihre wahre Größe und Gestalt zu bilden, zeigt sich in nichts deutlicher, als in den Fehlern, die fast unabwend= bar Anfangs von denjenigen begangen werden, die nach der Natur zeichnen wollen. Es ist Tausend gegen Eins zu wet=

ten, daß ein solcher, auch wenn er ganz gutes Augenmaß
hat, die schräg gesehene Seite eines Hauses zu breit, die
schräg gesehene Mündung einer cylindrischen Röhre zu kreis=
ähnlich, den Deckel einer Kiste die vor ihm steht, als ein
Parallelogramm zeichnet, weil er sich von der Vorstellung
nicht los machen kann, welche Dimensionen und Formen
diese Objecte in Wirklichkeit haben, und diese Vorstellung
in seine Zeichnung hineinträgt; und auch auf guten Land=
schaftsbildern findet man nur allzuhäufig, daß ein entfern=
tes Gebirge, welches den Horizont begrenzt, unverhältniß=
mäßig hoch und groß gerathen ist; die Kenntniß seiner
wirklichen Höhe hindert den Zeichner, die perspectivische
Verkleinerung in ihrem ganzen Betrag eintreten zu lassen
— von den zum Theil Entsetzen erregenden Größen,
welche der Mond auf Bildern anzunehmen pflegt, ganz zu
schweigen.

So schwierig es ist, von all diesen Fehlern sich frei zu hal=
ten, und alle Schlüsse zu vergessen, um nur an das wirklich ge=
sehene Bild sich zu halten, so sicher und fein entwickelt ist doch
unter gewohnten Verhältnissen unser Unterscheidungsvermögen
für die Zunahme, welche mit wachsender Annäherung die Bilder
zeigen müssen; es ist fast als ob wir unserer Schätzung der
Entfernung wirklich das mathematische Gesetz zu Grunde leg=
ten [2]), nach welchem mit der Annäherung an uns die Winkel
wachsen, welche die scheinbare Größe eines Objects aus=
drücken. Dieses Wachsthum ist ja bei gleicher Geschwin=
digkeit der Annäherung ein viel langsameres in größerer
Entfernung als in kleinerer; wer aus einer Entfernung

von hundert Fuß auf uns zukommt, muß fünfzig Fuß zu-
rücklegen, bis er uns doppelt so groß erscheint, von jetzt
an aber nur etwa fünfundzwanzig, um seine scheinbare
Größe noch einmal zu verdoppeln; eine Locomotive, deren
Vorüberfahren wir am Wegübergang erwarten, schwillt erst
auf der letzten Strecke in wenig Augenblicken zu ihrer vollen Größe auf. Betrachten wir die Fensterreihe der schräg
zu uns stehenden Front eines Hauses aus der Nähe, so hat
das erste Fenster vielleicht die doppelte scheinbare Höhe des
letzten; entfernen wir uns unter demselben Winkel, so wird
die Differenz des ersten und letzten immer kleiner, je weiter wir zurücktreten. Damit haben wir auch ohne andere
Anhaltspunkte, wenn wir nur die Gleichheit der Fenster und
ihre Entfernung voneinander voraussetzen können, ein Mittel die Entfernung des Ganzen zu schätzen; und umgekehrt,
wenn uns die Entfernung eines Punktes in einer solchen
Reihe bekannt ist, bestimmen wir danach die Entfernung
der übrigen Glieder der Reihe von einander.

Aus dieser Sicherheit, mit der wir nach Regeln, die uns
nicht zum Bewußtsein kommen, die Unterschiede in der Zunahme der Bildgrößen je nach der Entfernung derselben
zu beurtheilen wissen, erklärt sich der befremdende Eindruck,
den uns zuweilen ein Fernglas hervorbringt. Sehen wir
etwa von einer Parterreloge mit bloßen Augen über die
Köpfe weg bis zum Orchester, so ist Alles in Ordnung;
die Abnahme der Kopfgrößen von Sitzreihe zu Sitzreihe
entspricht ihren wirklichen Entfernungen, sie ist in der Nähe
rasch, weiter nach vorn langsamer; jeder scheinbaren Kopf-

größe entspricht zugleich der Betrag, um den die Größe
der folgenden Reihe abnimmt. Nehmen wir nun aber das
Opernglas vor's Auge, um die vorderen Reihen zu mu=
stern, so bietet sich ein sonderbarer Anblick; die Köpfe sind von
vorn nach hinten aufeinandergerückt, die Abstände der Reihen
so vermindert, daß wir nicht begreifen wie die Leute sitzen
können; es scheint als wären sie ineinandergeschoben und
hätten ihre körperliche Undurchdringlichkeit aufgegeben. Denn
so große Köpfe, wie sie uns das Glas zeigt, könnten nur
in geringer Entfernung von uns sein; dann aber müßte
die nächste Reihe eine viel stärkere Verkleinerung zeigen,
als sie das Glas uns darstellt; und so deuten wir unwill=
kürlich die Verhältnisse der Bilder, die wir sehen, auf
einen weit geringeren Unterschied in ihrer Entfernung von
uns, und sie erscheinen von hinten nach vorn zusammenge=
schoben. Derselbe Erfolg tritt ein, wenn wir an der Front
eines in mäßiger Entfernung stehenden Hauses durch ein
Fernrohr hinabsehen; die Zeichnung wird vollkommen falsch,
die Länge der Front schrumpft um so stärker zusammen,
je stärker die Vergrößerung, aus den breiten Fenstern wer=
den enge Spalten, aus den Gesimsen davor schmale Steine,
die aus der verkürzten Fläche vorspringen. Wiederum hat
das Fernrohr die scheinbare Größe des Bildes gesteigert,
aber die Verhältnisse seiner Theile nicht zugleich geändert;
wir wissen aber, daß wenn wir das Haus so groß sehen
würden, als es das Fernrohr zeigt, dann die scheinbaren
Höhen der Fenster weit rascher abnehmen müßten, wenn
sie in der gewohnten Breite und dem gewohnten Abstand

von einander stehen; die perspectivische Verkürzung der entfernteren Linien entspricht nicht mehr der scheinbaren Größe
des Bildes.

Bei dem Sehen mit unbewaffnetem Auge, in gewohnter Umgebung, haben wir nun stets Anhaltspunkte genug,
um aus der scheinbaren Größe von Gegenständen, deren
Dimensionen uns annähernd bekannt sind, wie die der
Menschen, Bäume, Wohnhäuser u. s. f., die Entfernung,
und wiederum aus der so erschlossenen Entfernung die
wahre Größe der übrigen Gegenstände mit ziemlicher Sicherheit zu schätzen. Wo uns aber diese Hilfsmittel verlassen, oder wenigstens unzureichend sind; wo wir in frem-
der, von unserer Heimath verschiedener Umgebung uns befinden, und nun, auf das Auge allein angewiesen, unsere
Vorstellung von den Größen und Entfernungen uns bilden
sollen, da stehen wir vor der Aufgabe, aus der Einen gegebenen scheinbaren Größe zwei Unbekannte zu bestimmen,
und wir sind unsicher, wieviel von der scheinbaren Größe
wir auf Rechnung der Entfernung, wieviel wir auf Rechnung der wahren Größe schreiben sollen. Wer zum erstenmal in den Hochalpen wandert, wird fast unfehlbar in die
Täuschung gerathen, die Entfernungen zu klein, die Wege
zu kurz, die Zeit, die zu Ersteigung einer Höhe nöthig ist,
zu nieder zu schätzen; die Maßstäbe, die er aus der Ebene
oder dem Hügellande mitbringt, und die anzuwenden ihn
eine lange Gewohnheit unwillkürlich zwingt, verbieten ihm,
einen Berg, der ihm unter so großem Winkel erscheint,
anderswohin als in die größte Nähe zu verlegen, welche

ihm die übrigen Anhaltspunkte gestatten; wollte er ihn in
größere Entfernung versetzen, so müßte er ihm Dimensionen
beilegen, welche weit über sein bisher gewohntes Maß hin=
ausgehen. Erst durch dasselbe Mittel, durch das er ur=
sprünglich schon als Kind größere Entfernungen kennen und
würdigen gelernt hat, durch die Arbeit seiner Muskeln und
seiner Lungen und die Erfahrung der Zeit, während der
er sie aufwenden muß, überwindet er die früheren Ge=
wohnheiten und gewinnt den neuen Maßstab den er anle=
gen soll; mit der Kenntniß der wirklichen Entfernungen,
die er so erwirbt, wachsen ihm erst die Berge, die er sieht,
in's Riesenhafte, weil er lernt, sie in die richtigen Entfer=
nungen zu verlegen. Aehnlich geht es dem Binnenländer, der
ans Meer kommt; auf der weiten Fläche findet er wenige
Gegenstände, die ihm überhaupt eine Schätzung gestatten,
und die wenigen, die er findet, sind ihm ihrer Größe nach
nicht vertraut; er hat sich nicht einprägen können, welches
Bild ein Schiff in der Entfernung einer Seemeile dar=
bietet, und jedenfalls verläßt ihn jenes Hilfsmittel, das
in den Reihen von Gegenständen liegt, deren langsamere
oder schnellere Abnahme ihn die größere oder kleinere Ent=
fernung zu beurtheilen anleitet.

Den Himmelskörpern gegenüber aber fehlt uns alle und
jede Anknüpfung, um ihre Entfernung und damit ihre wahre
Größe, sowie jede Anknüpfung um ihre wirkliche Gestalt
zu erschließen. In letzterer Hinsicht bieten Sonne und Voll=
mond sich dem Auge zunächst als Scheiben dar, die Phase
des Mondes zwischen Neumond und den Vierteln erscheint

als Sichel; da unsere Wahrnehmungen uns keinen Anlaß
geben, die dritte Dimension zu erschließen, so bleiben wir
bei dem flächenhaften Bilde, geradeso wie ein entferntes Gebirge uns als eine bloße Wand erscheint.

Die Entfernung aber zu schätzen gibt uns der leere
Weltraum keine Mittel an die Hand; und das Wenige,
was wir von der irdischen Umgebung verwenden können,
ist nur geeignet uns irre zu leiten. Denn hier sind wir
wohl in horizontaler Richtung gewöhnt größere Entfernun=
gen anzunehmen; theils kennen wir aus Erfahrung die
wirkliche Entfernung der Gegenstände, die unsern Horizont
begrenzen, theils gibt uns die allmähliche perspectivische
Verkleinerung derselben ein Maß für ihren Abstand; wir
sind gewöhnt, daß selbst größere Objecte, wenn sie sich dem
Horizonte zu bewegen, verschwinden. Aber in der Richtung
nach oben haben wir keine Gelegenheit eine größere Ent=
fernung zu bestimmen; der Hahn auf dem Kirchthurm oder
ein Raubvogel der über unserem Haupte kreist, sind die
einzigen Gegenstände, an denen wir ein Maß für verticale
Entfernungen haben; und auch von den Vögeln die über
uns fliegen, wissen wir, daß sie, wenn sie sich dem Hori=
zonte nähern, rasch sich verkleinern und verschwinden. Und
nun übertragen wir diese Gewohnheiten auf Sonne, Mond
und Sterne; die untergehende Sonne, den aufgehenden
Mond müssen wir wohl in die Entfernung der Berge oder
Wälder verlegen, hinter denen sie emporsteigen oder ver-
sinken; aber wenn sie im Meridian stehen, nöthigt uns
nichts sie in größere Entfernung zu verlegen als etwa den

Raubvogel ober bie Wolken bie über uns wegziehen. Unb
so wundern wir uns, wie groß noch bas scheinbare Bilb
in ber Entfernung bes Horizonts erscheint, bie uns als bie
größte gilt, wir wundern uns, baß vom Meribian nach
bem Horizont keine Abnahme ber scheinbaren Größe statt=
finbet, unb beuten bas barauf, baß bie wahren Dimensio=
nen, bie immer unsere Vorstellung beherrschen, am Hori=
zonte größer sinb als im Meribian; ohne uns beutlich zu
machen, baß wir sie jetzt nur in größere Entfernung ver=
legen, glauben wir sie größer zu sehen, obgleich ja ber
Gesichtswinkel, unter bem sie erscheinen, berselbe bleibt, ja
ihr verticaler Durchmesser am Horizont burch bie Refrac=
tion sogar verkleinert wirb. Dasselbe finbet bei ben Stern=
bilbern statt; wenn im Winter bie glänzenben Sterne bes
Orion eben über ben Horizont sich erhoben haben, so scheint
uns bas ganze Sternbild einen viel größeren Raum einzu=
nehmen, als einige Stunden später, wenn es höher am Him=
mel steht. Denn ihre Bahnen betrachten wir nicht als
Bögen von Kreisen, beren Mittelpunkte wir nahe stehen,
sonbern als viel flachere Bögen; bas ganze Himmels=
gewölbe sehen wir nicht als eine Halbkugel, sonbern etwa
wie ein Uhrglas, bas nur gegen bie Ränber stärker sich
wölbt. Kein Beispiel zeigt so beutlich wie biese ganz all=
gemeine Täuschung, beren unmittelbarem Einbruck auch ber=
jenige sich nicht entziehen kann, ber ihre Gründe kennt,
wie vollstänbig bie Vorstellungen, bie wir uns über bie
Größe ber Objecte bilden, von erworbenen Gewohnheiten
beherrscht sinb, unb wie sich fortwährenb bie erschlossene

Vorstellung von der wahren Größe der Dinge mit dem unmittelbar wahrgenommenen Gesichtsbilde vermischt.

Davon können wir uns noch weiter überzeugen, wenn wir etwa die untergehende Sonne betrachtet haben, und nun, von ihrem Glanze ermüdet, die Augen schließen; die winzigen runden Fleckchen, die wir jetzt im Dunkel des Sehfelds wahrnehmen, und die der Bewegung unseres Auges folgen, sind ja die Nachbilder der Sonnenscheibe; und nehmen in unserem Sehfelde immer noch denselben Raum ein; aber jetzt scheinen sie in unmittelbarer Nähe vor uns sich zu bewegen, und darum nur glauben wir, sie seien unvergleichbar kleiner als die Sonnenscheibe, die wir eben gesehen.

Hängt also alle Vorstellung der Größe der gesehenen Objecte von der Entfernung ab, in welche wir sie verlegen, ist, was wir die wahre Größe nennen, am Ende doch nur die scheinbare Größe in einer bekannten und gewohnten Entfernung, oder die scheinbare Größe verglichen mit der scheinbaren Größe eines bekannten Maßstabes in gleicher Entfernung, so ist die Gesammtvorstellung über die Dimensionen unseres Weltbildes zuletzt durch den Maßstab bestimmt, mit dem wir diese Entfernung messen; wollten wir aber diese Entfernung, z. B. die Entfernung des deutlichen Sehens, in der wir kleine Objecte betrachten, uns klar machen, indem wir sagen, sie betrage zwölf Zoll, so hätten wir immer wieder die Vorstellung der gesehenen Größe des Maßstabes, die von seiner Entfernung abhängt. Wir werden also dadurch auf ein Element geführt, das sich

nicht durch die immer relativen Bestimmungen ausdrücken
läßt, welche in unserer Größenschätzung durch das Auge
vorkommen; welche Dimensionen wir überhaupt in der ge=
sehenen Welt voraussetzen, hängt zuletzt immer von der
Vorstellung einer Entfernung ab, die wir nicht direct sehen
können, weil sie in der Richtung unserer Blicklinie selbst
liegt. Wie groß wir überhaupt den Raum um uns vor=
stellen, wird durch das Maß des Radius bestimmt, den
wir für die Kugelflächen annehmen, in denen die Bilder
der Gegenstände für uns liegen. Unser Sehen und alle
davon abhängigen Größenverhältnisse würden absolut die=
selben bleiben, wenn wir die Einheit, mit der wir sie ver=
gleichen, etwa die Weite des deutlichsten Sehens, verdoppelt
oder halbiert denken könnten; an den Bildern würde schlechter=
dings nichts geändert, wir würden nur im Ganzen im
ersten Falle einen größeren, im zweiten einen kleineren
Raum vorstellen als jetzt.

Wir können auch die Möglichkeit nicht abweisen, daß
individuelle Differenzen hier vorhanden sind. Wir wissen,
daß, wenn wir plötzlich in die Anschauung eines Roth=
blinden versetzt würden, die Welt um uns her ganz andere
Farben und Farbenunterschiede zeigen würde als jetzt; wir
können ebenso denken, daß, wenn wir mit Einem Schlage
in die räumliche Vorstellung eines Andern gerückt würden,
die ganze Welt sich plötzlich im Raume ausdehnte oder
zusammenzöge; das Weltbild, das wir jetzt hätten, wäre
dem früheren ähnlich, aber nicht congruent. Ja wir sind
nicht sicher, ob nicht in uns selbst im Laufe der Zeit solche

Wandlungen vorgehen; es ist gar nicht unwahrscheinlich, daß sich uns im Laufe der Jahre die Welt verengt, denn unsere Hände wachsen, und umspannen jetzt, was sie früher nicht zu umspannen vermochten; unsere Schritte werden größer, wir legen denselben Weg mit wenigeren Schritten und in kürzerer Zeit zurück, und gewinnen dadurch den Eindruck kleinerer Entfernung; die Weite des deutlichen Sehens nimmt zugleich mit zunehmendem Alter zu, und auch hieraus kann eine uns unbewußte Vergrößerung der Einheit, die wir anlegen, und damit eine Verringerung der Objecte, welche wir damit messen, für unsere Vorstellung erfolgen. Dieselbe Entfernung bedeutet uns jetzt weniger als früher, und schneller wird, wie unsere Bewegung es in der That thut, auch unser Blick das Entfernte zu treffen scheinen.

Nun könnte allerdings gegen die Ansicht, daß das Maß, von welchem die Vorstellung der wirklichen Größe der gesehenen Objecte abhängt, ein subjectives und individuell verschiedenes sei, ein Einwand erhoben werden. Wir sind ja für die Beurtheilung der Größen und Entfernungen gar nicht allein an den Gesichtssinn gewiesen. Die erste Kenntniß der verschiedenen Entfernungen des Gesehenen kommt uns thatsächlich durch den Tastsinn und die Empfindungen, welche unsere Bewegungen begleiten; das Greifen gibt dem Kinde zuerst die sichere Kenntniß von der Entfernung der gesehenen Gegenstände, ja von der Bedeutung der Gesichtsbilder überhaupt. Allein es läßt sich sofort auch zeigen, daß die Vorstellungen, die wir so über die Größe

unseres Leibes und seiner einzelnen Glieder, sowie über
die Größe der von unseren Gliedern ausgeführten Be=
wegungen gewinnen, mit demselben subjectiven Factor be=
haftet sind; wir vermögen nicht zu erklären, wie wir gerade
zur Vorstellung dieser bestimmten Größe kommen, die uns
gar nicht als eine blos relative, sondern als eine absolute
erscheint, und dem Raume, den wir selbst einnehmen, eine
ganz bestimmte und feste Ausdehnung und Begrenzung gibt.

Die Frage wird um so verwickelter, als Anzeichen
genug vorhanden sind, daß jeder der beiden Sinne, die
uns räumliche Vorstellungen geben, das Auge einerseits,
der Tastsinn mit den Bewegungsempfindungen andrerseits,
sein eigenes Größenmaß hat, wenn er isoliert genommen
wird. Nachdem zuerst Weber durch seine oft wiederholten
Versuche nachgewiesen hatte, daß zwei Zirkelspitzen, wenn
nur ihre Distanz klein genug ist, bei gleichzeitiger Berührung
nicht zwei gesonderte Empfindungen geben, ihr Abstand
also für unsere Vorstellung durch den Tastsinn verschwindet,
während er für das Auge noch leicht wahrnehmbar ist;
nachdem ferner gezeigt war, daß das Minimum der Di=
stanz, bei welcher noch zwei gesonderte Empfindungen zum
Bewußtsein kommen, für verschiedene Theile der Haut ein
sehr verschiedenes ist, für die Zungenspitze nur eine halbe
Linie, für den Rücken zwei Zoll beträgt, ergab sich auch
die weitere Beobachtung, daß wir denselben Gegenstand,
wenn er auf dem Rücken aufgelegt wird, für kleiner halten,
als wenn er das Gesicht oder die Hand berührt. So er=
gibt sich innerhalb des Tastsinns selbst verschiedene Größen=

schätzung; die Zähne zum Beispiel geben bei der Berührung
durch die Zunge entschieden die Vorstellung größerer Dimen=
sionen, als bei der Berührung mit dem Finger. Und eine
ähnliche Differenz, wie sie zwischen der Größenschätzung
durch die weniger empfindlichen Hautstellen und der Größen=
schätzung durch die empfindlicheren besteht, scheint auch zwi=
schen dem Tastsinn überhaupt und dem Auge, und damit
zwischen den Größenvorstellungen der Blinden und denen
der Sehenden obzuwalten. Zwei der operierten Blind=
geborenen, über welche genaue Berichte vorliegen, sagen
übereinstimmend aus, daß sie sich über die Größe der ge=
sehenen Objecte verwunderten, nachdem sie sie als solche
erkannt, die ihnen durchs Tasten geläufig waren, obgleich
sie glaubten sie seien sehr nahe und die perspectivische Ver=
kleinerung nicht in Anschlag bringen konnten.

Diese Differenzen der Maßstäbe verschwinden nun
allerdings in der Regel, da wir die meisten Objecte durch
Auge und Hand zugleich prüfen können, und die Vor=
stellung ihrer Größe in Uebereinstimmung bringen; aber
die Beobachtungen, welche uns doch das ursprüngliche Vor=
handensein eines verschiedenen Maßstabs annehmen lassen,
führen auf die bestimmte Quelle hin, aus der diese Ver=
schiedenheit stammt, und geben dadurch einen Fingerzeig,
wo der Grund gesucht werden muß, aus dem wir den
Dingen gerade diese Größe beilegen, welche uns etwas
durchaus festes und von unserer Vorstellung unabhängiges
zu sein scheint.

An und für sich ist ja nichts weder groß noch klein;

die logische Verfolgung unseres Raumbegriffs zeigt un=
widerleglich, daß jedes Maß, das wir als Einheit zu
Grunde legen, willkürlich ist, weil die Möglichkeit der
Theilung einer Raumgröße ebenso ins Unendliche geht,
wie die Möglichkeit ihrer Multiplication, durch die wir
immer größere und größere Ausdehnungen erhalten. Ein
Millimeter ist noch groß, wenn wir ihn mit seinem millionten
Theil vergleichen, und gegen eine Billion Meilen ist eine
Million eine kleine Strecke. Und das sind ja nicht bloß
logische Speculationen innerhalb des Gebietes bloßer Be=
griffe; das Microscop wie das Telescop, und die Schlüsse,
welche sich an ihre Ergebnisse knüpfen, führen uns noth=
wendig dazu, solche Werthe als Distanzen wirklicher Ob=
jecte anzunehmen, die Abstände der Atome in milliontels
Millimetern, die Entfernung der Fixsterne in hundert=
tausenden von Sonnenweiten anzugeben. Wenn wir unsere
Phantasie anstrengen, können wir uns ein Wesen denken,
für das ein Wassertropfen eine Weltkugel wäre, ein anderes,
dem unser Milchstraßensystem nur den Eindruck eines Wölk=
chens von glitzernden Stäubchen machte[3]).

Aber für unsere gewöhnliche Vorstellung, die darauf
ausgeht, uns die Größen irgendwie anschaulich zu machen
und in den Bereich des sinnlich Vorstellbaren zu ziehen,
existiert nicht diese nach beiden Seiten endlose Reihe von
Größen, die beliebige Vielfache oder beliebige Theile eines
gegebenen Maßstabes wären; wer nicht gelernt hat, seine
durch alltägliche Erfahrung erworbene Auffassung durch
den logischen Zwang der Beweise zu überwinden, wird

doch, wenn ihm all das demonstriert und vorgerechnet wird, die Empfindung haben: die Zahlen hör' ich wohl, allein mir fehlt der Glaube; und er wird sich schließlich nicht anders helfen können, um sich die Länge der Lichtwellen oder die Abstände der Atome zur deutlichen Vorstellung zu bringen, als indem er überlegt, wie lang er sich einen Millimeter vorstellen müßte, um all das, was diese Strecke in sich bergen soll, noch wirklich unterscheiden zu können; wollen wir uns aber im Großen die Verhältnisse auch nur unseres Sonnensystems anschaulich machen, so fragen wir, wie klein wir uns die Erde vorstellen müßten, um noch übersichtliche und bekannte Dimensionen zu gewinnen, und berechnen etwa, daß wenn wir sie als eine Erbse denken, in dem Abstand von 36 Metern die Sonne als eine Kugel von einem Fuß Durchmesser, in dem Abstand etwa eines Kilometers Neptun in der Größe einer Kirsche zu suchen wäre. Denn innerhalb jener nach beiden Seiten endlosen Reihe einander untergeordneter Größen ist es nur eine verhältnißweise kurze Strecke, die uns anschauliche Vorstellungen gewähren kann. Woran wir keine Theile mehr sinnlich zu unterscheiden im Stande sind, das kann uns auch nicht mehr als eine ausgedehnte Größe anschaulich erscheinen, es ist verschwindend klein; und was wir nicht mehr in seinen Theilen wirklich mit unserer Vorstellung so zu durch= laufen vermögen, daß die gesammte Reihe noch in unserer Erinnerung haften kann, dessen Größe übersteigt unsere Vorstellung. Wir bringen es fertig, die Länge eines Wegs uns zu vergegenwärtigen, den wir durchmessen haben, wenn

wir Station an Station im Gedächtnisse aneinanderzureihen
im Stande sind; aber wir erliegen vor der Aufgabe, Mil=
lionen von Meilen uns wirklich aneinandergereiht vorzu=
stellen; und der bekannten Kanonenkugel in ihrem fünfund=
zwanzig Jahre dauernden Fluge nach der Sonne in Ge=
danken zu folgen, ist eine Zumuthung, der Niemand in
Wirklichkeit gewachsen sein wird.

So ist nach oben hin unseren anschaulichen Größen=
vorstellungen durch die Unmöglichkeit, längere Reihen zu=
sammenfassend zu übersehen, eine Schranke gezogen; nach
der Richtung des Kleinen hin aber ist die Grenze durch
die Unterscheidungsfähigkeit bestimmt, die unsere Sinne uns
gestatten. Die Construction des Auges, die Brennweite
der Linse, die Dimensionen der Stäbchen und Zapfen der
Netzhaut, die damit zusammenhängende Weite des deut=
lichen Sehens bringen es mit sich, daß wir zwei Linien,
deren scheinbarer Abstand weniger als eine Bogenminute
beträgt, nicht mehr zu unterscheiden vermögen, daß also in
der Weite des deutlichen Sehens unter den günstigsten
Bedingungen auf einen Millimeter höchstens etwa 10 unter=
scheidbare Eindrücke kommen, und daß, wo nicht angestrengte
Aufmerksamkeit eines geübten Auges vorauszusetzen ist, die
Zahl der Theile, die wir wirklich unterscheiden, noch er=
heblich kleiner ist; dazu kommt, daß die Schärfe des Sehens
vom Blickpunkte nach den seitlichen Theilen des Sehfeldes
hin ziemlich rasch abnimmt. Die mittlere Größe der Let=
tern, die im Drucke angewendet werden, gibt uns ungefähr
einen Maßstab für die Größe der Objecte, die wir leicht

und bequem zu unterscheiden vermögen, und nach diesem
Maßstabe richtet sich unsere geläufige und alltägliche Größenvorstellung. Wir nennen dasjenige schlechtweg und nicht
bloß relativ klein, woran wir ohne besondere Anstrengung
keine Theile mehr zu unterscheiden vermögen; wir nennen
den Eindruck einer Zirkelspitze auf dem Papier einen Punkt,
wir nennen die kleineren Sterne Lichtpunkte, und haben
damit selbst nach Euklids Definition*) von der sinnlichen
Auffassung aus Recht; denn diese Objecte haben in der
That keine Theile für unser Auge, so wenig als einer
Linie, die unserem Blicke wegen ihrer Feinheit eben zu
entschwinden droht, noch eine Breite zugeschrieben werden
kann. Genauer betrachtet freilich ist auch dieser Punkt
und diese Linie noch eine Fläche; Punkte und Linien im
strengen Sinne können für unser Auge nicht in dem Sinne
sichtbar sein, daß sie sich durch eine Farbe von dem Hintergrund unterscheiden, denn was gefärbt ist, muß eine Fläche
sein; Linien und Punkte im strengen Sinne können nur
als Grenzen und Ecken einer Fläche dem Auge sich dar-
bieten. Ein im strengen Sinne einheitliches und festes
Maß für unsere Größenvorstellung läßt sich also auch aus
dieser Grenze der Unterscheidungsfähigkeit nicht deduciren;
das kleinste Flächenelement, das wir sehen, hat immer noch
eine Ausdehnung, sonst könnten wir aus der Aneinanderreihung dieser Elemente keine Fläche zusammensetzen; es
bleibt damit in dem thatsächlichen Eindruck, den uns die
Größe der Dinge macht, ein mathematisch nicht construier-
barer Rest. Aber das wenigstens läßt sich vollkommen

deutlich einsehen, daß unter denselben Voraussetzungen einem Auge, das im Stande wäre zehnmal kleinere Distanzen zu unterscheiden, die gegebenen Strecken den Eindruck der zehnfachen Länge machen, einem Auge, dem in der Weite des deutlichen Sehens ein Millimeter schon verschwände, jede Länge zehnmal kleiner erscheinen müßte. Ebenso ist klar, daß der Eindruck einer bestimmten Größe durch die Zahl der unterscheidbaren Theile bestimmt wird, und daß so dieses logische Element der Zahl dabei eine Rolle spielt, das mit der unmittelbaren sinnlichen Auffassung noch nicht von selbst gegeben ist, sondern bewußtes Unterscheiden und Zusammenfassen der Unterschiede voraussetzt; sind wir doch immer geneigt, eine in sichtbare Abschnitte getheilte Strecke größer zu schätzen als eine ununterbrochen gleich gefärbte, ein Schachbrett größer als ein einfärbiges Quadrat von gleicher Seite.

So verhindert also zuletzt die beschränkte Zahl wirklich unterscheidbarer Theile, die uns eine der Entfernung des deutlichen Sehens gleiche Strecke darbietet, daß diese Strecke uns den Eindruck einer namhaften Größe macht; und damit stimmt zusammen, daß wir auch in der Bewegung eine solche Strecke nur durch eine kleine Anzahl unterscheidbarer Fortrückungen durchlaufen. Damit aber ist das Maß bestimmt, das wir zunächst für die Entfernungen der Dinge von uns, und weiterhin für ihre Dimensionen überhaupt anlegen. Die Erkenntniß aber, daß auch, was für uns verschwindend klein ist, noch eine Menge von Unterschieden birgt, die wir künstlich sichtbar machen

können, überzeugt uns, daß uns unsere gewohnte Anschau=
ung nur ein Miniaturbild der Welt liefert, ähnlich der
Zeichnung eines entfernten Gebirges, an dem wir nur die
großen Umrisse, aber nicht jeden Busch und jeden Gras=
halm, der an seinem Abhange wächst, zu unterscheiden ver=
mögen; und daß es sehr voreilig wäre zu glauben, daß
etwa bald jenseits der Grenzen unserer Microscope nun
die wirkliche Theilung und Unterschiedenheit der Dinge
aufhöre und das Einfache beginne.

Dasselbe Element der Zahl spielt aber auch nach der
anderen Richtung hin eine Rolle, wo es sich um den Ein=
druck handelt, den große räumliche Distanzen auf uns ma=
chen. Schon für irdische Entfernungen verläßt uns ja bald
das räumliche Maß, das sich auf die Vorstellung aneinan=
der gereihter Strecken von unmittelbar anschaulicher Länge
gründet. Die Entfernung eines Ortes, den wir auf oft
begangenem Weg in einem Tagmarsche erreichen können, ist
uns unmittelbar deutlich, wenn wir in Gedanken die ein=
zelnen Abschnitte des Weges durchlaufen; aber selten neh=
men wir diese ausführliche Vorstellung zu Hülfe, die uns
doch nicht gestatten würde, durch das Augenmaß sozusagen
eine einigermaßen sichere Vergleichung darüber anzustellen,
welcher von zwei nach verschiedenen Richtungen führenden
Wegen länger sei; vielmehr nehmen wir schon für mäßige
Distanzen die Zeit zu Hülfe, welche nöthig ist sie zurückzu=
legen, und rechnen nach Wegestunden oder Tagereisen, die
wir einfach zählen, ohne uns bei der Vorstellung der Di=
stanz jetzt genau an alles das zu erinnern, was sich zwi=

schen dem einen und dem andern Endpunkte ausdehnt. Die Zurückführung der Raumgrößen auf die Zahl von Zeitabschnitten, in denen sie, sei es von einem Fußgänger sei es von einem Lichtstrahl durchmessen werden, verschafft uns einen verständlicheren und übersichtlicheren Ausdruck, als die directe Angabe der Meilenzahl.

Das führt uns auf den zweiten Gegenstand unserer Betrachtung, auf unsere Vorstellung der Zeitgrößen. Wiederum vertiefen wir uns nicht in das räthselhafte Wesen der Zeit überhaupt; wir nehmen die uns allen geläufige, mit unserem eigenen Bewußtsein untrennbar verwachsene Gewißheit, daß wir selbst in der Zeit existieren und, was wir erleben, in einer Zeitfolge erleben, und die damit verbundene Ueberzeugung, daß alles um uns her in derselben Zeit dauert und sich verändert, als eine gegebene Thatsache an, die wir hier nicht zu erklären haben. Was uns beschäftigt, sind nur die Vorstellungen bestimmter Zeitgrößen, die sich mit der Vorstellung der Zeit überhaupt nothwendig einfinden, und die Gründe, von denen der bestimmte Eindruck abhängt, den uns die Größe verschiedener Zeitstrecken macht. Denn für die rein mathematische Auffassung gilt ja von der Zeit dasselbe wie vom Raume; wir vermögen von einer absoluten Größe nirgends zu reden. Einerseits überzeugen wir uns leicht von der ins Endlose gehenden Theilbarkeit jeder Zeitstrecke, welche wir annehmen mögen, und die Physik muthet uns zu, nicht bloß bei dem Worte, das wir sprechen, bei dem Tone, den wir hören, hunderte und tausende von Schallwellen in einer Secunde

die Luft durchzitternd zu denken, sondern zu glauben, daß
hunderte von billionenmal in demselben Zeitraum ein Aether=
theilchen seinen Weg hin und her zurücklegt; und die Zeit,
die eine einzige dieser Lichtschwingungen braucht, läßt sich
wieder theilen, so weit wir wollen. Andrerseits ist die
Zeit so schrankenlos wie der Raum, und kein logischer
Widerspruch hindert uns, Zeiträume von Millionen und
Milliarden von Jahren zu fordern, in denen die langsamen
Veränderungen der Welt sich vollzogen haben, und diesen
Zahlen, gegen welche die Geschichte des Menschengeschlechts
verschwindet, noch freigebig weitere Nullen nach Bedürfniß
anzuhängen. Aber auch hier gilt, daß unsere anschauliche
Vorstellung diesen Zahlen weder ins Kleine noch ins Große
zu folgen vermag, vielmehr in gewisse Grenzen eingeschlossen
ist; und von diesen Grenzen hängt es ab, daß uns doch
eine Secunde oder ein Tag eine feste Größe zu haben
scheint, die wir nicht willkürlich mit jedem beliebigen Maße
zu messen vermögen; es will uns so wenig gelingen, eine
Secunde wirklich uns lang, als ein Jahrzehend uns kurz
vorzustellen.

Wenn wir uns freilich die Vorstellungen von Zeit=
größen, die wir im gewöhnlichen Leben haben, zu verdeutlichen
streben, so gerathen wir auf viel schwankenderen Boden
als bei den Raumgrößen. Alle Vorstellung einer verflie=
ßenden oder verflossenen Zeit ist für uns ja nur durch die
den gegenwärtigen Moment mit den früheren Momenten
zusammenfassende Erinnerung vorhanden; wir können nie=
mals unmittelbar zwei Zeitstrecken so gegeneinander halten,

wie wir zwei Raumstrecken messend nebeneinanderlegen; die
Aufgabe ist immer, die zuletzt in unserer Erinnerung auf=
behaltene Zeit mit der Zeit, die uns eine von früher her
noch übrige Erinnerung vergegenwärtigt, zu vergleichen.
Unsere Erinnerung aber ist an sich um so weniger zuver=
lässig, je weiter sie sich zurückerstrecken soll; so wunderbar es
ist, welchen Reichthum von früheren Eindrücken wir im
Stande sind in jeden kommenden Augenblick mit hinüber=
zuretten, so geht doch bei diesem ununterbrochenen Trans=
port nicht bloß Vieles verloren, sondern auch das Mitgenom=
mene ist mancherlei Formveränderungen und Beschädigun=
gen ausgesetzt. Die Thatsache, daß mit der Zeit die Er=
innerungen verblassen und unsicher werden, ist uns ja so
geläufig, daß, wenn uns ausnahmsweise ein früheres Er=
eigniß lebendig in allen Einzelnheiten gegenwärtig wird,
wir das nicht besser bezeichnen können als indem wir
sagen, es stehe vor uns als hätten wir es gestern erlebt.
Wir messen also an der Abnahme der Deutlichkeit und
Vollständigkeit unserer Erinnerungsbilder die Zeit in die
wir sie zurückverlegen müssen. Und wäre auch unsere Er=
innerung für entfernter Vergangenes weit zuverlässiger
als sie in der That sich ausweist, so ist schon der un=
mittelbare Eindruck, den wir von der Zeitdauer des eben
erlebten, der jeweiligen Gegenwart unmittelbar voran=
gehenden Abschnitts gewinnen, von wechselnden Bedingungen
abhängig. Denn daß eine Zeit vergeht, kommt uns ja
nie ohne irgend einen Inhalt zum Bewußtsein, der in die=
ser Zeit von uns wahrgenommen wird, seien es äußere

Anschauungen, sei es nur das innere Spiel unserer wech=
selnden Gedanken und Erinnerungsbilder oder Phantasiege=
stalten, sei es das Bewußtsein der Hervorbringung aufein=
ander folgender Bewegungen. Auch wo unsere Umgebung
uns schlechterdings nichts bietet, was uns beschäftigen
könnte, wie in der Stille der Nacht, da haben wir doch, so
lange wir wachen, die Erfüllung der Zeit durch die Bilder,
die vor uns vorüberziehen, oder durch die ungesprochenen
Worte, in welche sich unsere Ueberlegungen, unsere Befürch=
tungen oder Hoffnungen kleiden. Hört aber dieses Spiel
auf, so schwindet mit dem Einschlafen auch das Bewußt=
sein einer verfließenden Zeit.

Es hängt mit dieser Abhängigkeit der wirklichen Zeit=
vorstellung von dem jeweiligen Inhalt unseres Bewußtseins
zusammen, daß unsere subjective und durch keine weiteren Hülfs=
mittel unterstützte Zeitschätzung eine sehr unsichere ist. Auch
wo wir ausdrücklich auf die Zeit achten, welche irgend ein
Vorgang in Anspruch nimmt, oder welche zwischen zwei
Ereignissen verfließt, wird die Entscheidung, ob die Zeit
zwischen A und B größer oder kleiner gewesen sei als die
zwischen C und D, unsicher und häufig unrichtig, wenn ihre
Verschiedenheit gering ist; ganz kleine Intervalle werden in
der Regel zu groß geschätzt, wenn wir sie aus der Erinne=
rung mit einem später wahrgenommenen Intervall verglei=
chen, größere zu klein; nur für eine bestimmte Größe der
Intervalle ist unser Zeitmaß ein hinlänglich sicheres[5]). Die
Zwischenzeiten zwischen den Schlägen eines Pendels, die
Dauer der Töne in einem Musikstück vermögen wir mit

ziemlich weitgehender Sicherheit nach ihrer Größe zu be=
urtheilen; aber soweit hier unsere Unterscheidungsfähigkeit
für Takttheile geht, die sich unmittelbar folgen, so rasch
nimmt ihre Zuverläßigkeit für größere Zeitstrecken ab, und
so stark wird sie afficiert, wenn wir die Gleichheit weiter
auseinanderliegender Zeitstrecken beurtheilen sollen.

Wo aber die Aufmerksamkeit nicht ausdrücklich der
Zeitdauer dessen, was uns beschäftigt, zugewendet ist, und
wo, wie es meist geschieht, der Inhalt, der unserem Be=
wußtsein geboten wird, ungleichartig ist, da bringen wir
es nur zu sehr rohen und unsicheren Schätzungen der Zeit=
größen. Wer will ohne weitere Hülfsmittel sagen, ob die
Zeit, in der er drei Seiten eines Romans liest, länger
oder kürzer ist als die Zeit, in der er die Champagnerarie
aus Don Juan hört? Unsere Irrthümer in dem Eindruck,
den wir von der Länge einer verfließenden Zeit erhalten,
gehören ja zu den alltäglichsten Erfahrungen; und zwar
besonders darum, weil unsere Zeitschätzung ganz wesent=
lich verschieden ausfällt, je nachdem wir überwiegend auf
die Zeitunterschiede selbst achten, oder mit dem wechseln=
den Inhalte beschäftigt sind, der unser Bewußtsein erfüllt,
und je nachdem dieser Inhalt unser Gemüth berührt. Der
ungeduldigen Erwartung erscheinen Minuten eine lange
Zeit zu sein, weil sie, ganz auf das Eintreten eines sich
verzögernden Ereignisses gerichtet, mit lebhaftem Gefühl
von Augenblick zu Augenblick die Enttäuschung empfindet,
und so an der Größe ihres Verdrusses die Länge der Se=
cunden mißt; die angestrengte Beschäftigung oder die an=

genehme Unterhaltung dagegen erfüllt jeden Augenblick mit
einem Inhalt, der unser Interesse voll und wohlthätig in
Anspruch nimmt; sie läßt uns keine Muße die Länge der
vorangehenden Reihe zu übersehen und gibt uns ebensowe=
nig Veranlassung ein Ende zu wünschen, und die Schritte
zu zählen, die uns ihm entgegenbringen. So ergibt sich
das in tausend Variationen wiederholte Paradoxon, daß
uns die Zeit, die durch vielerlei Inhalt erfüllt ist und uns
darum lang erscheinen müßte, in der That kurz und schnell
verflogen ist, die Zeit aber, die uns Weniges und Einför=
miges bietet, ins Endlose sich dehnen will; und erst für
die spätere Erinnerung, der die Frische des augenblicklichen
Gefühls entschwunden und nur der Inhalt des Erlebten
übrig geblieben ist, wird der rasch dahingeschwundene Tag,
an dem wir Vieles erfahren, sich zu verlängern, der Tag, der
eintönig und ohne lebhaftere Erregung vorbeigegangen ist, sich
zu verkürzen scheinen; in der Gegenwart werden unsere Maß=
stäbe von den Gefühlen gefälscht, mit denen wir uns der
Gegenwart hingeben oder die Zukunft herankommen sehen.

Diese Unsicherheit unserer unmittelbaren Zeitschätzung
bringt es mit sich, daß von frühester Zeit an in der äus=
seren Welt die festen Maßstäbe gesucht wurden, welche die
flüssige Natur unseres eigenen Bewußtseins uns versagt,
und daß mit dem steigenden Werthe genauer und für alle
gleicher Zeitbestimmung eine Uhr eines der unentbehrlich=
sten Lebensbedürfnisse geworden ist. Willig verzichten wir
darauf, nach dem Maße unserer langen Weile längere und
kürzere Zeit zu unterscheiden; wir lassen uns unsere Zeit

vielmehr durch äußere Vorgänge bestimmen, deren gleich=
mäßige Wiederholung gleiche Abschnitte zu zählen erlaubt,
und wir suchen nach gleichförmigen Bewegungen, die an
den durchlaufenen Räumen die verflossenen Zeitabschnitte
abzulesen gestatten. Hat doch die Natur selbst schon dafür
gesorgt, uns äußere Marken des Zeitverlaufs zu geben,
und uns an denselben zur gleichmäßigen Theilung der Zeit
zu erziehen; der Wechsel von Tag und Nacht, dem der
Wechsel von Wachen und Schlafen entspricht, gibt die ur=
sprünglichste Zeittheilung, und seine eingreifende Bedeutung
für unser ganzes Thun zwingt den Menschen auf den Lauf der
Gestirne zu achten, und gibt ihm dadurch zuerst den Ge=
danken einer Zeitmessung durch die gleichförmigen Bewegun=
gen der Himmelskörper. Und unter dieser äußeren Anlei=
tung gewinnen wir allmählig nicht nur die Einsicht in die
Schwankungen unserer subjectiven und augenblicklichen Zeit=
schätzung, sondern wir lernen auch diese Schwankungen selbst
berichtigen, und erlangen eine gewisse Uebung in der rich=
tigen Beurtheilung von Zeitlängen, so daß uns doch trotz
dem wechselnden Inhalt ein Tag oder eine Stunde eine
bestimmte und feste Größe wird, deren Festhalten uns
durch das durchschnittliche Maß dessen erleichtert wird, was
wir in gewohnter und gleichförmiger Thätigkeit innerhalb
derselben vollbringen können; und so ist es erklärlich, wie
wir einerseits unsere Zeit an den Räumen messen, und
andererseits doch wieder, sobald es sich um größere und
nicht mit Einem Blick übersehbare Räume handelt, die Zeit
zu Hülfe nehmen, die zu ihrer Durchmessung erforderlich

ist. Denn da die Vorstellung der Länge der gewohnten
Zeitabschnitte mit allem und jedem Inhalt unseres Be=
wußtseins verwachsen ist, bietet sie uns ein geläufiges und
leicht anwendbares Mittel der Vergleichung.

Der Maßstab aber, von dem zuletzt unsere wirkliche
Vorstellung der Zeitgrößen bestimmt wird, ist uns wieder
durch die Grenzen unserer Unterscheidungsfähigkeit gegeben;
eine Zeitstrecke, innerhalb der wir nicht mehr im Stande
sind, eine Mehrheit von bewußten Acten wirklich zu unter=
scheiden, ist verschwindend klein, und entspricht der kleinsten
sichtbaren Raumstrecke. Die Versuche zwar, ganz allgemein
die Geschwindigkeit zu bestimmen, mit der unsere rein in=
neren Ereignisse, unsere unterscheidbaren Gedankenacte sich
folgen, sind darum schwierig auszuführen, weil für die psy=
chologische Analyse oft unsicher bleibt, was wir als ein=
zelnen elementaren Act anzunehmen haben, so wichtige Be=
obachtungen auch schon in dieser Richtung gemacht worden
sind⁶); aber an der Wahrnehmung äußerer Vorgänge we=
nigstens haben wir die Möglichkeit, die Schranke zu be=
stimmen, welche wir nicht zu überschreiten vermögen, und
hier leistet uns das Ohr ähnliche Dienste, wie für den
Raum das Auge. Denn unser Ohr, dessen Empfindungen
keine räumliche Beschaffenheit zukommt, ist einzig auf die
Auffassung der Zeitverhältnisse seiner Eindrücke gewiesen,
und hiezu besonders dadurch geeignet, daß vermöge der
schnellen Dämpfung der vorangehende Eindruck nicht in den
folgenden überfließt. Dadurch ist es uns möglich, in ei=
ner Secunde noch etwa sechzig aufeinanderfolgende Wechsel

der Gehörempfindung gesondert wahrzunehmen, während
für das Auge schon ziemlich früher die Eindrücke (bei 20
—24 Reizen in der Secunde) zu verschwimmen anfangen.
Die Menge der Eindrücke dagegen, die wir leicht und ohne
besondere Anstrengung noch in deutlicher Sonderung aufzufassen, die wir insbesondere zu zählen vermögen, ist noch
eine erheblich geringere; sie wird kaum mehr als acht bis
zehn in der Secunde betragen.

Ein Zeitraum, der uns so wenig leicht unterscheidbaren Inhalt bietet, kann unmöglich den Eindruck eines großen Zeitraums machen; ein Zeitraum in welchem wir nichts
mehr zu unterscheiden vermögen, ist für uns ein untheil-
barer Augenblick, ein Zeitpunkt; und was sich so folgt, daß
wir es eben noch als eine Vielheit unterschiedener Empfindungen zu erkennen vermögen, folgt sich mit der äußersten
Schnelligkeit, die wir anschaulich vorzustellen im Stande
sind; das Prestissimo eines Musikstücks bezeichnet etwa die
äußerste Grenze der Geschwindigkeit, der unsere sinnliche
Auffassung nachzukommen vermag. Daß wir an einer
Grenze angelangt sind, verräth sich auch darin, daß der
Versuch, in der Erinnerung so schnelle Folgen zu wieder-
holen, ausnahmslos zu einer Vergrößerung der kleinen Zeit-
intervalle und einer Verringerung der Geschwindigkeit der
Eindrücke führt.

Dieses Maß unserer Unterscheidungsfähigkeit in Raum
und Zeit ist nun von entscheidender Bedeutung für das gesammte Bild der Welt, das sich uns darbietet. Daß wir
hier Ruhe und Beharren in demselben Zustand, dort Be-

wegung und Veränderung in langsamerem oder schnellerem
Verlauf wirklich wahrnehmen, hängt durchweg von diesen
subjectiven Bedingungen ab; würde plötzlich unser Unterscheidungsvermögen für kleine Raum= oder Zeitunterschiede
verändert, so würde uns sofort, wie in geistreicher Weise
Karl Ernst v. Baer einmal ausgeführt hat [7]), die uns umgebende Welt ein ganz anderes Bild gewähren.

Fragen wir, wie überhaupt unsere Erkenntniß von
Bewegungen in der Außenwelt zu Stande kommt, so läßt
sich leicht verstehen, daß es ein unmittelbares Sehen einer
Bewegung im strengen Sinne nicht gibt. Was wir in
jedem Augenblicke sehen, ist ein Körper an einem bestimmten
Orte, vor einem bestimmten Hintergrunde; nur indem das
unmittelbar vorangehende Bild des früheren Orts vermöge
der von einem Augenblick zum andern überleitenden Erinnerung noch für uns vorhanden ist, bemerken wir das Fortschreiten des Gegenstandes gegenüber seinem Hintergrunde,
und dieses Bemerken wird unterstützt durch die Empfindung
der Bewegungen, die unsere Augen machen müssen, um
mit dem Blicke dem Gegenstande zu folgen. Nur durch eine
Vergleichung der Bilder in aufeinanderfolgenden Momenten
kommen wir also zu der Vorstellung ihrer Bewegung.

Das ist uns unmittelbar deutlich bei sehr langsamen
Bewegungen. Daß der Stundenzeiger einer Uhr fortrückt,
erkennen wir nur daran, daß nach geraumer Zeit er an einer
andern Stelle steht als zuvor; daß eine Pflanze wächst,
merken wir erst nach Tagen oder nach Wochen, wenn wir
ihre jetzige Größe mit der erinnerten früheren vergleichen.

Um den Eindruck zu haben, daß wir eine Bewegung un=
mittelbar wahrnehmen, ist nöthig, daß in den aufeinander=
folgenden Zeitmomenten, die wir eben noch leicht zu unter=
scheiden vermögen, die räumliche Differenz schon eine merkliche
sei; die Bewegung eines Secundenzeigers, der jede fünftels
Secunde einen sichtbaren Weg zurücklegt, nehmen wir deut=
lich wahr, ja wir unterscheiden bei genauerer Aufmerksam=
keit noch den Wechsel von Ruhe und Bewegung, das
springende Fortschreiten; ebenso erkennen wir mit einiger
Anstrengung noch die Bewegung des Minutenzeigers an
einem hinlänglich großen Zifferblatt. Aber wir sehen nicht
das Gras wachsen, weil eine lange Reihe deutlich unter=
scheidbarer Zeitabschnitte vorübergeht, ohne daß wir die
geringste Veränderung zu entdecken im Stande wären, und
darum bietet der Grashalm unserer sinnlichen Auffassung
so wenig eine Veränderung als der Stein, neben dem er
hervorwächst. Alle unsere Vergleichungen verschiedener Ge=
schwindigkeiten betreffen ferner die Größen der Raumunter=
schiede, die in eben noch unterscheidbaren Zeiten sich dar=
bieten; darum verändert auch die Entfernung, in der wir
einen bewegten Körper sehen, den unmittelbaren Eindruck,
den seine Geschwindigkeit macht; wir wundern uns über
die Langsamkeit, mit der ein von Ferne gesehener Eisen=
bahnzug dahinschleicht, weil die Fortschritte, die er in un=
serem Sehfelde macht, von Moment zu Moment nur gering
sind, und wir in Beziehung auf die scheinbaren Geschwin=
digkeiten viel weniger geübt sind, die Zurückführung der=
selben auf verschiedene Entfernungen vorzunehmen, als in

Beziehung auf die scheinbaren Dimensionen der Gegenstände selbst; nur in unvollkommener Weise findet eine solche gegenseitige Abschätzung von Entfernung und Geschwindigkeit statt, wenn wir bei rascher Fahrt im Eisenbahnwagen geneigt sind, die große Geschwindigkeit, mit welcher die benachbarten Gegenstände an uns vorübereilen, aus einer größeren Nähe zu erklären, als ihnen wirklich zukommt. Denn sehr große Geschwindigkeiten sind wir nur in unmittelbarer Nähe zu sehen gewöhnt; was wir so schnell sich bewegen sehen, verlegen wir unwillkürlich in geringen Abstand, und daraus erklärt sich zum größten Theile wenigstens die Täuschung, vermöge der uns die vorüberfliegenden Objecte kleiner erscheinen als sie sind; denn ihre gegebene scheinbare Größe in geringere Entfernung versetzt bedeutet ja eine geringere wahre Größe[8]).

Andere Gründe bestimmen das Maximum einer noch wahrnehmbaren Geschwindigkeit. Es gehört zu den Eigenthümlichkeiten unserer Netzhaut, daß die Lichteindrücke, die auf sie fallen, eine kurze Zeit nachwirken, und sich mit den unmittelbar folgenden Reizen vermischen. Ist die Lichtstärke eines bewegten Körpers groß, so bleibt auf den Stellen, die er getroffen, ein Nachbild zurück, und wir sehen, wie bei der im Dunkel geschwungenen Kohle, eine continuierliche Lichtlinie; ist zugleich die Bewegung so schnell, daß wir die Zeitdifferenz zwischen den Eindrücken auf den verschiedenen Theilen der Netzhaut nicht mehr zu unterscheiden vermögen, so scheint uns in Einem Moment gleichzeitig an den verschiedenen Punkten das Licht zu erscheinen

und vermöge des Nachbildes eine Zeit lang zu dauern;
so tritt uns ein Blitz häufig wie mit Einem Schlage in
seiner ganzen Länge aus den Wolken heraus, und steht
einige Augenblicke vor uns wie ein glühender Draht; wir
hatten nicht Zeit, die Succession wahrzunehmen, in der die
verschiedenen Theile unserer Netzhaut afficiert wurden, und
es bedarf besonderer Aufmerksamkeit, um auch die Richtung
zu erkennen, in welcher der Strahl von einer Wolke zur
andern fährt. Ist aber der Lichtreiz, den ein bewegter
Körper hervorbringt, schwach, so wird der flüchtige Ein=
druck nicht im Stande sein das Nachbild des Gegenstands
zu verdrängen, den er für einen kurzen Moment verdeckt
hat; wir glauben diesen ununterbrochen zu sehen, und be=
merken höchstens eine leichte Trübung desselben; dasselbe
Nachbild aber macht das Bild des bewegten Körpers un=
deutlich und verwaschen, seine Umrisse lassen sich nicht er=
kennen, und er verräth seinen Durchgang durch unser Seh=
feld nur durch eine flüchtige Störung. Bei ruhendem Auge
genügt schon eine sehr mäßige Bewegung, um einen dun=
keln Gegenstand vor einer hellen Fläche in ein durchsichtiges
nebelhaftes Gebilde aufzulösen; die Beweglichkeit des Auges
allein erlaubt noch rascher Bewegtes deutlich zu sehen; indem
wir den bewegten Gegenstand mit dem Blicke fangen und
verfolgen, halten wir sein Bild auf derselben Stelle der
Netzhaut lange genug fest, um einen schärferen Eindruck
zu gewinnen, und das Bewußtsein der Bewegung des
Auges hilft uns jetzt statt des undeutlich gesehenen Hinter=
grundes Richtung und Schnelligkeit der Bewegung beur=

theilen. Aber auch dieses Mittel findet seine Grenze; eine vorüberfliegende Flintenkugel vermögen wir nicht wahrzunehmen.

Denken wir uns nun, daß unser Zeitmaß sich gleich bliebe, dagegen unsere Fähigkeit kleine Raumunterschiede wahrzunehmen hundertfach oder tausendfach sich vergrößerte, daß wir in die Welt hinaussähen als wären wir mit den stärksten Microscopen bewaffnet: so würde sofort Vieles, was uns jetzt ruhig scheint und keine Spur einer Veränderung zeigt, in deutliche Bewegung gerathen; wir würden das Gras wachsen, die Blätter eines Baumes sich entwickeln, die Zeiger einer Uhr in raschem Fortschreiten ihre Bahn durchlaufen sehen; die Veränderungen, die wir jetzt nur erschließen, würden unserer unmittelbaren Wahrnehmung gegenwärtig sein.

Bliebe unsere räumliche Unterscheidungsfähigkeit gleich, verlangsamte sich aber der Wechsel unseres Bewußtseins, so daß wir nur von Minute zu Minute eine Wahrnehmung von der andern unterscheiden könnten, so wäre der Erfolg ein ähnlicher; auch jetzt käme auf den kleinsten unterscheidbaren Zeittheil ein weit größeres Fortrücken, und in dem Maße, als unser Denken sich verlangsamte, würde der Tanz um uns her zu immer rascherem Tempo sich steigern. Sonne und Mond würden wie Feuerkugeln, die hellen Gestirne wie Raketen am Himmel herauffahren und sich wieder senken; mit zauberhafter Geschwindigkeit würde die Erde im Frühjahr sich mit einem Grün bekleiden, das eben so schnell sich verfärbte. Aber eine Menge der jetzt sichtbaren

Bewegungen würde unserer Wahrnehmung vollkommen ent=
schwinden; wir könnten die Bewegung der Beine eines
Thieres nicht mehr erkennen, so wenig als wir jetzt das
Schwirren einer Saite verfolgen können; eine lange Sin=
fonie wäre ein augenblickliches Brausen, und eine Rede
könnten wir nur verstehen, wenn die Silben nach Minuten
aufeinander folgten.

Umgekehrt, wenn unsere Fähigkeit, kleine Zeitunter=
schiede zu bemerken, in demselben Maßstabe wüchse, so
würde der Eindruck der Geschwindigkeit der Bewegungen
ebensoviel vermindert; mit unerträglicher Langsamkeit wür=
den die lebenden Wesen sich zu bewegen, vieles, was wir
jetzt in Bewegung sehen, würde still zu stehen scheinen wie
der Stundenzeiger einer Uhr, weil wir in einer langen
Reihe von Zeitmomenten keinen merklichen Fortschritt beob=
achten könnten. In feierlicher Procession schwebten die
Regentropfen und die Hagelkörner vom Himmel herunter,
bedächtig senkten sich die Fluthen eines Wasserfalls und
ließen uns Zeit die Tropfen zu zählen, die er verspritzt.
Den Schwingungen einer Saite vermöchten wir jetzt zu
folgen wie dem Hin= und Hergang eines Uhrpendels und
das Schwirren der Flügel eines Insects würde langsamer
zu erfolgen scheinen, als die seltenen Schläge, mit denen
ein kreisender Falke sich in der Höhe schwebend hält. Die
Erinnerung an das, was den Zeitraum einer Stunde aus=
füllt, würde eine viel größere Reihe unterscheidbarer Mo=
mente umfassen, und in demselben Maße müßte uns dieser
Zeitabschnitt länger erscheinen.

So hängt unsere Schätzung der Zeitgrößen und damit alle Vorstellung der Geschwindigkeit der Bewegungen und Veränderungen in der Welt von der Geschwindigkeit ab, mit welcher unser Bewußtsein von einem Momente zum andern übergeht.

Aber mit diesem Maße unserer bloß auffassenden, die Vorgänge der äußeren Natur abbildenden Thätigkeiten verknüpft sich noch ein anderes, das nicht weniger eingreifend unser Urtheil über die Bedeutung bestimmt, welche kürzere und längere Zeitstrecken für uns haben. Wir sind ja nicht bloß darauf angewiesen, dem was in der Welt und in uns selbst geschieht, zuzusehen, um es in unserer Erinnerung aufzureihen; indem wir wollend und handelnd uns unsere Zukunft selbst bestimmen, ist unser Blick ebenso in die kommende Zeit gerichtet, und wir messen ihren Werth an ihrem Verhältniß zu unseren Zwecken. In der Kindheit haben wir die Aufgabe der nächsten Stunde, des laufenden Tages vor uns; äußere Aufforderung bestimmt, was wir jetzt zu arbeiten haben, äußere Veranlassung, was wir spielen. Aber allmählich werden unsere Zwecke umfassender; je größer die Aufgaben sind, die wir uns setzen, desto größer ist die Reihe der einzelnen zu ihrer Ausführung nöthigen Thätigkeiten, welche in ihnen als Theile begriffen sind; indem wir sie zusammen als Ganzes überschauen, erscheint jetzt die Zeit, die nöthig ist sie zu verwirklichen, als eine Einheit höherer Ordnung; der Zerfällung in kleinste Theile, zu der uns die Aufmerksamkeit auf den Wechsel unserer Bewußtseinszustände anleitet, wirkt der sich gleich-

bleibende Wille entgegen, der beharrlich sein Ziel im Auge
hält. Kurz wird nun die Zeit erscheinen, in der nur ein
Theil der Aufgabe vollbracht werden kann.

Und wenn wir über die individuellen Ziele unseres
eigenen Strebens hinaus den Blick auf die großen und
allgemeinen Aufgaben der Menschheit richten, welche nur
durch die Arbeit aufeinanderfolgender Generationen ver=
wirklicht werden können, dann rücken die Grenzen auch der
längsten Zeit, die wir erleben können, immer näher zu=
sammen; für die Geschichte gilt der alte Maßstab des
Hippokrates, daß die Kunst lang und das Leben kurz ist.

Anmerkungen.

1) Um sich hievon zu überzeugen, läßt man sich von einem andern an der Wand den Punkt angeben, bis zu dem ein bekannter Gegenstand, z. B. ein Hut, reichen wird, wenn er auf den Boden gestellt wird. Der Punkt wird regelmäßig zu hoch, nicht selten fast doppelt zu hoch angegeben.

2) Vergl. A. Nagel, die Anomalieen der Refraction und Accommodation des Auges, in Gräfes Handbuch der Augenheilkunde, 6. Bd. S. 351 ff.

3) Vgl. Liebmann, zur Analysis der Wirklichkeit. 2. Aufl. S. 309 f.

4) Ein Punkt ist, was keine Theile hat. Euklid's Elemente Defin. 1.

5) S. Karl Vierordt, der Zeitsinn nach Versuchen 1868.

6) Die präcisesten Beobachtungen dieser Art sind (besonders von Donders) in der Weise gemacht worden, daß in dem Augenblick, wo ein äußerer Vorgang, z. B. ein Lichtfunke, ein Schall wahrgenommen wird, die Wahrnehmung durch einen Druck auf einen elektrischen Apparat registriert wird. Die Zeit, welche zwischen der Affection des Sinnesnerven und der Bewegung des Fingers verfließt, setzt sich zusammen 1) aus der Zeit, welche die Leitung des Sinnesreizes durch den sensibeln Nerven zum Gehirn erfordert, 2) aus der Zeit, welche für die Leitung des Bewegungsimpulses vom Gehirn zum Muskel durch den motorischen Nerven nöthig ist, 3) aus der zwischen inne liegenden Zeit, in der die bewußte Auffassung der Empfindung und der Wille zur Bewegung vor sich geht. Wird nun der Versuch so variiert, daß der Druck auf den Apparat nur erfolgen soll, wenn ein Reiz von einer bestimmten Art geboten wird, so ist die Gesammtzeit etwas länger; die Differenz wird zu dem Urtheilsact verwendet, der nöthig ist, um die Beschaffenheit des Reizes zu erkennen und zu entscheiden, ob eine Bewegung gemacht werden soll oder nicht.

7) Karl Ernst von Baer, Reden 2c. 1864. 1. Bd. S. 252 ff.

8) S. Vierordt, der Zeitsinn. S. 135. Die dort gegebene Erklärung hat sich mir wiederholt in auffallender Weise bestätigt. Sieht man erst sitzend durch das Fenster beispielsweise den Abhang eines Durchstichs an sich vorübereilen, und streckt dann den Kopf hinaus, um auch die Bahn sehen zu können, so weicht plötzlich der Abhang zurück, und man ist etwa erstaunt, zwischen sich und dem Abhang noch ein Geleise zu finden.

Der Begriff des Wollens und sein Verhältniß zum Begriff der Ursache.

Die psychologische Forschung ist immer in Gefahr, über der Verfolgung ihrer höchsten Ziele die nächsten Aufgaben aus dem Auge zu verlieren. Ihre höchsten Ziele bestehen ja gewiß in der Erkenntniß des Wesens des Geistes, in der Lösung der Frage nach dem wahren Subjecte des psychischen Lebens und nach den fundamentalen Gesetzen, welche seine einzelnen Erscheinungen beherrschen und seine Wechselbeziehungen zu der materiellen Welt regeln; wem es gelänge, den Streit zwischen Materialismus und Spiritualismus, zwischen Determinismus und Indeterminismus, zwischen Empirismus und Apriorismus zu endigen, der würde den höchsten Preis davon tragen. Aber indem die Entscheidung dieser und ähnlicher Fragen gesucht wurde, ist, gerade in den letzten Decennien, die bescheidenere Aufgabe vernachlässigt worden, die Begriffe, durch welche die genaue Erfassung und Beschreibung des wirklichen bewußten Geschehens, die Basis aller Psychologie, allein möglich ist, festzustellen und die Analyse, die sich nur an das unmittelbar in unserem Bewußtsein Gegebene hält, die das Zusammengesetzte in seine unterscheidbaren Factoren zu zer-

8 *

legen und der Verwechslung verwandter Erscheinungen zu wehren sucht, ihrem Ziele entgegenzuführen, das erreicht wäre, wenn wir eine sichere Terminologie für die Beschreibung und Unterscheidung bewußter Vorgänge hätten. Zwar was mit der Sinnesphysiologie zusammenhängt, ist in dieser Richtung mit Erfolg methodisch bearbeitet worden; um so mehr sind die andern Gebiete des Seelenlebens in den Hintergrund getreten, und wir finden die eigenthümliche Erscheinung, daß, wer sichere Belehrung über die Bedeutung der psychologischen Termini sucht, die überall angewandt werden, vergeblich fast die ganze neuere Literatur durchforschen könnte ohne Uebereinstimmung zu finden. Im Gegentheil: in vieler Hinsicht hat die Philosophie hier eingerissen was früher gebaut war; sie hat in dem Bestreben umfassende Ansichten zu gewinnen ihren Ausdrücken eine Weite und Unbestimmtheit gegeben, die sie zur exacten Beschreibung des Beobachteten unbrauchbar macht, und die sorgsamen Unterscheidungen der bloß classificierenden Periode sind großentheils verwischt. Was nennt die Psychologie heutzutage Wille und Wollen? Es darf nur an die Ausdehnung erinnert werden, die Schopenhauer diesem Worte gab, um den Umfang der Zerstörung zu übersehen. Die folgenden Blätter wollen, in ganz elementarer Weise und ohne den Anspruch mehr als ein Fragment zu bieten, den Versuch machen, an diesem speciellen Punkte wieder einmal eine bloß analysierende Methode anzuwenden und Distinctionen, die zuweilen vergessen werden, aufzufrischen.

Ich erfülle dabei nur eine Pflicht der Dankbarkeit,

wenn ich erwähne, daß die nächste Anregung zu den fol=
genden Ausführungen mir durch die Lectüre von Jherings
„Zweck im Recht" und Bindings „Normen" gegeben
worden ist, zu denen mich das Bedürfniß geführt hatte,
die Aufgaben der psychologischen Analyse an concretem
Stoffe gelöst zu sehen. Ich schätze den Gewinn, den ich
den lebendigen und geistvollen Anschauungen des ersten,
den scharf und energisch einbringenden Untersuchungen des
zweiten Werkes schulde, darum nicht weniger hoch, weil ich
vom Standpunkte des Psychologen aus ihren Voraus=
setzungen nicht überall zustimmen kann.

I.

Jeder Versuch, auf dem Wege der Analyse des Beob=
achtbaren zu bestimmten psychologischen Begriffen zu gelangen,
muß sich zunächst an die Sprache des gewöhnlichen
Lebens wenden, da nur mit Hülfe dieser die Objecte, um
die es sich handelt, überhaupt zur Vorstellung gebracht und
zur Untersuchung gestellt werden können; denn der Hinweis
auf das, was jeder in sich erfährt, ist nur durch die Aus=
drücke möglich, durch die er es auszusprechen gewöhnt ist;
und genauere Betrachtung hat mich immer belehrt, daß in
dem Gebrauch dieser Ausdrücke, auch wo sie unbestimmt
oder vieldeutig scheinen, eine Fülle von Resultaten richtiger
Beobachtung niedergelegt ist, von welcher die wissenschaft=
liche Psychologie viel zu lernen hat.

Das Verbum „wollen" drückt, wie jede ähnliche Be=
zeichnung einer psychischen Thätigkeit, zunächst etwas aus,

was als ein Geschehen in mir in einem bestimmten Mo=
mente mit Bewußtsein aufgefaßt und von andersartigem
Geschehen unterschieden wird. Wollen bezeichnet dasjenige,
was für mein Bewußtsein in mir vorgeht, wenn ich sage;
Ich will; so gut „sehen“ dasjenige bezeichnet, was in
mir geschieht, wenn ich sage: „ich sehe“, wünschen das=
jenige, was ich in meinem Bewußtsein habe, wenn ich sage:
„ich wünsche“. Die Grundbedeutung jedes Wortes auf
diesem Gebiete muß immer etwas Bewußtes, und zwar
in einem bestimmten Momente zum Bewußtsein kommendes
meinen, oder wenigstens auf dasselbe sich zurückführen lassen;
sonst hätte es gar keinen Sinn.

Von diesem Gesichtspunkte aus ist unbewußtes
Wollen eine Contradictio in adjecto; man kann veran=
laßt sein zu glauben, daß unbewußte Thätigkeiten statt=
finden und daß sie denselben Erfolg haben wie diejenigen,
die wir Wollen nennen; wir mögen vielleicht selbst das
Recht haben sie in erweitertem Sinne als Wollen zu
bezeichnen; aber nur, weil wir zuerst ein bewußtes Wollen
kennen gelernt haben; und sicherer wird es immer sein, für
den weiteren Begriff einen anderen Terminus zu wählen.

Daraus folgt weiter, daß die Analyse dessen, was
wir unter Wollen verstehen, da einsetzen muß, wo wir uns
des Wollens mit der größten Deutlichkeit als eines be=
stimmten Actes bewußt sind, den wir von andern bewußten
Acten unterscheiden; ist das festgestellt, so lassen sich erst
verwandte Erscheinungen damit vergleichen und das Recht
einer weiteren Ausdehnung des Wortes untersuchen.

Das Abstractum „Wille" aber möchte man wünschen in einer solchen Untersuchung ganz zu vermeiden; denn es ist ein Proteus, dessen Verwandlungen zu folgen eine eigene Abhandlung erfordern würde. Während es nämlich in der gewöhnlichsten, populärsten Anwendung das bezeichnet, was gewollt wird — einem seinen Willen thun — dein Wille geschehe — letzter Wille u. s. w. — also den Inhalt eines bestimmten Wollens meint (τὸ βούλημα), drückt es in anderer Anwendung als abstractes Verbalsubstantiv (ἡ βούλησις) die allgemeine Form der Thätigkeit, die wir Wollen nennen, abgesehen von jedem bestimmten In= halt aus, so wenn wir von Freiheit des Willens, von festem Willen reden oder von einem sagen, er habe keinen eigenen Willen; die wissenschaftliche Sprache aber hat dieses Abstractum hypostasiert und mit Umgehung des wirklichen Subjects des Wollens, des individuellen Menschen, zum Subject der einzelnen Willensthätigkeiten gemacht (der Wille bewegt die Glieder), und ihre Spitze hat diese Hyposta= sierung in dem Schopenhauer'schen Satze erreicht, daß das „An sich" der Welt „Wille" sei — ein Wille bei dem die Frage: „wer will?" und die Frage: „was wird gewollt?" aufhören soll, damit aber auch jede Brücke zwischen dem deutschen Sinn des Wortes und dieser Verwendung des= selben abgebrochen ist.

II.

1. In irgend einem Falle, in welchem wir unseres Wollens vollkommen klar als eines ausdrücklichen Actes

bewußt ſind, und in welchem die vorangehenden und vor=
bereitenden Momente ſich ebenſo deutlich ſondern, verläuft
der innere bewußte Proceß zunächſt durch folgende
Stadien:

a. Das erſte Moment iſt die Vorſtellung ei=
nes künftigen Zuſtandes, welche uns entweder von
außen, etwa durch die Aufforderung eines Andern, oder
durch das innere Spiel unſerer Vorſtellungen erweckt wird,
und ſich als möglicher Gegenſtand eines Wol=
lens darbietet, die Frage an mich ſtellt, ob ich mein
Wollen darauf richte oder nicht. So der Vorſchlag,
den mir ein Anderer macht, das Project, das in mir
ſelbſt entſteht. Es enthält zunächſt dieſe Vorſtellung eines
Künftigen; aber dieſe Vorſtellung unterſcheidet ſich von
andern Vorſtellungen eines Künftigen, die bloß theoretiſch
meine Erwartung beſchäftigen, dadurch, daß ſie einmal
von dem Gedanken begleitet iſt, es ſtehe in meiner Macht,
ſie zu verwirklichen, und zweitens irgend einen Reiz für
mich enthält, mein Intereſſe erweckt, mir von irgend einer
Seite Befriedigung verſpricht, mich (nach dem älteren Aus=
druck) ſollicitiert.

b. Dieſe Vorſtellung eines Künftigen, die wir der
Kürze wegen das Project nennen wollen, führt zu der
Ueberlegung des Verhältniſſes, in welchem
daſſelbe zu mir ſteht. Dieſe Ueberlegung betrifft zwei
Fragen:

α. Die Frage: Soll ich das Project zum Gegen=
ſtand meines Wollens machen? Dieſe Frage erfordert einer=

seits die Verdeutlichung der Vorstellung meiner
selbst, andrerseits die Verdeutlichung des Pro=
jects. In ersterer Hinsicht kommt in Betracht, in welchem
Verhältnisse das Project zu der Totalität meines wirklichen
Ich, der Gesammtheit meiner Neigungen, meiner Interessen,
meiner Pflichten, meines Geschmacks u. s. w. steht; ob der
künftige Zustand mit mir harmoniert oder nicht, ob er im
Stande ist mich zu befriedigen, mich zu fördern, ob er,
verglichen mit dem gegenwärtigen oder einem andern mög=
lichen, ein Gut für mich ist, oder ob ich mich damit in
Widerspruch mit mir selbst setze, weniger dadurch befriedigt
sein werde, ob er ein absolutes oder relatives Uebel ist,
ob er mir endlich gleichgültig, sein Sein oder Nichtsein
ohne Werth für mich ist. Die Beantwortung dieser Frage
erfordert also Reflexion auf die Gesammtheit meines Ich
nach allen Seiten. Sie erfordert aber auch Verdeutlichung
dessen, was das Project enthält; aller Seiten desselben,
insbesondere aller Folgen, die seine Verwirklichung für
mich haben würde, und Erwägung des Verhältnisses, in
welchem diese Folgen zu mir und der Gesammtheit meiner
Interessen stehen.

β. Mit der Frage: „Soll ich?" verbindet sich die
Frage: „Kann ich?" Läßt sich das Project nicht bloß
überhaupt realisieren, sondern durch mein Thun reali=
sieren? Stehen ihm nicht unübersteigliche Hindernisse ent=
gegen? Lassen sich die Mittel finden, durch die ich seine
Verwirklichung herbeiführen kann? Hiezu gehört eine Ueber=
legung der realen Beziehungen, in welchen der vor=

gebildete Zustand innerhalb des ursächlichen Zusammenhangs der Welt steht; ob er nach den mir bekannten Naturgesetzen überhaupt herbeigeführt werden kann, von welcher Art von Ursachen erwartet werden darf, daß sie ihn
hervorbringen, und ob ich im Stande bin, eine dieser Ursachen in Wirksamkeit zu setzen. Ob diese Ueberlegung nun
zugleich schon zu einer bestimmten Einsicht führt, in welcher Weise das Project realisierbar ist, oder nur zu der
Ueberzeugung, daß es überhaupt nicht unmöglich ist, und
nicht bloß von Ursachen abhängt, auf die ich keinen Einfluß
habe, ist in diesem Stadium von untergeordneter Bedeutung; genug wenn ich nur überzeugt bin, daß es für mich
nicht unmöglich ist. Denn nun kann das dritte erfolgen, nämlich

c. die Willensentscheidung, durch welche ich den
zukünftigen Zustand als meinen Zweck setze, als Gegenstand meines Wollens mit Bewußtsein bejahe, das Project
als etwas mir vorsetze, was durch mein Thun verwirklicht
werden soll; oder aber verneine, daß es ein Zweck für
mich sei, es abweise, entweder weil es gleichgültig, oder
weil es ein Uebel ist.

Der Ueberlegung gegenüber ist die Entscheidung der
Schluß, zu welchem die Prämissen hinsichtlich der Räth-
lichkeit und Möglichkeit des Projectes mich geführt haben,
der Abschluß des erwägenden Denkens, der Beschluß.

Dieser Beschluß ist ein rein innerer Vorgang,
in dem ich meine bloßen Gedanken zu mir selbst ins Verhältniß setze; es ergibt sich daraus, wie er als bloßes

Urtheil gefaßt werden konnte. Denn im Urtheil ist auch bloß ein innerer psychischer Act vorhanden, der eine Frage entscheidet; aber während im Urtheil nur das Verhältniß der Uebereinstimmung oder Nichtübereinstimmung von Subject und Prädicat, das in ihrem Inhalt als solchem liegt, anerkannt wird, handelt es sich hier um den nicht weiter beschreibbaren Act, durch den ich ein Gedachtes in Beziehung zu mir setze, indem ich es zum Gegenstand meines Wollens mache, dadurch mir selbst eine bestimmte Richtung gebe, mich mit einem bestimmten Inhalt erfülle; denn mein eigenes Sein ist es, das ich durch den gewollten Zweck zu ergänzen, zu fördern, zu erweitern mir bewußt bin, wenn ich ein Project bejahe; mein eigenes Sein, das keiner Ergänzung bedarf, oder das ich zu behaupten und in Harmonie mit sich selbst zu erhalten denke, wenn ich ein Project abweise.

α. Der bejahende Beschluß ist es, der sich in den Worten ausspricht: „Ich will". Daß das Gewollte etwas ist, was in unmittelbarer Einheit mit mir selbst gedacht wird, spricht sich darin aus, daß zum Verbum wollen zunächst ein Infinitiv gehört, dessen Subject der Wollende selbst ist: ich will etwas haben, genießen, erreichen; nicht das Objective an sich, sondern meine Beziehung zum Object ist ursprünglich Gegenstand des Wollens. Auch da, wo sich dieses persönliche Moment verbirgt, weil es sich um allgemeine Interessen des Rechts u. s. w. handelt, ist es doch vorhanden; der Staatsmann, der sich eine Reform der Gesetzgebung zum Zweck setzt, wird vielleicht von der Veränderung gar nicht persönlich betroffen; aber indem er die Interessen der Gesammtheit zu den seinigen macht, steht der Zweck in ideeller Beziehung zu ihm und ist Quelle seiner Befriedigung; er identificiert sich mit einer Idee.

Daß das Gewollte sich niemals von mir ganz loslösen kann, ist schon damit gegeben, daß jede solche Willensentscheidung die Vorstellung meiner **realen Causalität** einschließt. Das Zukünftige wird ja gedacht als etwas durch **mein Thun** Hervorzubringendes, die Vorstellung meiner selbst, die zu Grunde liegt, ist die eines Subjects, das die reale Macht hat, den Zweck zu verwirklichen; darum liegt in jedem Wollen eingeschlossen: ich will etwas **thun.** Dieses Thun kann bloß in der Ausübung der Macht bestehen, die ich über den Verlauf meiner Vorstellungen und Gedanken habe; wenn ich über irgend eine wissenschaftliche Frage ins Reine kommen will, besteht das Thun, das ich im Sinne habe, im Nachdenken, und ich setze voraus, daß es in meiner Macht steht, meine Gedanken bei einem Gegenstand festzuhalten, sie untereinander zu vergleichen, Schlüsse zu ziehen; in anderen Fällen ist das Thun, welches den gewollten Zustand herbeiführen soll, eine Bewegung meiner Glieder, und ich bin mir der Macht bewußt, diese hervorzubringen. Aber auch da, wo der Zweck durch das Thun Anderer verwirklicht werden soll, wie bei einem Befehl, den ich ertheile, kann ich doch nur sagen: ich will, daß Du dieses thuest, wenn ich voraussetze, daß mein Wort die Macht hat, den Andern zu bestimmen. (In diesem Falle ist das Aussprechen des Wollens nicht bloß die Offenbarung meines Innern, sondern zugleich die Ausübung der Macht, welche den Zweck verwirklicht). So ist in jedem Zwecke die doppelte Beziehung zu mir gedacht, einmal, daß ich für ihn thätig sein, und dann, daß er, realisiert, mein eigenes Sein erhalten oder fördern werde.

Liegt aber so die Vorstellung meiner Causalität in jeder positiven Willensentscheidung, so ist darum dieser Act selbst noch nicht causal n a ch a uß e n; er ist auf das bloß gedachte Zukünftige gerichtet, und ganz in meinem Bewußtsein beschlossen, ohne gegenwärtige Bedeutung für die Außenwelt. Daraus erklärt sich, wie das Verbum „wollen" einerseits zur bloßen Futurbedeutung sich verflüchtigen konnte, wie im Englischen, andrerseits das Futurum ganz richtiger Ausdruck des Wollens z. B. in Verheißung und Drohung werden kann.

β. Ist die Willensentscheidung v e r n e i n e n d: so weist sie einfach die von außen gekommene oder im Innern entstandene Zumuthung ab, und eine weitere Folge geht direct aus dem Willensacte nicht hervor. Ein innerer Wi l e n s act aber ist vorhanden; nolle heißt nicht einfach „nicht wollen" in dem Sinne, daß gar kein bewußtes Thun vollzogen würde, das unter den Begriff des Wollens zu subsumieren wäre, in dem Sinne, in welchem der Schlafende nicht will, sondern nolle heißt wollend einen möglichen Zweckgedanken verneinen; fände keine Willensentscheidung statt, so bliebe ich unschlüssig vor der unentschiedenen Frage stehen. So gut im Gebiete des Denkens die Verneinung nicht ein Unterlassen des Urtheils ist, sondern selbst ein Urtheil, das eine Gedankenverbindung für unvollziehbar erklärt, so gut ist im Gebiete des Wollens auch die einfache Abweisung eines Projects ein wirkliches Wollen. Aber der Gegenstand dieses Wollens ist an sich etwas rein Negatives, und insofern Unbestimmtes; es wird nur das Project aus dem Kreise der möglichen Zwecke ausgeschieden. Sucht man nach einem faßbaren Inhalte dieses Wollens, so kann man nur die Freiheit des Subjects, die abstracte Möglichkeit etwas anderes zu wollen, also zuletzt doch wieder blos et- was rein Negatives finden; und man kann nicht sagen, ein Nicht-wollen eines bestimmten Zweckes sei nur in der Weise möglich, daß etwas anderes Positives gewollt werde, so zu sagen ein conträrer Gegensatz statt des bloß contradictori- schen. Wenn ich beim Mahl eine mir dargebotene Speise ablehne, so thue ich das nicht nothwendig, weil ich etwas anderes will; denn was ich sonst etwa im Augenblick wol- len kann, Unterhaltung oder dergl., schließt ja das Essen nicht aus; ich lehne ab weil ich keine Lust habe, weil das- jenige fehlt, was das Dargebotene zu einem Zweck für mich machen könnte. Häufig genug allerdings wird mein Nichtwollen dadurch begründet sein, daß ich etwas an- deres will was jenen Zweck ausschließt; wenn ich die Auf- forderung zu einem Spaziergang abschlage, weil ich zu ar- beiten habe, so will ich nicht spazierengehen sondern ar- beiten; aber der Wille zur Arbeit entsteht nicht erst jetzt als Gegensatz zu dem Project des Spaziergangs, sondern war vorher da, und ist nur der Grund der Ablehnung, die an sich doch bloß ausdrückt, daß ich nicht will. Umgekehrt, wenn ich mich besinne was jetzt zu thun sei, und das, was mir zuerst einfällt, verwerfe, so habe ich noch gar keinen positiven Gegensatz zu dem was ich nicht will, ich setze die Ueberlegung vielmehr weiter fort, um etwas anderes zu finden, und der Wille dieses zu thun folgt dem Nichtwollen des ersten vollkommen getrennt und selbstständig nach.

An diesem Charakter des Nicht=wollens macht es auch keinen wesentlichen Unterschied, ob das Project mir gleich= gültig ist und mir weder Lust noch Unlust verspricht, oder ob es als ein Uebel erscheint, dessen Nichtsein ich wünschen muß; dieser Unterschied wird erst wirksam, wo es sich um Vorgänge handelt, die nicht durch mich erst eingeleitet wer= den sollen, sondern ohne mein Zuthun sich vorbereiten. Ob ich eine Speise ablehne, weil sie mir zuwider ist, oder weil ich satt bin und keine Lust mehr habe, ist ein verschiedener Grund des Nichtwollens; der formelle Charakter desselben aber ist in beiden Fällen derselbe.

2. War die Willensentscheidung b e j a h e n d, will ich das Gedachte als meinen Zweck, so beginnt nun der z w e i t e Act des Dramas, der P r o c e ß d e r V e r w i r k l i c h u n g des Zwecks. Lassen wir die Fälle bei Seite, in denen der gewollte zukünftige Zustand selbst ein bloß innerer ist (ich will mir das merken, will mir das und das überlegen u. s. f.); nehmen wir die häufigeren, in welchen es sich um einen Zustand äußerer Dinge und ihr reales Verhältniß zu mir handelt, so verläuft die Verwirklichung des Zwecks durch folgende Phasen:

' a. Die Feststellung der Mittel, durch welche der
Zustand wirklich herbeigeführt werden kann, die durch das
Denken zu leistende Aufstellung des bestimmten Planes,
nach welchem reale Ursachen in Bewegung gesetzt werden
sollen, aus denen der vorgebildete Zustand als ihre Wir=
kung hervorgeht. Von dem erstrebten Punkte rückwärts=
gehend überschlagen wir die nächsten Ursachen, aus denen
er resultiert, von unserer Lage aus vorwärtsgehend die Punkte,
an denen wir eingreifen können; und es ergibt sich ein Verfah=
ren oder mehrere Verfahrungsweisen, durch die der Zweck
von mir realisiert werden kann, und deren erstes Glied je=
denfalls eine Bewegung meines eigenen Leibes ist, sei es
der Sprachorgane oder des Arms und der Hand u. s. w.
Wo das Mittel durch den Zweck vollkommen bestimmt ist,
vollzieht sich die Feststellung des Mittels durch einen ein=
fachen Syllogismus, der oft gar nicht ausdrücklich beachtet
wird, weil sich der Gedanke ungesucht einfindet; stehen ver=
schiedene Mittel zur Auswahl, so werden sie nach ihrer
Zweckmäßigkeit verglichen, und diese hängt theils von der
Sicherheit ab, mit der sie den Erfolg hervorbringen, theils
von dem Kraftaufwande den sie nöthig machen, theils da=
von daß sie keine unerwünschten Nebenerfolge hervorbringen
können. (Es liegt in der Natur der Sache, daß die genaue
Ueberlegung der Mittel in den einfacheren Fällen mit der
Erwägung der Möglichkeit des Projects zusammenfließt,
und also der Entscheidung für den Zweck schon vorangehen
kann; insofern ist das Wollen des Zwecks von der Kennt=
niß der Mittel abhängig; aber ebenso gewiß ist, daß das

Wollen des Zwecks das prius zum Wollen der Mit=
tel ist).

Der Abschluß dieses Mittel wählenden Denkens ist
wiederum ein Beschluß, durch den wir uns bestimmen,
das sicherste, leichteste, ungefährlichste Mittel anzuwenden.
Dieses Auffinden der zweckmäßigsten Mittel ist das Gebiet
der Klugheit; das Mittel, das die Klugheit räth, wird
nun der nächste dem Zweck untergeordnete Gegenstand des
Wollens; es stellt sich dem Endzweck als nächster
Zweck gegenüber.

b. Diesem Beschluß, der wiederum ein rein innerer
Vorgang ist, folgt nun die Ausführung selbst, und
diese erfordert den Willensimpuls, durch den ich meine
Glieder in Bewegung setze, das Commando, das ich meinen
Sprachwerkzeugen, meinen Armen, meiner Hand ertheile,
die vorgestellte Bewegung zu machen, die weiter wirkend
endlich den gewollten Erfolg hervorbringen wird. Erst mit
diesem Willensimpuls zu einer bestimmten Be=
wegung, der von dem Wollen des Zwecks und dem
Beschluß der bestimmten Art seiner Verwirklichung unter=
schieden ist, tritt meine Thätigkeit über das psychologische,
innere Gebiet hinaus und wird im gewöhnlichen Sinne
causal, d. h. ein von mir Verschiedenes bestimmend und
verändernd; erst damit handle ich, und Handlung ist
im eigentlichen Sinne nichts als die gewollte Bewegung
meines Leibes; der im Handeln unmittelbar wirksame
Wille ist direct nur der Wille, der zu seinem Inhalte die
Ausführung einer vorgestellten Bewegung hat und ver=

möge unserer Organisation diese Bewegung wirklich hervor=
bringt; denn nur die Bewegungen unserer Glieder stehen
ja in directem Verhältniß der causalen Abhängigkeit von
einem auf diese Bewegung gerichteten Willensimpuls, alles
weitere ist von den mechanischen Gesetzen abhängig, nach
welchen den Bewegungen meines Leibes die Bewegungen
anderer Körper folgen, oder von den psychologischen, nach
denen die äußeren Zeichen, die ich gebe, beseelte Wesen
bestimmen.

[Wie dieser Willensimpuls es angreift, unsere Glieder
in Bewegung zu setzen, und durch welche Vermittlungen wir
die Herrschaft über dieselben erlangt haben, die wir that=
sächlich ausüben, ist eine Frage, die hier übergangen wer=
den kann; es genügt die Thatsache, daß wir im Stande
sind, durch einen nicht weiter zu beschreibenden Act eine
bestimmte vorher vorgestellte Bewegung zu bewirken, und
daß dieses Vermögen im gesunden Zustande nur da be=
schränkt ist, wo ungewohnte und nicht eingeübte Bewegun=
gen verlangt werden.

Dieser Willensimpuls zu einer bestimmten Bewegung
tritt uns da besonders deutlich in's Bewußtsein, wo es gilt,
eine Bewegung, zu der wir uns vorbereitet haben, und
deren Vorstellung längere Zeit unwirksam in unserem
Bewußtsein bleibt, in einem bestimmten Zeitpunkt — etwa
auf ein gegebenes Signal hin — auszuführen; jetzt sind wir
uns des psychischen Acts, der die wirkliche Bewegung her=
vorbringt, deutlich als eines Wollens bewußt, obgleich
er sofort von dem die wirkliche Bewegung begleitenden Ge=

fühl abgelöst und in den Hintergrund gedrängt wird; noch deutlicher ist das Bewußtsein des Wollens, wo es gilt durch Kraftanstrengung einen Widerstand zu überwinden; denn was wir Anstrengung nennen, ist ursprünglich ein intensiveres Wollen, mit dem sich aber sofort die Gefühle verknüpfen, welche die höchste Spannung unserer Muskeln begleiten. Nur dürfen nicht diese Gefühle deshalb mit dem Willensimpuls selbst verwechselt werden.

Nun ist weiter klar, daß in unserem gewöhnlichen Handeln dieser Willensimpuls nicht isoliert auftritt, als etwas, was von seinen Zusammenhängen losgelöst werden könnte; es kommt ja nicht darauf an, daß diese Bewegung gemacht, sondern darauf, daß durch sie etwas erreicht wird. Die Bewegung als solche ist nicht Selbstzweck; auch wo sie nicht bestimmt ist, etwas Aeußeres zu verändern, wird sie doch um eines Zweckes willen vorgenommen, bestehe dieser nun in dem Wohlgefühl das ihr folgt, wo wir uns aus einer unbequemen Lage befreien oder nach längerer Ruhe unser Blut in rascheren Umlauf bringen, oder auch nur in der Erprobung unserer Herrschaft über unsere Glie=der und dem Bewußtsein, daß wir sie bewegen können, so=bald wir wollen.

Dieser enge Zusammenhang der willkürlichen Bewegung mit einem über sie hinausliegenden Zweck zeigt sich be=sonders deutlich darin, daß in vielen Fällen der Impuls zur Bewegung sich weit mehr mit der Vorstellung ihres Er=folgs, als mit der Vorstellung ihrer Form associiert hat. Beim Sprechen liegt das klar zu Tage: die Impulse die wir

unsern Sprachorganen geben, sind durch die Vorstellung der
Laute geleitet, die wir hervorbringen wollen, während wir
von den Veränderungen der Stimmbänder, der Zunge
u. s. w. keine oder wenigstens keine deutliche Vorstellung
haben.

So erscheint der Act, welcher die Bewegung hervor=
ruft, regelmäßig abhängig von einem auf den Erfolg der=
selben gerichteten Streben, und in diesem ist der psycholo=
gische Grund zu suchen, durch den der Bewegungsimpuls
selbst erst wirklich wird. An der besonderen Beschaffenheit
dieses vorangehenden Moments scheiden sich denn auch ver=
schiedene Abstufungen des Begriffs der willkürlichen Bewe=
gung, der theils in engerem theils in weiterem Sinne ge=
nommen werden kann.

Der willkürlichen Bewegung steht, als der äußerste
Gegensatz, die mir von außen durch Zug oder Druck aufge=
zwungene rein passive Bewegung gegenüber, wie wenn ein
Anderer meinen Arm hebt oder beugt.

Daran schließen sich die sogenannten Reflexbewegungen,
die, durch keinen bewußten psychischen Vorgang bedingt,
vielmehr durch den directen Uebergang eines von außen
kommenden oder im Körper selbst entstandenen Reizes von
einem sensibeln auf einen motorischen Nerven hervorgebracht
werden, also nur in dem körperlichen Mechanismus begründet
sind, und höchstens von dem Bewußtsein, daß sie geschehen,
nicht von dem Bewußtsein, daß wir sie irgendwie intendiert
haben, begleitet sind. Wenn ich hier sage, daß i ch die
Bewegung mache, so bin ‚ich' jetzt m e i n Leib, als das

Subject dieser Bewegung aus dem sie zu entspringen scheint;
wenn ich zucke, athme u. s. w. so ist der Grund, warum
ich diese Bewegungen ‚mir‘ zuschreibe, nur die Abwesenheit
eines sichtbaren äußeren Zwanges und die Gewohnheit,
meinen Leib als mich selbst zu bezeichnen; ich könnte ebenso
richtig sagen: mein Finger zuckt, meine Brust hebt sich und
senkt sich; ich, als bewußtes Subject, bin dabei nur Be=
obachter eines ohne mein Zuthun erfolgenden Geschehens.

Diesen körperlich verursachten Bewegungen stehen ge=
genüber alle diejenigen, als deren unmittelbaren Grund
wir einen bewußten Zustand oder Vorgang kennen. Aber
auch unter diesen ist ein Theil unwillkürlich; alle diejeni=
gen nemlich, welche aus Gefühlserregungen entspringen, wie
der mimische Ausbruck unserer Gemüthszustände durch die
Gesichtsmuskeln, das Zusammenfahren beim Schreck, das
Herzklopfen und Zittern in der Angst, das Schluchzen in
der Trauer. Hier zweifeln wir nicht, daß das psychische
Antecedens die nächste Ursache der körperlichen Bewegung
sei; aber wir sind uns keines besonderen Actes bewußt,
durch den wir die Bewegung hervorbringen, sie erfolgt
ohne daß wir sie vorher vorgestellt hätten, darin den Reflexbe=
wegungen verwandt, daß sie selbst gegen unsern Willen ein=
tritt. Die Erregung der motorischen Nerven, von welcher
diese Bewegungen bedingt sind, war jetzt direct durch den
Gefühlszustand hervorgebracht; und dieser seinerseits ist ohne
unser Zuthun eingetreten und uns angethan worden. Da=
rum ist die Definition „Willensact ist die psychische Ursache,

burch welche motorische Nerven unmittelbar erregt werden"
noch zu weit [1]).

Eine willkürliche Bewegung im weitesten Sinne
unterscheidet sich nun zunächst baburch von diesen unwill=
kürlichen Bewegungsformen, baß zu ihren Bebingungen
bie Vorstellung ber Bewegung selbst ober ihres nächsten
Erfolgs gehört; baß sie nicht nur eintritt, um nachher
wahrgenommen zu werben, sonbern erst vorgestellt war, unb
nun burch jenen nicht weiter zu beschreibenben Act, ben wir
Bewegungsimpuls nannten, verwirklicht wirb, unb bie für
unser Bewußtsein unterscheibbare specifische Natur besselben
brücken wir eben baburch aus, baß wir ihn ein Wollen
nennen, unb ihn baburch sowohl von ber Vorstellung als
ben begleitenben Gefühlen unterscheiden. Er fällt unter ben
allgemeinen Begriff bes Wollens als einer inneren auf ei=
nen Zweck gerichteten Thätigkeit; bie Natur hat ihm aber
bie unmittelbare Wirksamkeit burch bie Einrichtung unserer
Organisation gesichert.

(Die Fälle ber sogenannten Nachahmungsbewegungen
scheinen zwar nahe zu legen, baß zuweilen bie Vorstellung
einer Bewegung selbst für sich genügt, bie Bewegung aus=
zulösen; aber bieses Gebiet ist ein streitiges, sofern es frag=
lich ist, ob nicht ein burch bie gesehene Bewegung hervor=
gerufenes Gefühl bas eigentliche Agens ist, solche Bewe=
gungen also unter bie mimischen fallen, ober ob bie Vor=
stellung ganz unmittelbar bie Bewegung, ober einen uns
nur nicht beutlich zum Bewußtsein kommenben Bewegungs=
impuls erzeugt; unb wir können es bei Seite lassen.)

Daß wir den Begriff der willkürlichen Bewegung ur=
sprünglich auf die Thatsache gründen, daß wir uns eines
auf die Hervorbringung einer Bewegung gerichteten Wil=
lensactes bewußt sind, darüber kann kein Zweifel sein. Die
Bewegung als solche, wie wir sie zum Beispiel an einem
andern sehen, verräth uns nichts über ihre Ursache; daß
diese Ursache überhaupt eine psychische ist, können wir nur
durch eine Uebertragung dessen erschließen, was wir in uns
selbst erfahren; und ein psychischer Vorgang ist überhaupt
für uns ursprünglich nur dadurch vorhanden, daß wir uns
desselben bewußt sind.

Aber nun ergeben sich Schwierigkeiten. Wir werden
geneigt sein, alle Bewegungen, die denjenigen gleichen,
welche wir durch einen bewußten Willensact hervorbringen,
unter den Begriff der willkürlichen zu subsumieren; alle
diejenigen, als deren Bedingung wir eine Vorstellung der
auszuführenden Bewegung und den Willensimpuls sie aus=
zuführen kennen gelernt haben. Bewegungen, die zweck=
mäßig sind, ohne Reflexbewegungen zu sein, Bewegungen,
von denen wir wissen, daß wir sie erst erlernt haben, in=
dem wir eine uns vorgemachte Bewegung selbst auszufüh=
ren versuchten, werden wir zu den willkürlichen rechnen
müssen. Aber wir sagen ohne Bedenken, daß wir solche
Bewegungen unwillkürlich machen. Er trat unwillkürlich
einen Schritt zurück — es entfuhr ihm das Wort — sagen
wir von Jemand, der durch eine unerwartete Erscheinung,
die ihm gegenübertritt, überrascht wird. Aber einen Schritt
machen, ein Wort aussprechen, rechnen wir sonst unter die

willkürlichen Bewegungen, schon weil sie erlernt sind, und
danach machten wir willkürliche Bewegungen unwillkürlich.
Genauer zugesehen sind sie aber nur nicht aus einem klar
bewußten Wollen ihres Zwecks hervorgegangen; was bei
ihnen fehlt, ist nicht der elementare Bewegungsimpuls, sondern das deutliche Bewußtsein ihres Zwecks und eines darauf gerichteten Wollens; und dieses deutliche Bewußtsein
fehlt, weil mit einer die Reflexion ausschließenden Schnelligkeit die Vorstellung der Bewegung und ihres Erfolgs
den Drang sie zu verwirklichen und dieser den Bewegungsimpuls herbeirief. Darum nennen wir solche Bewegungen
wohl auch instinctiv, wenn sie wirklich zweckmäßig, übereilt,
wenn sie unzweckmäßig waren. Von diesen scheiden sich
also diejenigen Bewegungen, deren Erfolg Gegenstand eines
deutlich bewußten Wollens war; bei denen ebenso der Bewegungsimpuls einem auf den Erfolg gerichteten Wollen mit
Bewußtsein folgte; wir könnten sie zum Unterschied gewollte Bewegungen nennen].

c. Läuft die Handlung selbst und die Kette der äußeren Vorgänge, die sie in Bewegung gesetzt hat, nach dem
Programm ab, das ich innerlich entworfen habe, war die
Berechnung ihres Erfolges richtig und wird sie durch keinen
unvorhergesehenen Zufall gestört, so wird der ursprüngliche
Zweck durch die willkürliche Bewegung und ihre Folgen
erreicht, was ich gewollt, ist durch die Handlung verwirklicht, und der ganze Proceß findet seinen Abschluß in der
Befriedigung, die mir das Eintreten des erstrebten Zustandes gewährt.

Die beiden Hauptacte, in welche nach diesem Schema
der normale Verlauf eines nach außen gerichteten Wollens
zerfällt, stellen sich je nach dem Standpunkt, von dem das
Ganze betrachtet wird, in verschiedener Bedeutung dar.
Für die psychologische Betrachtung, die sich in das Innere
versetzt, ist der erste Act das Wichtigste, Wesentlichste; der
zweite ein Nachspiel, das unterbrochen werden kann, ohne
daß die Bedeutung des Wollens dadurch eine andere würde.
Für die von außen kommende, historische Betrachtung ist
der zweite Act das Wesentliche, das aus dem Wollen her=
vorgehende in die gemeinsame Welt heraustretende Handeln
und das dadurch bewirkte Geschehen; erst mit dem Bewe=
gungsimpuls gewinnt ja das Wollen Bedeutung für An=
dere; die rein inneren Vorgänge erscheinen jetzt als bloße
Vorbereitung, und das Wollen erweckt also nur Interesse,
sofern es Ursache des wirklichen äußeren Geschehens ist.
Derselbe Gegensatz läßt sich als der Gegensatz der morali=
schen und juristischen Betrachtung bezeichnen. Dort kommt
es zuerst auf die G e s i n n u n g an, hier zuerst auf die
H a n d l u n g und ihren Erfolg.

Es hängt damit zusammen, daß da, wo von der Be=
trachtung der Handlung ausgegangen wird, die Neigung
vorhanden ist, als den ‚Willen‘ im eigentlichen und stren=
gen Sinne nur die Thätigkeit zu verstehen, welche eine be=
stimmte Bewegung unmittelbar hervorruft, als das noth=
wendige Correlat des Wollens die T h a t zu bezeichnen,
die in einer Veränderung der körperlichen Welt besteht, für
diejenigen bewußten Zustände dagegen, welche nicht unmit=

telbar nach außen causal sind, andere Bezeichnungen, Wunsch, Absicht u. dergl. zu verwenden.

Allein damit kommt der wissenschaftliche Sprachgebrauch mit dem allgemein üblichen in eine Collision, die gerade auf psychologischem Gebiete besonders gefährlich ist; er muß es für falsch erklären, wenn ich sage: Ich will heute Nach=mittag abreisen, auch wenn mir vollkommen feststeht, daß die Reise um irgend eines Zweckes willen nothwendig ist, und ich an die Möglichkeit gar nicht denke, daß ich sie nicht mache; erst wenn ich den Weg nach dem Bahnhofe einschlage, wäre der Wille da. Ja es dürfte dann streng genommen im=mer nur von dem Wollen der Bewegung, nicht einmal vom Wollen ihres nächsten Erfolgs geredet werden.

Weiterhin isoliert eine solche Distinction den Willens=act, der in der Bewegung thätig ist, in einer Weise, die dem psychologischen Thatbestande widerspricht; denn die Bewegungsimpulse treten ja nicht gesondert und selbstständig auf, sondern nur als Theile eines umfassenderen Vor=gangs, sie sind von der Vorstellung des Erfolgs und einer auf seine Verwirklichung gerichteten inneren Bewegung ab=hängig; wo diese Abhängigkeit fehlte, würde man auch kaum sagen können, daß die körperliche Bewegung gewollt sei.

Endlich wird die Gleichartigkeit verdeckt, welche für unsere unmittelbare Auffassung zwischen den Acten besteht, durch die wir uns nur innerlich die Richtung auf ein be=stimmtes Ziel geben, und den Acten durch die wir Glieder bewegen. Der Wille, durch den ich mich für einen Zweck entscheide, oder meine Aufmerksamkeit spanne, oder mein

Nachdenken einer Frage zuwende, setzt ebenso eine wirkliche Bestimmtheit meines Ich und gibt seinen Thätigleiten eine Richtung, wie der Wille den Arm zu strecken meinen Leib bestimmt; das Undefinierbare, was wir überhaupt Wollen nennen, ist in beiden gleichartig; ob die sichtbaren Folgen sofort, oder erst nach einer Zwischenzeit eintreten, kann keinen begrifflichen Unterschied begründen.

So verdienstlich also die Sorgfalt ist, mit welcher die= jenigen Willensacte, durch die wir unmittelbar causal nach außen sind, von den auf unser Bewußtsein beschränkten Thätigkeiten geschieden werden, so scheint sie mir doch zu weit zu gehen, wenn sie den letzteren bestreiten will, im eigentlichen Sinne ein Wollen zu sein. Der besonderen Betonung des Willens, der Bewegung erzeugt, liegt dabei allerdings der richtige Gedanke zu Grunde, daß das Be= wußtsein einer auch nach außen wirksamen Macht eine Be= dingung des zwecksetzenden Wollens überhaupt ist, und ei= nen integrierenden Theil des psychologischen Gesammtzu= standes bildet, aus dem unsere Willensentscheidungen her= vorgehen.

III.

Gehen wir nun die einzelnen Stadien des ganzen Processes genauer durch, so bietet sich als Gegenstand der Untersu= chung theils die Art und Weise, wie sie zu Stande kommen, theils die specielleren Variationen, deren sie fähig sind.

1. a. Die Entstehung des Projects.

Die Wege, auf denen die möglichen Objecte unserer

Willensentscheidungen, also Vorstellungen künftiger Zustände, die einen sollicitierenden Reiz ausüben, in unser Bewußt-sein treten, sind, wenn wir die Entstehung ethischer Ideen bei Seite lassen, folgende:

α. Die eine Hauptquelle, aus welcher Aufforderungen zum Wollen uns zufließen, sind die wechselnden Gefühlszu-stände und das aus ihnen unwillkürlich und widerstandslos sich entwickelnde Begehren.

Jeder unbehagliche Zustand, in welchem wir uns be-finden, weckt ein Verlangen, aus ihm herauszukommen; der Gegenstand dieses Verlangens ist zunächst die ganz unbestimmte weil bloß negative Vorstellung der Befreiung von der Unlust, aber indem dasselbe unsere Vorstellungs-thätigkeit in Bewegung setzt, bietet die Erinnerung aus früherer Erfahrung die Vorstellung der Mittel, welche die Unlust enden, und das unbestimmte Verlangen erhält jetzt sein bestimmtes Ziel. So erweckt der Hunger das Ver-langen nach Speise, der Frost das Verlangen nach Um-hüllung, die Unlust der Sonnenhitze das Verlangen nach Schatten u. s. f.

Für unser Bewußtsein aber verdrängt die bestimmtere, anschaulichere Vorstellung die unbestimmtere; die Speise wird der im Vordergrund stehende Gegenstand des Ver-langens, mit dem das Aufhören des Hungers verschmilzt.

Jedes wahrgenommene Object ferner und jedes Phan-tasiebild, mit dem sich die Vorstellung einer Lust, eines Genusses verknüpft, erweckt das Streben nach diesem Ge-nuß, das Gelüsten. — Jenes Verlangen und dieses Ge-

lüften find die beiden Formen des nicht weiter definierbaren
rein inneren, ohne unfer Zuthun eintretenden Zuſtandes,
den wir Begehren nennen, des empfundenen Drangs
aus der Gegenwart heraus nach der vorgeſtellten und anti=
cipierten relativ höheren Luſt der Zukunft hin. Dieſer
Drang verknüpft ſich dann, urſprünglich ebenſo ohne Da=
zwiſchentreten einer Ueberlegung und eines bewußten Wol=
lens, mit Bewegungsreizen, die, wenn ſie nicht ge=
hemmt werden, zu wirklichen Bewegungen führen; weshalb
die Sprache den inneren Zuſtand durch dieſe äußere Folge
bezeichnen kann (ὀρέγεσθαι, ſtreben, ver=langen).

Aber dieſes fortwährend in uns ſich erzeugende Ver=
langen, Gelüſten, Begehren iſt als ſolches noch kein Wol=
len; und gegen die heutzutage herrſchende Neigung, die
Grenzen der Begriffe aufzuheben bis zur Formel eines
unbewußten Wollens, iſt auf die Scheidung von Wol=
len und Begehren Gewicht zu legen, die Ariſtoteles
ſchon ſicher feſtgeſtellt hat und die auch der Sprachgebrauch,
obwohl er oft die Grenzen zu verwiſchen ſcheint, doch im
Weſentlichen beobachtet. Das bloße im Moment auf äußere
Reize entſtehende Begehren erſcheint als etwas Paſſives,
was dem Subject angethan wird, was es in ſich findet
(„mich verlangt, mich gelüſtet"); erſt wenn die Reflexion
auf das eigene Selbſt dazwiſchen tritt, das die un=
willkürlichen Regungen beherrſcht und entweder hemmt oder
durch eigene Thätigkeit bejaht und zu den ſeinigen macht,
tritt das Wollen ein[2]). Das Beherrſchtſein durch das
Begehren, vermöge deſſen unmittelbar jedes momentane

Begehren und jedes Gelüsten in Handlung übergeht, er=
scheint als der rein thierische Zustand der bloßen ἐπιθυμία;
erst wo dieser unwillkürliche Ablauf durch eine Reflexion
auf das Selbst und sein Verhältniß zum begehrten Object,
also durch einen Anfang von Ueberlegung gehemmt war,
tritt das Wollen als etwas Actives, mit Bewußtsein
aus der Einheit des Subjects entspringendes ein. Von
dem Hunde, der nach einem vorgehaltenen Bissen sofort
schnappt, sagen wir nicht, er wolle ihn; aber wir sagen,
„er will ihn nicht", wenn er ihn in Folge einer Drohung
oder früherer Dressur verweigert, weil jetzt das Begehren
durch anderes gehemmt war, das nur wirken konnte, weil
es sich in der Einheit des Hundebewußtseins mit jenem
begegnete. Der Conflict verschiedener Begehrungen ist es
zuerst, der das Thier wie den Menschen auf sich selbst zu=
rückwirft und auch im Thiere Reflexion, Ueberlegung, Wahl
zwischen verschiedenen Objecten und damit die allgemeine
Form des Wollens erzeugt; die Höhe des Wollens
aber richtet sich nach der Deutlichkeit und dem Umfang
der Vorstellung des eigenen Selbst, und seiner Verhältnisse
zur Außenwelt. (Wenn die frühere Psychologie dem sinn=
lichen Begehren das vernünftige Wollen gegenüberstellte,
so ist der letztere Ausdruck richtig, wenn er nur sagen will,
daß ein von der Macht der unmittelbaren Begierde be=
freites, vergleichendes Denken dem Wollen zu Grunde liegt;
unrichtig, wenn darum dem Thiere die Möglichkeit der
Form des Wollens abgesprochen wird. Will man das

Wollen an das „Selbstbewußtsein" knüpfen — kann der Hund ohne „Selbstbewußtsein" auf seinen Namen gehen?)

So wenig also das Begehren selbst schon ein Wollen ist, so leitet es durch den Reiz, den es ausübt, doch überall das Wollen, die Entscheidung ein, ob dem bestimmten einzelnen Begehren Folge zu geben sei oder nicht.

β. Eine zweite Hauptquelle der Zweckgedanken sind Aufforderungen von Andern durch Beispiel, Rath oder Befehl; sie geben zugleich die Vorstellung des mög= lichen Zwecks und den Impuls ihn zu dem meinigen zu machen; auf diesem Wege treten durch die Erziehung zuerst die ethischen Zwecke ins Bewußtsein. Die Abhängigkeit des Menschen von der Gesellschaft, in der er lebt, ist so groß, daß auch in diesem Gebiete vielfach in der Form des Begehrens, d. h. reflexionslos und blind, ohne Hin= durchgang durch ein ausdrückliches Wollen die Aufforderung ausgeführt wird; der eigene Wille offenbart sich ja hier zuerst im Nein, im Ungehorsam gegen die Zumuthung.

γ. Eine dritte Quelle von Vorstellungen des Zu= künftigen, welche Fragen an unsere Willensentscheidung stellen, ist die Voraussicht dessen, was der Lauf der Natur oder die Thätigkeit Anderer herbeiführen wird. Steht die erwartete Wirkung äußerer Ursachen in irgend einer Beziehung zu meinen Interessen, so kann sie mich nicht gleichgültig lassen. Aber wo sie sofort als günstig erkannt wird, stellt sie keine Frage an unser Wollen, sie kann nur Hoffnung und Freude erwecken; nur wo das erwartete Ge= schehen in irgend einer Hinsicht ein Uebel für uns scheint, uns

Schmerz, Verlust, Rechtsverletzung droht, unsere sonstigen
schon gewollten Zwecke oder unsere unmittelbaren Begeh=
rungen kreuzt, stellt unsere Voraussicht die Frage, ob wir
es h i n d e r n sollen. Das Project also, das uns dann
beschäftigt, ist das N i c h t s e i n eines vorausgesehenen Er=
eignisses. Es bedarf keiner Ausführung, wie vielfach unsere
Ueberlegung durch solche Fragen der A b w e h r dessen, was
uns widerwärtig ist, in Anspruch genommen wird.

1. b. Das Stadium der Ueberlegung.

α. Die Ueberlegung der Frage: S o l l i c h? kann zu
einem sicheren und unzweifelhaften Resultate führen oder nicht.

Die Prämissen, von denen das überlegende Denken
ausgeht, sind zu einem großen Theile schon vorher festge=
stellt: allgemeine Zwecke und Regeln, aus denen die Be=
jahung eines speciellen Zweckgedankens mit logischer Noth=
wendigkeit und ohne Einsprache von irgend einer Seite her
zweifellos erfolgt, sobald die Subsumtion des vorliegenden
Einzelfalls vollzogen ist. In solchen Fällen kommt das
Stadium der Ueberlegung kaum zum Bewußtsein; die Ge=
wohnheiten des Denkens vollziehen sich ohne besondere Auf=
merksamkeit, und ebenso folgt das Wollen der Gewohnheit.
Niemand bedarf der ausdrücklichen Ueberlegung, ob er unter
den gewöhnlichen Verhältnissen sein Berufsgeschäft treiben
soll; der Kaufmann nicht, ob er seinen Kunden die Waaren
zeigen, überlassen und Bezahlung dafür annehmen soll;
der Arzt nicht, ob er zu seinen stehenden Patienten zur ge=

wohnten Zeit gehen soll; es versteht sich von selbst, daß er das will.

In andern Fällen wird die Bejahung des Zweckes herbeigeführt dadurch, daß einem lebhaften irgendwoher im Augenblick erregten Begehren die Reflexion nur keine Hemmung entgegenzusetzen weiß. Wer Erdbeeren im Walde findet, hat keine Regel, aus der er beschließen müßte sie zu pflücken; er pflückt sie, weil ihn nach dem Wohlgeschmack gelüstet; aber doch folgt er nur darum dem Begehren, weil weder ein Rechtsgrund noch etwa diätetische Vorsicht ihn abhalten. Weil er durch solche Erwägungen, wenn auch noch so flüchtig, hindurchgeht, ist sein Thun nicht reine Folge der Begierde, obgleich diese den einzigen positiven Grund seines Wollens enthält.

Ebenso wird, wo es sich um die Frage handelt, ob ich etwas hindern soll, entweder der schon festgestellte allgemeine Zweck entscheiden, den das drohende Ereigniß vereiteln würde, oder eine lebhafte Abneigung gegen eine Unlust, wie wenn ich eine Oeffnung schließe, durch die Rauch in mein Zimmer dringt; in diesem Falle ist nur das aus der erwarteten Unlust entsprungene negative Begehren der Grund meines Wollens; aber ein Willensact wird doch vollzogen, sofern ich zugleich sehe, daß keine andere Rücksicht die Abwehr der Schädlichkeit verbietet. Die Beweglichkeit des menschlichen Denkens ist im normalen Zustande so groß, daß wir immer das Recht haben, zunächst nicht das einfache unmittelbare Begehren, sondern das vom Wollen bejahte Begehren vorauszusetzen.

Sondert sich in solchen Fällen die Ueberlegung meist nicht als besonderes Stadium aus, wenn nicht die Complication der Frage eine ausdrückliche Anstrengung des Denkens erfordert, so steht es umgekehrt da, wo das überlegende Denken zu keinem bestimmten Ja oder Nein kommt.

Diese Unvollendbarkeit tritt vor allem da ein, wo incommensurable Interessen in Conflict treten, Pflicht und Neigung, Ehre und Vortheil; wo also von verschiedenen Prämissen aus entgegengesetzte Resultate sich ergeben, ohne daß der Werth derselben mit demselben Maßstab gemessen werden könnte: hier gestaltet sich die Ueberlegung zum inneren Kampf, den keine noch so feine und umfassende Rechnung endigen kann, wie die Ungewißheit, was vortheilhafter ist, oder was sittlich richtiger ist, durch Denken sich endigen läßt.

Das überlegende Denken ist aber auch dann unvollendbar, wenn der als Zweckgedanke sich darbietende zukünftige Zustand sich nicht in seiner Totalität mit allen Nebenumständen und Folgen voraussehen läßt, wenn mit der Befriedigung, die er in irgend einer Hinsicht verspricht, Gefahren der Nichtbefriedigung in anderer Hinsicht verbunden sind. Die Frage, ob ich eine mir angebotene Stellung annehmen soll, macht mir unmöglich, alles zu übersehen, was dieselbe mit sich bringen wird; im besten Falle muß ich mit Wahrscheinlichkeiten operieren, die sich nicht schätzen lassen, und es ist ganz vergeblich, von dem rechnenden Denken den entscheidenden Abschluß als sichere

Conclufion aus gegebenen Prämiffen zu erwarten; die
Ueberlegung kommt nicht zum Ziel, und soll die Willens=
entscheidung erfolgen, so muß sie einen andern Charakter
als den eines seiner zureichenden Gründe sich bewußten
Beschlusses annehmen.

β. Die Ueberlegung über die Frage „kann ich"
(im Sinne der bloß physischen, nicht der sogenannten mo=
ralischen Möglichkeit, die unter die vorige Frage fällt) ist
rein theoretischer Natur. Sie betrifft die Causalverhältniffe,
die zwischen Bewegungen meiner Glieder und dem projec=
tierten Zustand bestehen, und ihre Beantwortung ist bedingt
durch die Kenntniß der Gesetze, nach denen Veränderungen
bestimmter Dinge von den auf sie gerichteten Bewegungen
und der gegenseitigen Lage, in welche sie dadurch kommen,
abhängig sind. Wo diese Verhältniffe sehr einfach und
unserer Vorstellung geläufig sind, wo z. B. eine einfache
eingeübte Bewegung ausreicht, meinen Zweck zu verwirk=
lichen, kommt diese Frage, weil sie zu keinem Denken reizt,
nicht für sich zum Bewußtsein; die psychologische Associa=
tion führt den Gedanken der nöthigen Handlung herbei
und ohne Hemmung geht der Willensimpuls daraus her=
vor. Wenn mir eine Erklärung zur Unterschrift vorgelegt
wird, überlege ich nicht, ob ich die Fähigkeit habe meinen
Namen zu unterschreiben; ist die Frage: Soll ich? bejaht,
so folgt die Handlung ohne ein dazwischentretendes weiteres
Denken, auch die einzelnen Züge der Feder bedürfen keiner
besonderen Willensimpulse, sondern laufen nach eingeübten
Associationen auf einen einzigen Anstoß ab.

In andern Fällen steht zwar die Möglichkeit, meinen Zweck zu realisieren, im Allgemeinen fest, es gibt mir bekannte Ursachen, die den Zweck herbeiführen, und diese Ursachen sind der Art, daß ich sie in Bewegung setzen kann; aber dieses Können ist kein unbedingtes, sondern hängt von den jeweiligen Umständen, von der Abwesenheit negativer Bedingungen u. s. w. ab. Der Gedanke, ein Haus zu erwerben, oder an einen bestimmten Ort zu reisen, enthält keine Unmöglichkeit, wie der Gedanke, das Wetter zu regulieren; ich weiß, was dazu gehört, und daß unter Umständen ich in der Lage sein werde, das Project auszuführen; ob aber diese Umstände schon vorhanden sind oder später eintreten, und auf welchem Wege mir die Erreichung des Zieles möglich sein wird, weiß ich nicht.

Bestimmter gestaltet sich meine Einsicht, wenn ich einerseits erkenne, daß für die Gegenwart mein Project nicht realisierbar ist, andrerseits aber von der Zukunft eine Aenderung der Umstände erwarte, die mir dasselbe möglich macht. Eine Reise nach Rom ist für jetzt unausführbar, denn ich habe keine Zeit und kein Geld dazu; aber ich erwarte, daß die Zukunft mir beides verschaffen wird, die Ueberlegung der Möglichkeit führt also zu einem Resultate, das bestimmt bejahend, nur gegenüber von dem, was ich jederzeit und augenblicklich vermag, zeitlich eingeschränkt ist.

Auch diese verschiedenen Abstufungen der Möglichkeit führen zu Modificationen in der Natur des dritten Moments, das wir oben genannt haben, der Willensentscheidung.

1. c. Die Willensentscheidung.

α. Setzen wir zunächst, daß die Frage „Soll ich"
durch die Ueberlegung einfach und unzweideutig bejaht
würde, daß aber die Realisierbarkeit des Projects durch
meine Thätigkeit ganz unentschieden bleibt, oder sogar für
die mir bekannten Verhältnisse verneint werden mußte, sei
es, daß ich überhaupt die Realisierbarkeit des Projects
verneinen muß, sei es, daß seine Verwirklichung von Ur=
sachen abhängig ist, über die ich keine Macht habe, z. B.
von Menschen, auf die ich weder durch Befehle noch durch
Bitten zu wirken vermag: so ist ein Wollen unmöglich,
und mein Gedanke ein Gegenstand des bloßen Wunsches.
Denn der Wunsch, der vom Begehren sich unterscheidet —
die Thiere wünschen nicht — ist das durch die denkende
Reflexion hindurchgegangene innere Hinstreben nach einem
Zustande, den ich als ein Gut vorstelle, den ich aber weder
mit Sicherheit erwarten noch selbst herbeiführen kann;
darum drückt sich auch der Wunsch ganz correct aus durch
das conditionale „Ich wollte" — wenn ich nemlich könnte.
Ich wünsche, was allein das Glück oder der gute Wille
Anderer zu bringen vermag, und dehne, um so gewisser je
lebhafter meine Vorstellungsthätigkeit ist, mein Wünschen
auch auf bloße Phantasiegebilde aus. Der Wunsch erhebt
sich über die realen Beschränkungen des Ich. und seiner
Verhältnisse und schafft sich eine Welt nach seinem Herzen;
er belebt uns durch die imaginäre Lust, welche eine ge=
hoffte oder geträumte Befriedigung unserer Neigungen ge=

währt. Von dieser Seite angesehen ist Wünschen ein müs= siges Spiel und das Gegenstück des ernsthaften realen Wollens, das sich nur auf Zwecke richtet, die als Bestand= theile der realen Welt gedacht werden, und es hat seine Bedeutung nur darin, daß es offenbart, worin der Einzelne sein Glück und seine Befriedigung sucht, also ein Symptom der Neigungen und des Naturells ist. Auf der andern Seite ist das Wünschen wieder die allezeit wirksame elastische Triebfeder, welche die Aufmerksamkeit auf die wirkliche Welt spannt und uns auf die Gelegenheiten lauern läßt, die dem Wunsche die Möglichkeit der Verwirklichung versprechen, um ihn in das zwecksetzende Wollen überzuleiten; und der Idealismus des Wunsches, der sich auf das Beste richtet, ist überall thätig, wenigstens das Bessere herbeizuführen.

Wo die Möglichkeit der Ausführung als vorhanden an= genommen, aber der bestimmte Weg zum Ziel noch nicht gefun= den ist oder nicht sofort betreten oder wenigstens nicht mit Ei= nem Schritt zurückgelegt werden kann, existiert der bejahte Zweck als Absicht. In der Absicht setzt sich das rein innere Be= jahen von dem ausführenden Wollen bestimmt ab; sie sieht das Ziel in der Ferne und mißt daran die Mittel; das Wort betont darum auch das rein Innere, was gewollt wurde, gegenüber dem was wirklich, durch Zufall oder Un= geschicklichkeit, geschah; nach anderer Richtung scheidet es den entfernteren Endzweck von dem zunächst gewollten Mittel und den bloßen Vorbereitungen.

Kommt die von der Absicht eingeleitete Aufsuchung geeigneter Mittel zu dem Ergebniß, daß dieselben zwar

jetzt nicht zu Gebote stehen, aber in Zukunft zur Verfü=
gung stehen können, so nimmt die Absicht den Charakter
eines hypothetischen Wollens an. Ein hypotheti=
sches Wollen kann aber in zwei Richtungen bedingt sein:
Entweder ist der Zweck selbst bedingt gesetzt, nur unter
einer Bedingung bejaht, daß ich etwas thun will — wie
z. B. meine Absicht einen Armen zu unterstützen, wenn er
geordnet und sparsam ist; oder ist der Zweck selbst seinem
Inhalte nach unbedingt gewollt, bedingt nur hinsichtlich des
Vorhandenseins der Mittel, der Macht ihn zu re=
alisieren, der passenden Zeit der Ausführung — das ist
das Vorhaben, der Vorsatz: ich habe vor, ich nehme
mir vor (bezeichnend in animo habeo), den Armen zu un=
terstützen, sobald sich die Gelegenheit bietet. (Der juristische
Gebrauch des Wortes „Vorsatz", „vorsätzlich" ist von der
gewohnten Bedeutung des Wortes „Vorsatz", das Beschluß
und Ausführung zeitlich zu scheiden pflegt, verschieden, und
insofern weiter, als er auch den unmittelbar in Handlung
übergehenden Beschluß begreift.)   Den Charakter des hy=
pothetischen Vorsatzes nimmt insbesondere das Wollen all=
gemeiner Zwecke an, die sich je nach der Gelegenheit
durch bestimmte Handlungen verwirklichen; der Vorsatz,
sparsam zu sein, läßt sich nur durch eine lange Reihe ein=
zelner Handlungen ausführen.

β. Ergeben sich diese Modificationen der Willensent=
scheidung aus den verschiedenen Resultaten der Ueberlegung
der Möglichkeit, so tritt, wo die Frage „Kann ich" bejaht
war, die Frage „Soll ich" aber nicht zum Beschlusse ge=

führt hat, die Willensentscheidung in der Form des Ent=
schlusses auf. Trotz der Unvollendbarkeit des Denkens
wird ein Project bejaht oder verworfen, die Ueberlegung
wird durch einen souveränen Act des Wollens, oft mit Ge=
walt, abgebrochen; gegenüber der Gefahr mit einem Ich
wags! jacta alea esto!, gegenüber der Versuchung mit ei=
nem Ἄπαγε Σατανᾶ! tritt der Mensch als Herr auch seinen
eigenen Gedanken gegenüber, ihnen Schweigen gebietend
und ihren Streit durch einen Machtspruch endigend. Un=
schlüssig ist, wer noch im Stadium der Ueberlegung sich
befindet; unentschlossen, wer geneigt ist seine Entschei=
dung hinauszuschieben, bis die Ueberlegung ein Facit gibt,
bei welchem Gewißheit oder wenigstens ein berechenbarer
Ueberschuß von Wahrscheinlichkeit sich zeigt; entschlos=
sen, wer die Ueberlegung abbricht, die er doch nicht vollenden
kann. Häufig führt ja schon der Mangel an Zeit, die Ueberle=
gung zu vollenden, die Nothwendigkeit des Entschlusses herbei.

γ. Es liegt in der Natur des Entschlusses, daß
der Mensch dabei sich keiner zwingenden Gründe be=
wußt ist, die ihn unfehlbar nach einer Seite bestimmen;
stat pro ratione voluntas. Ich kann angeben, welche Rück=
sichten mir beim Entschlusse vorgeschwebt haben, ich kann
ihn vielleicht nachträglich als die vernünftige und richtige
Entscheidung construieren; aber es war doch nur Sache
meines Wollens, daß ich der einen Rücksicht andere Rück=
sichten untergeordnet habe, denen ich ebensogut hätte grö=
ßeren Werth beilegen können; ich fühlte mich frei, auch
anders zu entscheiden, und unsicher, ob ich richtig ent=

ſcheide. (Warum von „Entſchluß" auch da geſprochen werden
kann, wo ich der Richtigkeit gewiß bin, wird unten erhellen.)

Ob ich wirklich frei bin; ob nicht hinter meinem Be=
wußtſein Gründe lagen, die mich widerſtandslos und un=
fehlbar beſtimmten, iſt hier nicht zu entſcheiden; jedenfalls
darf das Unbewußte, was mich beſtimmt, einen vorgeſtell=
ten Zweck zu w o l l e n, nicht ſelbſt wieder ein W o l l e n
genannt werden, wenn keine Verwirrung entſtehen ſoll;
ebenſowenig darf geſagt werden, daß, wenn einem über=
legten Wollen entgegen doch in einem unbeſonnenen Au=
genblick eine entgegengeſetzte Handlung ausgeführt wird,
daraus zu erkennen ſei, was der Menſch eigentlich w o l l e,
ohne es zu wiſſen. Was er damit verräth, iſt nur die N a =
t u r ſ e i n e r T r i e b e und die S c h w ä c h e ſeines Wol=
lens; und der Ausdruck Röm. 7, 16; ὃ οὐ θέλω, τοῦτο
ποιῶ iſt in ſolchen Fällen ein vollkommen zutreffender und
richtiger. Denn der Bewegungsimpuls, von dem die mo=
mentane Ausführung einer beſtimmten Bewegung abhängt,
wird nicht blos, wie es im Zuſtande vollkommener Selbſt=
beherrſchung geſchieht, durch das ſelbſtbewußte Wollen ei=
nes Zwecks, ſondern auch durch andere pſychiſche Vorgänge
ausgelöst; er folgt auch, wo das ſelbſtbewußte Wollen fehlt
oder zu ſchwach iſt, um die augenblicklichen Bewegungen
des Innern vernünftigen Zwecken unterzuordnen, der unver=
nünftigen Begierde, dem bloßen Triebe, der affektvollen Erre=
gung des Augenblicks, oder der Gewohnheit. In andern Fällen
allerdings hatte ſich die dem Bewußtſein gegenwärtige Sachlage
ſo verändert, daß das frühere Wollen durch ein anderes aufge=

hoben wurde. Soll nur die That über den Inhalt des Entschlus=
ses entscheiden, so wäre nie ein Entschluß aufgegeben worden.

An der Anwendung des Causalbegriffs auf die=
jenigen Willensacte, bei denen ich mir eines freien Ent=
schlusses bewußt bin, scheiden sich die deterministische
und die indeterministische Theorie und die einzelnen
Variationen beider. Die indeterministische Lehre bezeichnet
als die Ursache davon, daß ein bestimmter Zweck gewollt
wurde, nur das wollende Subject selbst, das, eben darin
von den übrigen Wesen verschieden, in seinem Wollen frei,
d. h. nicht durch irgend welche äußeren oder inneren Um=
stände mit unfehlbarer Nothwendigkeit gezwungen sei, eine
bestimmte Möglichkeit zu bejahen, sondern unter den ver=
schiedenen Möglichkeiten aus sich heraus entscheide, im Acte
des Wollens selbst sich die Richtung auf diesen oder jenen
Zweck gebe, die nicht aus den vorangehenden Datis be=
rechnet werden konnte. Die deterministische Lehre setzt als
Ursache des bestimmten Wollens principaliter ebenso das
wollende Subject, dessen Thun ja das Wollen ist, aber
dieses bestimmte Wollen trat nach einer Nothwendigkeit ein,
vermöge der das Subject seiner unveränderlichen oder so
gewordenen geistigen Natur gemäß unter den gegebenen
Umständen eben so wollen mußte; einer Nothwendigkeit, die
ebenso berechenbar wäre wie der Fall eines schweren Kör=
pers, wenn wir die psychologischen Gesetze ebenso genau
wüßten wie die Fallgesetze, und die Thatbestände, auf die
sie angewendet werden, so genau feststellen könnten, wie die
Lage des Steins vor dem Fall.

Immer aber ist die Frage: Was ist der Grund, daß
ein zunächst als möglich vorschwebender Gedanke wirk=
lich gewollt und dadurch zum Zweck gemacht wird?
Die Antwort kann nicht sein, daß der Zweck selbst der
Grund des Wollens ist, das jenen Gedanken erst zum Zweck
machte. Der Satz „Ohne Zweck kein Wollen³)" ist ein rein
analytischer, aus dem Correlationsverhältnisse der Begriffe
Zweck und Wollen hervorgehender; er drückt kein dem Cau=
salgesetz paralleles Gesetz aus, denn dieses lautet nicht:
Keine Wirkung ohne Ursache — was ebenso aus der Cor=
relation folgt — sondern: Kein Geschehen, das nicht Wir=
kung einer Ursache wäre. „Ohne Zweck kein Wollen"
heißt in andern Worten: es läßt sich kein Wollen denken,
das nicht Wollen eines Zwecks wäre; wer will, der will
etwas, was er vorstellt, und dieses nennen wir Zweck;
die Vorstellung ist zwar die conditio sine qua non, aber
nicht darum die erzeugende Ursache des Wollens. Der
Satz: „Ohne Zweck kein Wollen" entspricht dem Satze:
„Ohne Raum keine Bewegung": der Raum ist die conditio sine qua non der Bewegung, die Bewegung ist gar
nicht denkbar ohne den Raum, aber der Raum ist nicht die
Kraft, welche den Körper bewegt; oder er entspricht
noch genauer dem Satz: Keine Bewegung ohne Richtung;
mit dem Begriff der Bewegung ist gegeben, daß sie irgend eine
Richtung hat, keine Bewegung kann wirklich sein ohne bestimmte
Richtung; aber die Richtung erklärt nicht die Bewegung.

Mit der Erkenntniß also, daß alles Wollen das Wollen eines Zwecks ist, fällt die Frage noch nicht weg, was

denn nun die Ursache sei, welche den Menschen bestimmt, einen irgendwie entstandenen Gedanken eines Zukünftigen zu seinem Zweck zu machen, d. h. zu wollen; und in der Erkenntniß, daß diese Ursache nicht derselben Art ist, wie die mechanischen Bewegungsursachen in der äuße= ren unbeseelten Natur, ist noch nicht enthalten, daß sie nicht doch in demselben Sinne Ursache sei, daß es nicht Naturgesetze des Wollens gebe, die nur jetzt in der psychischen Natur des Menschen gegründet sind. Alle wissenschaftliche Anwendung des Causalitätsbegriffes⁴) in der äußeren Natur nimmt an, daß aus einem gegebenen Thatbestand, aus gegebenen Zuständen eines Körpers A und seinen Relationen zu andern Körpern eine Verände= rung von A mit einer Nothwendigkeit folge, die sich durch ein allgemeines Gesetz ausdrücken lasse, und die zuletzt in dem Wesen des A selbst gegründet sei. Wenn wir das Frieren des Wassers causal erklären, so gehen wir zuerst auf die Nothwendigkeit zurück, daß Wasser unter 0° er= kältet, fest werde, und darin zeigt sich eben die Natur des Wassers; weiterhin auf die Gesetze der Abgabe der Wärme an eine kältere Umgebung, welche ebenso die Natur des Wassers mit constituieren. Fragen wir nach der Ursache eines bestimmten Wollens, so suchen wir ein Gesetz, nach welchem aus der Thatsache, daß der Mensch den Gedan= ken eines künftigen Zustands aus irgend einer weiter zu= rückliegenden Veranlassung faßt, mit Nothwendigkeit das Wollen dieses gedachten Zukünftigen hervorgeht', und diese Nothwendigkeit wäre eben der Ausdruck seiner Natur. Die

Ursache des Wollens zerlegt sich dann in dasjenige, was den Gedanken herbeiführte, und die Natur des Menschen, der, wenn dieser Gedanke in seinem Bewußtsein war, ihn wollen mußte. So ist für die Psychologie Spinoza's das Wollen nothwendig, sobald der Gedanke des Künftigen eine Förderung meiner Selbsterhaltung, einen Nutzen für mich enthält; dann muß ich dasselbe wollen, weil es in der Noth= wendigkeit meiner Natur liegt, mich selbst zu erhalten; und individuell verschieden ist nur, was ich als für mich nützlich ansehe. Nicht das, daß mir irgend ein Zweck vorschwebt, sondern das bestimmte Verhältniß des darin Gedachten zu mir selbst enthält den Grund es zu wollen. Damit ist sehr wohl vereinbar, daß es gar nichts Aeußeres gibt, was je= den Menschen zwingen müßte es zu wollen, und daß die Gewalt der Natur und die Drohung des Menschen an dem festen Willen scheitern kann; dann war das Verhältniß des Gedankens, sich durch Nachgiebigkeit zu retten, zu dem wol= lenden Menschen nicht der Art, daß er ihn wollen mußte, sondern es lag in der Natur dieses Menschen, andere Zwecke selbst um den Preis seines Lebens festzuhalten; aber das beweist keine Unabhängigkeit des Willens vom Causalitäts= gesetz überhaupt, sondern nur die Unmöglichkeit, ein für Alle in gleicher Weise gültiges Gesetz aufzustellen, nach wel= chem unter denselben Umständen jeder dasselbe will. Die psychologische Causalität im deterministischen Sinn unter= scheidet sich also formell nicht von der Causalität auf andern Gebieten, wo Zustände sich gesetzmäßig aus andern Zuständen erzeugen, sondern nur durch die inhaltliche Be=

schaffenheit dieser Zustände; diese sind hier etwa mechanische Bewegungszustände, dort zum Theil wenigstens Bewußt= seinszustände. Der Schein, als ob der **Zweck als sol= cher** den Grund des Wollens enthalte, entsteht nur, wenn **zweierlei Wollen verwechselt wird,** das Wollen des Zwecks und das Wollen der auf seine Hervorbringung gerichteten Handlung; für dieses allerdings liegt der Grund in dem Zweck, genauer in dem **vorangehenden Wollen des Zwecks;** sagt man „**Keine Handlung ohne Zweck**", so spricht dieser Satz das psychologische **Causal= gesetz** aus, daß die auf Bewegungen meiner Glieder gerich= teten Willensakte einen auf ihren Erfolg gerichteten Willen als ihre Ursache voraussetzen.

An diesem Punkte begegnet uns der vieldeutig schil= lernde Ausdruck „**Motiv**". Stellen wir uns auf deter= ministischen Boden, so kann unter „Motiv" nur dasjenige verstanden werden, was den Menschen vermöge seiner Na= tur und der dieselbe ausdrückenden Gesetze zu einem be= stimmten Willensacte determiniert. Wo er sich dieser De= termination **bewußt ist,** wo er weiß, **warum er das** will, was er will, da ist das Motiv eines bestimmten Wol= lens unmittelbar nichts anderes als der letzte Zweck, der durch dieses Wollen erreicht wird, und den er ein für alle= mal anerkannt hat — wiederum durch ein Wollen. Das Motiv der Arbeit ist Gewinnung des Lebensunterhalts; daß ich leben will, versteht sich von selbst, und weil ich das will, bin ich mir bewußt, auch die Mittel dazu wol= len zu müssen; das Motiv eines Mordes ist Gewinnung

einer Erbschaft, das Motiv einer Reise Zerstreuung u. s. f.
Wo wir von edeln oder unedeln Motiven reden, mei=
nen wir zunächst immer allgemeine Zwecke, welche die Wahl
einer bestimmten Handlungsweise nach sich ziehen; wir spre=
chen von Motiven des Eigennutzes, des Ehrgeizes, und
wollen damit sagen, daß der das einzelne Wollen leitende
allgemeine Zweck die Gewinnung von Vortheilen, die Ge=
winnung von Ehre sei.

Unsere Aufsuchung der psychologischen Ursachen geht
nun aber weiter zurück auf die natürliche Basis, aus der
das Wollen solcher Endzwecke entspringt, einerseits auf die
einzelnen Gefühlszustände aus denen es regelmäßig hervor=
geht, und weiterhin auf die Natur des Subjects, vermöge
der diese eintreten, andererseits auf die äußeren Veranlas=
sungen dieser Gefühle. Das Motiv eines Almosens ist zu=
nächst der Wille dem Bedrängten zu helfen; der Wille dem
Bedrängten zu helfen entspringt aus Mitleid, also ist Mit=
leid als momentaner Gefühlszustand das Motiv; dieser Zu=
stand wird aber erregt, weil das Individuum dafür empfäng=
lich ist, also ist Weichherzigkeit und Gutmüthigkeit das
Motiv; andererseits wird das Mitleid durch den Anblick der
Noth erregt, also wird in diesem der Grund des Mitleids
und des Willens zu helfen und des Almosens gesucht. Das
Motiv einer Brandstiftung ist die Absicht den Betroffenen
zu schädigen; diese geht als Racheverlangen aus dem Ge=
fühl des Hasses in Folge von Mißhandlung hervor, aber
nur weil der Brandstifter für solche Gefühle empfänglich,
rachsüchtig ist; andererseits kann auch die erlittene Miß=

handlung selbst Motiv genannt werden. Auf die Frage
also: Warum hat A dem B das Haus angezündet, kann
ich nacheinander antworten: weil er ihm schaden wollte,
weil er ihn haßte, weil er rachsüchtig ist, weil er von B
mißhandelt war; jede dieser Antworten gibt einen näheren
oder entfernteren Erklärungsgrund, keine für sich den ganzen, der in der thatsächlichen Veranlassung und der Natur
des Menschen zusammen liegt.

Von dem nächsten Motive also, das ein bewußter
Zweck ist und als solcher gewollt wird, geht die causale
Erklärung weiter zurück auf den Grund, aus dem dieses
Wollen entspringt, und findet ihn in derjenigen Beschaffenheit der menschlichen Natur, vermöge welcher in ihr Gefühle erregt werden und aus diesen Gefühlen der Drang zu
bestimmten Richtungen des Thuns hervorwächst; theils vermöge des allgemeinen Gesetzes, daß Unlust den Drang erweckt sich von ihr zu befreien und vorgestellte Lust den
Drang sie zu genießen, theils vermöge der specielleren und
individuellen psychologischen Gesetze, nach denen Vorstellungen einer bestimmten Art lebhaften Reiz auf uns ausüben;
d. h. sie geht zurück auf das was wir Trieb nennen, um
den dauernden Grund zu bezeichnen, vermöge dessen die
Vorstellungen bestimmter Richtungen und Erfolge unseres
Thuns einen Reiz auf uns üben und mit der Erwartung
der Befriedigung verbunden sind (Wissenstrieb, Ehrtrieb
u. s. w.); Triebe die theils allgemein menschliche, theils
individuell verschiedene sind. Diese Triebe als solche kommen uns nicht zum Bewußtsein; der Brandstifter empfindet

nur die Folge des Rachetriebs, das Verlangen, dem Be-
leidiger zu schaden; aber er reflectiert nicht, warum er
das will, und warum ihm das Befriedigung verspricht;
die Lust zur Rache ist einfach da als gebietende Macht,
der letzte Grund seines Wollens aber ist ihm verborgen,
und wenn er entgegenstehenden Rücksichten, der Furcht vor
Strafe u. s. w. gegenüber sich zu dem Verbrechen entschließt, so zeigt er damit die Stärke des Rachetriebs,
für sein Bewußtsein aber ist seine Willensentscheidung ein
Letztes.

Er kann sich hinterher von dem deterministischen Psychologen belehren lassen, daß er so gehandelt, weil die
Rachsucht in ihm stärker gewesen sei als die Furcht vor
Strafe; in dem Momente aber, in dem er sich entschließt,
weiß er nur, daß er dem Gehaßten schaden will; und in
tausend Fällen wird der Wollende selbst keinen andern
Grund seines Handelns angeben können, als daß er eben
will, daß es ihm so beliebt, so gefällt. Die Schopenhauer'sche
Lehre, daß wir durch unser wirkliches Thun unsern Charakter kennen lernen, ist consequent; aber sie verwirrt, wenn
sie den dem bewußten Wollen und Thun zu Grunde liegenden dauernden Grund desselben selbst wieder als Willen
bezeichnet.

Es geht aus diesem Verhältniß von Wollen und Trieb
hervor, daß selbst die Rücksicht auf die Befriedigung, die
eine Handlung mir gewährt, für das Bewußtsein zurücktreten kann; wer einem Nothleidenden helfen will, denkt
dabei nicht an sich selbst; was ihm als bewußter Zweck

vorschwebt, ist das Wohlsein des Andern; erst an der Freude, die ihm das Gelingen verursacht, zeigt sich, daß ein Trieb seiner Natur das Wollen bewirkte.

ε. Eine besondere Untersuchung erfordert die Frage nach der Natur desjenigen Wollens, das die Frage ent= scheidet, ob ich ein von andern Ursachen eingeleitetes und von mir vorausgesehenes zukünftiges Ereigniß hindern soll oder nicht. Die Voraussetzung, daß es überhaupt zu einem Wollen kommt, ist auch hier das Bewußtsein der Möglichkeit eines Eingriffs; wo ich meiner vollkommenen Unmacht gewiß bin, kann ich Furcht und Hoffnung haben, kann wünschen, daß die drohende Gefahr vorübergehe, aber ein Wollen ist überhaupt unmöglich; das ruhige Geschehen= lassen dessen, was ich nicht hindern kann, ist nicht eine Form des Wollens; ich kann nicht wollen, daß die Sonne scheine, oder daß es nicht hagle.

Wo dagegen der Eingriff möglich ist und ich die Frage, ob ich hindernd eingreifen soll, bejahe, da ist ein voll= gültiges Wollen vorhanden, obgleich der Zweck des= selben zunächst nur negativ bestimmt ist. Ich schließe meine Hausthüre, damit Niemand hereinkommt, ich weiche einem Wagen aus, damit ich nicht überfahren werde u. s. w., was ich also will, ist nur daß ein vorausgesehenes Ereig= niß nicht eintritt; erst das Mittel, das ich anwende, ist positiv bestimmt, aber es wird eben nur secundär als Mittel, nicht primär als Zweck gewollt.

Wie nun aber, wenn ich mich entscheide, den Dingen den Lauf zu lassen — was ist der Inhalt meines Wollens?

Will ich dann das, was geschieht, weil ich nicht will, daß es nicht geschieht? Ist dann das Ereigniß, das ich voraus= gesehen, und das zu hindern ich mich enthalten habe, mein gewollter Zweck in demselben Sinne wie jeder andere vor= ausgesehene künftige Zustand, der durch mein Thun zu Stande kommt? Gilt das Nichtwollen des Nichtseins gleich dem Wollen des Seins? Gilt auch hier, daß die doppelte Verneinung eine Bejahung ist?

Darüber kann zunächst gar kein Zweifel sein, daß ein wirklicher Willensact vorliegt, sobald die Möglichkeit das Drohende zu hindern mir zum Bewußtsein gekommen, und die Frage, was ich thun soll, wirklich entschieden, nicht bloß unschlüssiges Zaudern oder bequeme Trägheit von dem Geschehen überholt worden ist. Aber wir werden uns bedenken zu sagen, daß ich das, was zu hindern ich mich enthalte, im selben Sinne gewollt habe, wie die Zwecke, die ich mir von mir aus setze. Wenn ich — vielleicht un= gern — einem Diener die Erlaubniß ertheile, einen Tag zu feiern; wenn ich einen Hund, der mich zu begleiten ver= langt, obgleich er mir unbequem ist, nicht einsperre; wenn ich einen Baum, der mein Fenster zu überwachsen droht, nicht beschneide, und die Raupen nicht vertilge, die meinen Kohl fressen, — will ich, daß all das geschieht, was aus meinem Nichtsthun hervorgeht? Will ich, was ich nur er= laube, gestatte, zulasse?

Von einer Seite kann man geneigt sein, nur eine Selbstbeschränkung in einem solchen Wollen zu sehen, einen Verzicht auf Ausübung meiner Macht, ein Freilassen der Kräfte der Natur oder des Thuns Anderer. Indem ich selbst die Grenzen meiner Herrschaft ziehe, ist also auch in diesem Falle der Inhalt meines Wollens ein rein negativer; war er dort das Nichtsein des erwarteten Ereignisses, so ist er jetzt meine Nichtintervention; ich breche die Brücke zwischen mir und dem was vorgehen wird ab, und will bloßer Zuschauer bleiben.

Von der andern Seite kann eingewendet werden: wenn ich entscheide, eine Gasflamme nicht zu löschen, so will ich doch, daß sie weiter brenne; wenn ich den Hahnen einer Wasserleitung nicht schließe, so will ich doch, daß das Wasser ausströmt; wenn ich den Hund, der einen Fremden gestellt hat, auf seine Bitte nicht zurückrufe, so will ich doch, daß der Mann gestellt bleibe; wenn ich dem Diener, der aus eigenem Antrieb ein Geschäft unternimmt, dasselbe nicht verbiete, so will ich doch, daß es gethan werde. Was geschieht, das geschieht, wie die Sprache sagt, mit meinem Willen; ja sie weist noch ausdrücklicher auf den engen Zusammenhang zwischen dem „Lassen" und dem „Wollen" hin, indem sie das „Lassen" sogar für das verwendet, was auf meinen ausdrücklichen Befehl geschieht, wobei also mein Wollen und mein Zweck gar nicht in Frage gestellt werden kann.

Aus dieser Antithese geht wenigstens soviel hervor, daß das bloß formelle Verhalten, das in dem Entschluß etwas nicht zu hindern besteht, nicht genügend ist um zu entscheiden, welcher Art der Zweck ist, den ich dabei will, und Unterschiede in dem Inhalt und Gegenstand des Wollens in sich birgt. In welchem Falle kann gesagt werden, daß ich das will, was ich mich entschließe geschehen zu lassen, in welchem Falle nicht?

Die Möglichkeit eines über das Nichtsthun hinaus= gehenden Wollens ist da offenbar ausgeschlossen, wo das Eintretende mir bei näherem Zusehen völlig gleichgültig ist und in keiner Weise irgend ein Interesse berührt, weder ein persönliches des Nutzens oder Schadens, noch ein ästhe= tisches, noch ein humanes des Mitleids, weder rechtliche noch sittliche Gesichtspunkte. Wo kein Reiz ist etwas zu wollen, da kann auch kein Wollen desselben stattfinden; und in diesem Falle erfolgt die Entscheidung der Nichtinterven= tion auf Grund der Einsicht, daß das Geschehende mich gar nicht berührt; dann kann nicht gesagt werden, daß ich es gewollt, daß ich es nicht gehindert habe, damit es geschehe; die Verhinderung ist unterblieben, weil ich keinen Grund hatte meine Macht auszuüben, nur damit sie aus= geübt werde. Was ich also will, ist lediglich mein Nicht= handeln.

Dagegen muß ein Wollen dessen, was ich zulasse, statuiert werden, sobald es nicht gleichgültig ist, und zwar zuerst dann, wenn ich es darum geschehen lasse, weil ich es als meinen Interessen entsprechend betrachte, also Grund gehabt hätte, es selbst herbeizuführen, dann mache ich es zu meinem Zweck; zweitens dann, wenn ich Gründe hätte es zu verhindern, aber aus andern Gründen für das Zu= lassen mich entscheide; denn in diesem Falle ist das Ge= schehenlassen die conditio sine qua non oder das

Mittel zu meinem Zweck, und um dieses willen mit=
gewollt.

Wenn ich, um den letzteren Fall zuerst zu betrachten,
einem Diener Urlaub zu einer Reise auf einen Tag er=
theile, obgleich ich ihn schwer entbehren kann, so stand vor
meiner Ueberlegung zuerst der Wunsch, die Reise zu hin=
dern; gebe ich sie doch zu, so muß der Wille die Zwecke
des Mannes zu fördern, ihn befriedigt zu wissen u. s. w.
den Ausschlag gegeben haben; indem ich das will, will ich
auch das Mittel oder die Bedingung dazu. Daß es mir
unerwünscht ist, ändert nichts an der Sache; denn es wird
überall Vieles gewollt, was für sich niemals Zweck würde,
aber als Bedingung eines andern Zweckes gewollt werden
muß, weil derselbe auf keine andere Weise zu erreichen ist.
Oder wenn ich die Raupen nicht vertilge, die meinen Kohl
fressen, so ist mir das Geschäft zu zeitraubend oder zu
unangenehm; ich will lieber den Kohl verlieren als mich
plagen; der Verlust des Kohls ist der Preis, mit dem ich
meine Bequemlichkeit erkaufe; ich will ihn also, wenn ich
mich auch darüber ärgere.

Aehnlich, wenn Jemand ein Kind sieht, das im Be=
griffe steht Tollkirschen zu pflücken und zu verzehren, und
dem sich einstellenden Gedanken, daß er es warnen sollte,
mit Bewußtsein nicht nachgibt um sich nicht aufzuhalten:
so sehe ich keine Möglichkeit zu läugnen, daß er die Ver=
giftung desselben gewollt habe; denn er weiß, daß ent=
weder das Kind sich vergiftet, oder er einschreiten muß;
entscheidet er sich gegen die letztere Alternative, so ent=

scheidet er sich für die erstere; er kann das nicht darum thun, weil ihm gleichgültig ist, was geschieht, denn er braucht einen Willensact, um den natürlichen Impuls zur Rettung zu unterdrücken; und ich kann zwischen diesem Fall und dem andern, wo ich etwa einen Schuldner nicht einklage, obgleich ich sicher weiß, daß damit die Forderung verloren ist, keinen Unterschied finden; hier wird nicht zu bestreiten sein, daß ich den Verlust g e w o l l t habe, der die vorausgesehene unausweichliche Consequenz meines Verfahrens ist. Nur ist auch hier, was ich geschehen lasse, nicht direct m e i n Z w e c k, sondern wird nur gewollt als Bedingung oder Consequenz eines andern Zwecks.

Anders steht die Sache nur, wo ich ein Eingreifen unterlasse, weil ich k e i n R e c h t u n d k e i n e n B e r u f habe, mich einzumischen, wo also mein Zweck nur der negative der Selbstbeschränkung ist. Aber das wird meist nur da der Fall sein, wo auch meine Macht keine directe ist, sondern von dem Wollen eines andern abhängt, der meine Einmischung zurückweisen kann; und mein Verhalten ist jetzt zwar nicht durch die physische, aber die rechtliche Unmöglichkeit des Eingriffes bestimmt, und ich verhalte mich zu dem, was geschehen wird, wie zu einer Naturgewalt, über die ich keine Macht habe; der allgemeine Zweck, die Freiheit anderer zu achten, legt mir dieses Verhalten auf.

Wo endlich der vorausgesehene Erfolg, der mir die Frage stellte, ob ich ihn nicht hindern soll, weil ich ihn nicht ohne Weiteres als günstig erkannt hatte, bei näherem Zusehen d i r e c t m e i n e Z w e c k e f ö r d e r t, kann ebenso-

wenig zweifelhaft ſein, daß, was ich beſchließe nicht zu
hindern, durch einen Willensact von mir bejaht, alſo von
mir gewollt iſt; ich unterlaſſe ja die mögliche Gegenwir-
kung, damit der Erfolg eintrete; ich acceptiere als meinen
Zweck, was ſich mir ungeſucht bietet, in demſelben Sinne,
in welchem ich anderes bejahe, was ich ſelbſt herbeiführen
muß; mein Verhalten iſt durch den Willen beſtimmt, daß
das Erwartete eintrete. Inwiefern das Moment der Cauſalität, das wir oben als integrierenden Beſtandtheil in
der Vorſtellung des Zwecks aufgeſtellt haben, auch hier
nicht fehlt, wird ſich ſpäter zeigen; hier nur ſoviel, daß
die Behutſamkeit, die wir anwenden, den uns günſtigen
Lauf der Dinge nicht zu ſtören, einen weſentlichen Theil
unſeres practiſchen Verhaltens ausmacht.

2. Das Stadium der Ausführung. a. Die Ueberlegung der Mittel.

Die berechnende Klugheit geht darauf aus, die Reihenfolge der Veränderungen, · welche ein Eingriff in die Welt
herbeiführen wird, ſo vollſtändig als möglich vorauszuſehen.
Aber es liegt in der Natur unſeres vorbildenden Denkens,
daß wir der Richtigkeit unſerer Berechnung niemals vollkommen ſicher ſein können. Wenn ich durch einen Bewegungsimpuls eine nach außen gerichtete Wirkung, die Urſache weiterer Wirkungen hervorzubringen denke, iſt es
unmöglich den ganzen Complex von wirkenden Urſachen
und Umſtänden zu überſehen, in welche ich durch meine
Action eingreife, den ganzen Betrag von Veränderung der

Außenwelt, den eine einzige Handlung im Gefolge haben
wird, in Gedanken voraus zu entwerfen. Nicht nur kann
ein ganz unvorhergesehener Zufall, ein in den Kreis von
Umständen, die ich übersehe, von außen hereinbrechendes
Agens den Ablauf von Veränderungen kreuzen, den ich ein=
leite, und ihn einem weit entlegenen Ziele zuführen; auch
die Beschaffenheit der Dinge, auf die ich wirke, und der
Grad meiner wirkenden Kraft ist häufig nicht hinlänglich
bekannt, um mit Sicherheit den Erfolg vorauszusagen.
Jedes Handeln kann Nebenerfolge herbeiführen, die meinen
Zwecken und Wünschen entgegen sind, und die, wenn ich
sie vorausgesehen, mich bestimmt hätten, auf das Handeln
überhaupt zu verzichten. Es ist die Aufgabe der Vor=
sicht, diese Nebenerfolge zu vermeiden und dem Zufall den
Zugang zu verwehren; aber auch die vollendetste Vorsicht,
der der Mensch fähig ist, vermag nicht den Eingriff so zu
bemessen, daß mit unfehlbarer Sicherheit nur der zum Vor=
aus vorgestellte Erfolg und dieser ganz eintritt.

Die Differenz zwischen dem in meiner Berechnung vor=
gebildeten Verlauf einer durch willkürliche Bewegung ein=
geleiteten Reihe von Veränderungen und dem wirklichen
Erfolge, die Ueberraschung durch den Zufall, der die berech=
neten Folgen vereitelt, oder gar aus der einfachsten Hand=
lung Unheil hervorwachsen läßt, ist uns durch die Erfah=
rung so geläufig, daß, wenn wir uns alles immer gegen=
wärtig hielten, uns stets die Furcht begleiten müßte, durch
jede Bewegung Kräfte zu entfesseln, die mit dämonischer
Bosheit sich gegen uns kehren werden. Nicht blos mit

weitgreifenden Thaten, mit der alltäglichsten Verrichtung
schon „greift des Menschen Hand in des Geschicks geheim=
nißvolle Urne"; das Anzünden einer Lampe kann die Ein=
äscherung einer Stadt, die harmloseste Reise die Verschlep=
pung einer Epidemie der Hunderte erliegen zur Folge ha=
ben; dächten wir immer an alle Möglichkeiten, so müßte
uns die Hand erzittern, die ein Zündholz streicht, und der
Fuß, der eine Treppe betritt auf der wir zu Tode fallen
können. Ueber solche Aengstlichkeit hilft die Unmöglichkeit
weg, an alles zu denken; die Beschränktheit unseres Wis=
sens erleichtert uns das Handeln; die überwiegende Zahl
der Fälle des Gelingens begründet die Gewohnheit, nur
den am häufigsten eintretenden Erfolg zu erwarten, und
erzeugt den natürlichen Leichtsinn, der wissenschaftlich durch
die Berechnung der Wahrscheinlichkeit sich rechtfertigen läßt.
Denn wollten wir uns durch die Gefahr auch unwahrschein=
licher Zufälle abhalten lassen, so wäre überhaupt kein Wol=
len denkbar.

Aber die Möglichkeit der Differenz zwischen dem be=
rechneten und dem wirklichen Erfolg unserer Willensim=
pulse gibt doch allem Wollen zum Handeln, wenn auch in
sehr verschiedener Abstufung, seinen eigenthümlichen psy=
chischen Charakter; sie offenbart, daß der Wille zum
Handeln niemals die reine logische Consequenz der Er=
wägung der Mittel für den gewollten Zweck sein kann, weil
die absolute Sicherheit, daß unser Zweck und nur unser
Zweck realisiert werde, gar nie erreichbar ist; das Wollen
des Zwecks kann nicht zum Wollen der Handlung führen

ohne das Moment des M u t h e s, der auch auf die Gefahr
des Mißlingens hin wagt; eben darin zeigt sich, daß auch
zum Beginn der Ausführung eines festgestellten Zweckes
ein E n t s ch l u ß gehört, wie auch das Verhältniß, in dem
der E n t s ch l u ß zum Handeln zu den dem Denken gegen=
wärtigen Resultaten steht, individuell verschieden ist. Der
Aengstliche will nur sichere Mittel anwenden, der Muthige
handelt auf bloße Hoffnung.

Es ist nun eine, zumal auch für die Beurtheilung mo=
ralischer und juristischer Verantwortlichkeit schwierige Frage,
ob und in welchem Sinne denn von einem W o l l e n auch
der gar nicht vorausgesehenen Erfolge des Handelns, und
in welchem Sinne ferner von einem Wollen der zwar als
möglich vorgestellten, aber nicht beabsichtigten Erfolge der
mit dem Bewußtsein einer Gefahr unternommenen Hand=
lung die Rede sein könne. Die Schwierigkeiten, die hier
liegen, sind sorgfältig zu scheiden von einer andern Classe
von Schwierigkeiten, die daraus erwachsen, daß häufig der
unser Handeln leitende Zweck in u n b e s t i m m t e r A l l g e=
m e i n h e i t gedacht wird, und doch nur durch einen concre=
ten Erfolg verwirklicht werden kann, und daß er ferner in der
Regel u n v o l l s t ä n d i g gedacht wird, so daß seine Reali=
sierung in der wirklichen Welt n u r dadurch möglich ist,
daß auch anderes z u g l e i ch verwirklicht wird, was ich
nicht ausdrücklich gewollt habe (wenn ich z. B. einen Kran=
ken besuche, so ist das nicht möglich, ohne daß ich einen
Theil des Sauerstoffs in seinem Zimmer verbrauche, aber
daran denke ich nicht, obgleich es ein unvermeidlicher Re=

benerfolg meines Besuches ist). Lassen wir das einstweilen
bei Seite und betrachten nur die Fälle, in denen der wirk=
liche Erfolg außerhalb des vorgestellten Zweckes und mit
diesem nicht unvermeidlich durch ausnahmslose Nothwen=
digkeit verbunden ist.

α. Die erste Frage, ob und in welchem Sinne von
einem Wollen auch der nicht beabsichtigten und nicht
vorausgesehenen Erfolge des Handelns die Rede sein könne,
kann nicht dadurch entschieden werden, daß man den Be=
griff der Causalität in den des Wollens so aufnimmt,
daß man sagt, weil der Wille dasjenige sei, wodurch der
Mensch causal ist, darum sei alles von ihm Verursachte
auch gewollt; indem der Mensch durch seine Bewegung in
die Außenwelt eingreife, setze er eine reale Ursache, die
nach den Gesetzen der wirklichen Welt ihre Folgen entwickle;
er wolle also unbesehen alle Folgen seiner Thätigkeit; der
Irrthum des Menschen ändere an seinem Wollen nichts,
denn die realen Dinge, zu denen der Wille gehöre, ändern
sich nicht durch den Irrthum des Menschen. Der Wille
müsse von der Vorstellung unabhängig gestellt werden.
„Wer ein brennendes Zündholz wegwirft, damit es un=
schädlich verlösche, es aber in ein Gefäß mit Spiritus
wirft, den er für Wasser hielt, hat keine Vorstellung von
der Größe und Furchtbarkeit des Erfolgs gehabt, und doch
ist der Erfolg nichts anderes als realisierter Wille" [5]).

Beginnen wir mit der Frage nach den realen Causal=
verhältnissen, welche in irgend einer menschlichen Handlung
vorliegen, und gehen wir von dem aus, was ganz unter

die äußere Betrachtung des Geschehens fällt, so haben wir zunächst den Causalzusammenhang zwischen einer körperlichen Bewegung des Menschen und ihrem nächsten Erfolg. Die Ursache einer Verwundung ist ein Faustschlag, die Ursache, daß ein Körper fällt, ein gegen ihn geführter Stoß. Wir sind ganz auf mechanischem Gebiet; die Glieder des menschlichen Körpers wirken als bewegte Massen, die Bewegung dieser Massen ist die Ursache von Veränderungen in den Körpern die sie treffen, diese Veränderungen wirken nach mechanischen Gesetzen weiter und weiter. Der menschliche Körper erscheint als die Ursache, von der der ganze Verlauf ins Werk gesetzt wird, weil aus ihm die Veränderung zu entspringen scheint, weil wir weiter zurück keine äußerlich wahrnehmbare Ursache seiner Bewegung finden; für die an den Augenschein sich haltende Betrachtung erscheint der Körper als das Agens, das mit seiner Bewegung den ganzen Verlauf beginnt. Ebenso scheint uns der Baum activ, dessen Wurzel durch ihr Wachsthum den Felsen sprengt. Erst die sorgfältige Analyse der Wissenschaft könnte in jener Bewegung, in diesem Wachsthum die bloße Fortsetzung physischer Processe entdecken.

Sieht man nur auf die mechanische Fähigkeit, Wirkungen hervorzubringen, so sind alle Körperbewegungen des Menschen vollkommen gleichwerthig, diejenigen die wir als willkürliche, wie diejenigen die wir als unwillkürliche zu bezeichnen gewohnt sind. Wer das Gleichgewicht verliert und fällt, kann durch die Schwere seines Körpers denselben Erfolg hervorbringen, wie der, der sich absichtlich zu Boden

wirft; die Mutter, die im Schlafe ihr Kind im Bette er=
drückt, wirkt durch die Schwere ihres Leibes gerade so,
wie wenn sie sich absichtlich darauf gelegt hätte. Wer vor
Aufregung zittert, wenn er eine gefährliche Operation zu
machen hat, kann das Leben seines Patienten ebenso in Ge=
fahr bringen, wie wenn seine Muskelzuckungen willkürliche
wären. Die unwillkürlichen Bewegungen haben ihre Er=
folge nach denselben mechanischen Gesetzen, wie die willkür=
lichen.

Was nach außen causal ist, und einen Erfolg in der
Welt hervorbringt, ist also zunächst die Bewegung des
menschlichen Leibes und seiner Glieder als solche; was wirkt,
ist die bewegte Masse.

Nun geht (um auf die Ausführungen S. 130—136
vom Gesichtspunkte der Causalität zurückzukommen) die cau=
sale Betrachtung einen Schritt weiter zurück, und fragt,
wodurch die Bewegung des Leibes und seiner Glieder her=
vorgebracht war. Sie findet verschiedene Ursachen, aus
denen Bewegungen erfolgen können; einmal körperliche Reize,
die vermöge der Einrichtung der organischen Maschine Be=
wegungen auslösen, und diese Reize kommen theils von
außen, theils bilden sie sich im Innern, wie der Gehirn=
absceß der Convulsionen erzeugt; sodann Gemüthserregun=
gen, die mit unwiderstehlicher Gewalt den Körper erschüt=
tern; endlich die Ursache, die wir für die willkürlichen Be=
wegungen annehmen, den Willen.

Es ist also vornweg unmöglich, den Willen dadurch zu
definieren, daß er Ursache der Bewegung sei, die in der

Welt weiter wirkt. Faßt man Wille in dem engen Sinne, daß das Wort nur den auf die wirkliche Bewegung gerich= teten und sie regelmäßig hervorbringenden Act meint, so kann man allerdings, wenn man von gewissen Ausnahmen absieht, sagen, durch den Willen sei der Mensch causal nach außen; aber man gibt damit keinen specifischen Unterschied des Wollens an; man kann den Satz nicht umkehren und sagen, was die Wirkung nach außen hervorbringe, sei Wille. Das Merkmal dient dazu, den Willen zur Bewegung von ande= ren verwandten Erscheinungen, dem auf den Zweck gerich= teten Wollen, das nicht unmittelbar eine Bewegung her= vorbringt, oder vom bloßen Wünschen zu unterscheiden; aber es kann nicht dazu dienen, für sich den Begriff des Wollens zu constituieren. Es wäre auch dann, wenn alle wirksamen Bewegungen zu ihrer Ursache das Wollen hät= ten, nur ein charakteristisches äußeres, aus einer Relation abgeleitetes Merkmal angegeben worden; was Wille ist, wäre damit noch nicht gesagt.

Darüber kann nur das unmittelbare Bewußtsein un= serer inneren Erlebnisse etwas aussagen. Erst indem wir dieses hinzunehmen, und das innere Geschehen mit den Be= wegungen vergleichen, deren wir inne werden, kommen wir zu der Einsicht, daß im Einen Fall ein bestimmter bewuß= ter Act vorhergieng, den wir Wollen nennen, in andern Fällen dieser Act fehlte, und die Bewegung ohne sein Da= zwischentreten dem empfundenen Reize oder der Gemüths= erregung folgte. Nur dieses Bewußtsein macht es uns überhaupt möglich, als Ursache der Bewegung in uns selbst

ein Wollen zu statuieren, und, was wir in uns selbst er=
fahren, nach Analogie auch auf Andere auszudehnen.

Wenn ich aber diesen psychischen Act des Wollens ana=
lysiere, den ich als Ursache bestimmter Bewegungen erkannt
habe, so finde ich, daß ich eine vorher vorgestellte Bewe=
gung meinen Gliedern auszuführen befehle, indem ich einen
nicht weiter zu beschreibenden Act vollziehe, dem ich ge=
wöhnt bin die Bewegung unmittelbar folgen zu sehen. Der
Wille, meinen rechten Arm zu strecken, unterscheidet sich von
dem Willen, meinen linken Arm zu strecken, für mein Be=
wußtsein deutlich nur dadurch, daß das erstemal die Bewe=
gung des rechten, das zweitemal die Bewegung des linken
Arms vorgestellt war. Erst die Uebereinstimmung des wirk=
lichen Geschehens mit der vorangehenden Vorstellung gibt
mir die Gewißheit des Causalzusammenhangs zwischen
meinem bewußten Wollen und der Bewegung die ich mache.
Würde eine Bewegung thatsächlich ausgeführt, ohne daß
ich unter ihren Bedingungen irgend eine Spur der Vorstel=
lung dieser Bewegung (beziehungsweise ihres nächsten Erfolgs)
fände, so hätte ich auch kein Recht als ihre Ursache einen
Willensact anzunehmen, da ich ein Wollen ohne Vorstel=
lung dessen, was ich will, in meinem Bewußtsein nicht finde.

Das unmittelbare Object des Wollens auch auf die=
sem engsten Gebiete kann immer nur der vorgestellte Er=
folg sein; ein bewußter Act kann ursprünglich immer nur
durch etwas, was ins Bewußtsein fällt, determiniert und
von andern bewußten Acten unterschieden sein, nicht durch
eine reale Folge, welche in unbegreiflicher Weise die Na=

turordnung an denselben knüpft. Vermöge dieser Natur=
ordnung bin ich, das bewußte Subject, durch den Willen
eine vorgestellte Bewegung auszuführen in normalem Zu=
stand auch die Ursache der Bewegung und mittelbar des=
sen, was aus dieser Bewegung vermöge der wirklichen Ver=
hältnisse anderer Dinge zu meinem Körper folgt.

Nimmt man aus dem Begriffe des Wollens die Vor=
stellung dessen, was gewollt wird, heraus, und läßt nur
das Moment der realen Causalität stehen, so wird der
psychologische Begriff des Wollens zerstört und ein Abstrac=
tum geschaffen, das in unserem Bewußtsein nirgends vor=
kommt; wenn ich irgendwie Ursache einer Bewegung bin,
die unabhängig von einer Vorstellung derselben erfolgt, so
kann darum, weil ich sie verursache, nicht gesagt werden,
daß sie gewollt sei, sondern nur, daß sie durch mich ge=
schehe. Wenn der Rückenmarkskranke oder der von Aphasie
Befallene eine Bewegung hervorbringt, die vermöge der
Störung der normalen Leitung völlig zwecklos heraus=
kommt, so hat er mit Bewußtsein den Impuls zur Bewe=
gung gegeben; aber wir unterscheiden jetzt die Bewegung,
die er machen wollte, von der, die er wirklich gemacht hat;
wir können nicht sagen, er habe die verkehrte Bewegung
machen wollen, weil er sie wirklich gemacht hat; und das=
selbe gilt von dem Ungeübten und Ungeschickten, dessen Be=
wegungen anders ausfallen als er sie intendierte. Wer
mit dem Hammer auf seinen Finger schlägt, statt auf den
Kopf des Nagels, wollte nicht die Bewegung, die er wirk=

lich gemacht hat; der Impuls, den er gab, war nur seiner Vorstellung nicht genau angepaßt.

Ist schon auf diesem engsten Gebiete, auf dem der Wille zunächst causal ist, von Wollen nicht zu reden, ohne daß der Inhalt des Wollens etwas Vorgestelltes, nemlich eben die vorher vorgestellte Bewegung wäre; kann man nur unter dieser Voraussetzung sagen, daß das, was wirklich geschieht, realisierter Wille sei, weil sich eben nur Vorgestelltes realisieren läßt, eine Ursache aber, die nur von der realen Seite betrachtet wird, weder sich selbst noch ihre Folgen realisieren, sondern nur sie einfach haben kann: so gewinnt das Moment der Vorstellung noch weitere Bedeutung, sobald wir jenen Willensimpuls zu einer bestimmten Bewegung in seinem psychologischen Zusammenhange betrachten. Denn er ist ja, vom causalen Standpunkte angesehen, in unserem wachen und bewußten Leben nie der wirkliche Anfang einer Causalreihe; er ist wohl der Punkt, von dem aus das Geschehen ins körperliche und sichtbare Gebiet hinübergreift, er ist selbst aber erst aus anderen Ursachen hervorgegangen, von diesen seinem Eintreten und seiner Beschaffenheit nach abhängig. Diese Ursachen sind das Wollen des eigentlichen Zwecks der Handlung, und die Vorstellung der äußeren Causalverhältnisse, welche mich den beabsichtigten Zweck als realen Erfolg meiner Bewegung erwarten läßt; diesen ist der Bewegungsimpuls untergeordnet, und je nachdem diese psychologischen Bedingungen beschaffen sind, wird er so oder anders ertheilt. Denn ich will ja die Bewegung nur, weil ich ihre vorgestellten und

voraus berechneten Folgen will; ich kann von der Vor=
stellung des Erfolgs gar nicht absehen, sonst hängt der
Wille zur Bewegung im Leeren, und die Bewegung wird
ein Streich in die Luft. Der Wille zur Bewegung hat
zu seinem nächsten Gegenstande die vorgestellte Bewegung;
die reale Kraft aber, die der Bewegungsimpuls ausübt,
ist — freilich im unsichtbaren Gebiete des Bewußtseins —
eine directe Folge von dem Wollen des Zwecks, und zu=
gleich von der Vorstellung des Erfolgs nach Maß und
Richtung realiter abhängig; es ist also vergeblich, den
Willen von der Vorstellung unabhängig stellen zu wollen,
die er einerseits seinem Begriffe nach einschließt, und die
andrerseits ein Theil seiner realen Ursache ist.

Wenn nun in Folge meiner Unkenntniß der wirklichen
Lage und Beschaffenheit der Dinge, auf welche meine Be=
wegung sich richtet, etwas Anderes aus meiner Bewegung
hervorgeht, als ich berechnet und gewollt habe: so habe
ich das allerdings mittelbar durch meine Bewegung verur=
sacht, aber ich habe es nicht gewollt; und es ist kein Wider=
spruch, daß ich verursache, was ich nicht will, und will,
was ich nicht verursache. Derjenige, der das Zündholz in
Spiritus wirft, den er für Wasser hielt, wollte, daß es
verlösche; das Wollen des vorgestellten Erfolgs, daß das
Wasser das Erlöschen bewirke, war die Ursache des Willens=
impulses, durch den er die Bewegung des Hineinwerfens
ausführte. Aber weil die Wirklichkeit anders ist, als er
sie vorgestellt hatte, geschieht nicht das, was er wollte; der
vorgestellte Erfolg wird nicht realisiert, sondern es geschieht

etwas Anderes, was er nicht wollte. Eben weil die realen Dinge sich durch den Irrthum des Menschen nicht ändern, überführen sie ihn fortwährend des Irrthums in der Wahl seiner Mittel und zeigen ihm, daß seine Causalität unmächtig ist, den gewollten Erfolg herbeizuführen, wenn sein Denken irrte; sie zeigen ihm, daß zwar innerhalb seines eigenen Selbst sein Willensimpuls sich nach den Vorstellungen richtet, die er sich machte, daß aber der weitere Verlauf der Dinge nur dann seiner Vorstellung und seinem Wollen entspricht, wenn er sie richtig erkannt hatte. Natura non nisi parendo vincitur.

Die Rechtsordnung hat ihre guten Gründe, den Menschen, der durch willkürliche Bewegung in die Außenwelt eingreift, für den Schaden, den er anstiftet, civilrechtlich und strafrechtlich verantwortlich zu machen. Sie hat die Aufgabe, die Rechte der Einzelnen, ihren Leib und ihr Gut zu schützen und hiezu bestimmte Regeln ihres Verhaltens festzustellen und zu erzwingen; werden diese durch ein thatsächliches Geschehen verletzt, so geht sie von dem Erfolge an der Kette der realen ursächlichen Verknüpfung rückwärts, bis sie auf die unmittelbare Handlung des Menschen trifft; dieser, als einheitliches Ganzes, ist eine Ursache, über welche sie Macht hat, und ihn faßt sie an, weil er einerseits als willensfähiges Wesen Quelle seiner Thaten, Ausgangspunkt und nicht bloß mechanischer Durchgangspunkt von Wirkungen ist, andererseits, wiederum als wollendes Wesen, durch ihre Regeln bestimmbar ist, und weil sie von ihm verlangt, daß er die gesammte Rechtsordnung wolle und in seinen Handlungen achte und verwirkliche. Aber sie faßt ihn, wo er ihre Regeln verletzt, zunächst und ursprünglich rein realistisch als den Thäter; nur an die äußere That knüpft sie rechtliche Folgen, diese ist ihr er= kennbar und wird unter ihre allgemeinen Gesetze subsumiert; sie läßt ihn büßen für das, was er gethan hat, nicht weil er gerade dieses gewollt, sondern weil er, das willens= fähige Wesen, es gethan hat; und erst allmählich schränkt sie diesen Gesichtspunkt durch weiteres Zurückgehen auf die psychologische Quelle der That ein, indem sie nach der Verschiedenheit der Absicht die rechtlichen Folgen der That modificiert, dolus und culpa unterscheidet, oder auf die bona fides Gewicht legt; — aber immer bleibt der Um= fang der rechtlichen Verantwortlichkeit für die That weit größer als das Gebiet, in welchem die That auf ein darauf gerichtetes wirkliches Wollen reduciert werden kann, auf civilrechtlichem Gebiet relativ größer als auf strafrecht= lichem [6]).

In dem populären Gebrauche des Wortes „Schuld" liegt unzweideutig die rein realistische Auffassung gegenüber der allmählich verengten moralisch=juristischen; wenn ich Je= mand zu Tisch geladen habe, der auf dem Wege zu mir umgeworfen wird, so bin ich mit meiner Einladung Schuld daran, aber ich habe keine Schuld.

Die Rechtspflege wird niemals im Stande sein, den objectiven, realistischen Gesichtspunkt, der den Thäter für das verantwortlich macht, was er gethan, ganz bei Seite zu lassen; wie weit freilich das Gebiet reicht, innerhalb

deſſen die von einer Bewegung des Menſchen ausgehenden
Veränderungen und Folgen vom Standpunkte der objectiven
Cauſalität als ſeine That bezeichnet werden können, wo
die Grenze liegt zwiſchen dem, was er gethan hat, und
dem, was auf andere Urſachen, insbeſondere den „Caſus"
zurückzuführen iſt, wird unmöglich ſein durch eine ſtrenge
Definition zu beſtimmen. Was an Bewegung äußerer
Dinge durch die Arbeit ſeiner Muskeln nach dem Geſetze
der Gleichheit von aufgewandter Kraft und Effect geleiſtet
wird, ſcheint unzweifelhaft ſeine unmittelbare Wirkung zu
ſein; aber nach demſelben Geſetze wirkt das in infinitum
weiter; und wo ſeine Bewegung nur Kräfte auslöst, oder
nur Umſtände ſetzt, die den Kräften anderer Dinge eine
beſtimmte Richtung geben, iſt es ganz unmöglich, rein ob=
jectiv ſeinen Beitrag zu einem weit entlegenen Erfolge
auszuſondern.

Der Verſuch aber, alle rechtlichen Folgen eines Thuns
(oder gar Unterlaſſens) als Folgen eines wirklichen Wollens
darzuſtellen, muß der pſychologiſchen Auffaſſung Gewalt
anthun. Denn von dem wirklichen Erfolge rückwärts gehend
gelangt man zunächſt nur zu der Bewegung, und kann,
wenn der Menſch überhaupt bei Sinnen war, vorausſetzen,
daß dieſe gewollt war, weil die regelmäßige Urſache
einer Bewegung der Willensimpuls iſt; aber weiter zurück
reicht der Schluß aus ihrem objectiven Erfolge nicht; denn
was mit ihr gewollt war, darüber entſcheidet nicht der
wirkliche, ſondern der vorgeſtellte Erfolg; ſo gewiß das
Wollen des Zwecks ein rein pſychiſcher Act iſt, ſo gewiß

kann über sein Wesen nicht die Erkenntniß der äußeren
Wirkung für sich, sondern nur die psychologische Betrach=
tung entscheiden.

Die Psychologie beginnt an der Quelle; sie hält
sich an das, was im Bewußtsein vorgieng, ehe der Mensch
handelte, um die wirkliche Bewegung daraus hervorgehen
zu lassen; sie sieht zu, wie aus dem Denken und Wollen
des Zwecks und der Vorstellung der Dinge, auf die ge=
wirkt werden soll, der Impuls zur Bewegung nach psycho=
logischen Gesetzen verständlich hervorgeht. Und nun ver=
gleicht sie mit dem vorher entworfenen Plane das äußere
Geschehen, mit der Vorstellung des Erfolgs, welche die Be=
wegung leitete, die reale Wirkung der gewollten Bewegung.
Diese ist ebenso von den wirklichen Dingen abhängig, wie
der Willensimpuls selbst von der Vorstellung derselben;
entspricht der Erfolg dem Zwecke nicht, so zeigt sich nur,
daß sich die wirklichen Dinge nicht nach der Vorstellung
und dem Wollen des Menschen richten, wenn er nicht vor=
her in richtiger Erkenntniß seine Vorstellung nach ihnen ge=
richtet hat; sie offenbaren die selbstständige Macht der Rea=
lität und die Unmacht des Menschen, der irrt. Homo
tantum potest, quantum scit. Die Ursachen des Irr=
thums, durch den er seine Beschränktheit verräth, sind es
jetzt, aus denen seine Bewegung hervorgieng; diese selbst
aber, wie sie in die körperliche Welt eintritt, kann jetzt
nicht als einzige und ganze Ursache angesehen, und der
ganze Erfolg so dargestellt werden, wie wenn er in dem
Wollen der Bewegung als in seinem zureichenden Grunde

schon enthalten gewesen wäre. Denn die Bewegung, die allerdings gewollt ist, bringt ja nicht für sich den Erfolg hervor; sie ist nur ein Theil der ganzen Ursache; der andere Theil ist die Natur der Dinge, auf welche jene Bewegung trifft, sind die Ursachen, durch welche diese der Bewegung des Menschen entgegengestellt wurden; und dieser Theil der Gesammturfache ist der menschlichen Kraft jetzt ebendarum coordiniert, weil diese ihm gegenüber ebenso als blind wirkende Ursache gelten muß wie jeder andere Körper, wenn sie durch falsche Vorstellung geleitet wird. Die Feuersgefahr, welche jener Spiritus herbeiführt, liegt zuerst darin, daß er den Schein von Wasser, und dieser Irrthum das Hineinwerfen des brennenden Zündholzes erzeugt; weiterhin liegt sie nicht in dem Zündholz für sich, sondern ebenso in der Brennbarkeit des Spiritus, vermöge der die kleine Flamme zur großen anwächst, und derjenige, der den Spiritus in das offen dastehende Gefäß gegossen, ist ebenso Schuld an dem Unglück, wie der, der das Zündholz hineingeworfen, denn er hat einen andern Theil der ganzen Ursache hergestellt, aus der der Brand hervorgieng. Dürfte dieser Brand als realisierter Wille bezeichnet werden, so wäre die Explosion in Bremerhaven von den Packknechten gewollt gewesen, die das Faß aus dem Magazin schafften; denn ihr durch ihre Muskelkraft wirkender Wille hat das Faß in Bewegung gesetzt und die Explosion bewirkt, und Thomas wäre der unschuldigste Mann, denn er hatte sie nicht bewirkt, also auch nicht gewollt.

Genug des Beweises für die Nothwendigkeit, aufs

strengste zu scheiden zwischen dem, was der Mensch will, indem er sich einen bestimmten Zweck setzt, die Mittel dazu nach seiner Vorstellung der realen Dinge und ihrer Wirkungsweise wählt, und dieser Vorstellung gemäß eine Bewegung ausführt, und dem, was er realiter durch diese Bewegung hervorbringt. Sein Wollen ist ganz durch die vorgestellte Welt bestimmt, der Erfolg seines Handelns ganz durch die wirkliche.

Die Welt, die er vorstellt, ist eine nach jeder Seite begrenzte; er übersieht nur seine nächste Umgebung, und in dieser nur einen Theil der Dinge, die sie bilden; er sieht nur in die nächste Zukunft hinaus; innerhalb dieses Kreises wählt er seine Zwecke, und auch diese sind beschränkt durch die Beziehung, welche die Zukunft zu ihm hat. So gleicht er Einem, der in der Dunkelheit wandert, und nur einen kleinen Kreis durch das Licht, das er trägt, beleuchtet, nur wenige Schritte vor sich die Ziele sieht, denen er zustrebt, und den Weg, der zu ihnen führt. In diesem Kreise bewegt sich sein Wollen und Handeln, gerade durch diese Beschränkung erhalten seine Zwecke Bestimmtheit und Festigkeit; aus dem unermeßlichen Continuum von Ursachen und Wirkungen sondert sich gerade durch seine Kurzsichtigkeit ein bestimmtes Stück aus, zu dem er mit Bewußtsein in Beziehung tritt, und alle Energie seines Handelns ist dadurch bedingt, daß er ein nahes Ziel ins Auge faßt. Was er aber durch sein Handeln bewirkt, gehört dem Naturzusammenhange an, der in unermeßlichen Ketten Folgen um Folgen an sein Handeln knüpft.

Auch wo er nicht irrt, kann er niemals die ganze Reihe von Folgen übersehen, zu denen sein Handeln einen bestimmenden Beitrag liefert; was er verursacht, ist, wenn man das Wort streng nimmt, eine unendliche Reihe; und kann niemals vollkommen angegeben werden; richtete sich die Entscheidung über das, was er gewollt, nach dem, was er verursacht, so könnte nie vollständig gesagt werden, was er gewollt hat. Aber er will nicht dieses Endlose, sondern dasjenige was er, in richtiger oder in falscher Vorstellung, als den aus seinem Thun hervorgehenden und für ihn bedeutsamen Erfolg vorstellt.

β. Verwickelter ist das Verhältniß des wollenden Subjects zu den *vorgestellten möglichen Folgen* einer mit dem Bewußtsein der Gefahr beschlossenen Handlung. Der Chirurg, der eine gefährliche Operation vornimmt, weiß, daß sie tödtlich verlaufen kann; der Reisende, der sich zur Erforschung der Nilquellen aufmacht, weiß, daß er vielleicht dabei zu Grunde geht. Kann man sagen, daß er neben dem günstigen Erfolg auch den ungünstigen *gewollt* habe, indem er eine Ursache setzte, von der er nicht wußte ob sie diesen oder jenen hervorbringt? daß er *gewollt* habe, was er mit allen Mitteln, die ihm zu Gebote stehen, mit allen Vorsichtsmaßregeln, die er zu ersinnen vermag, *abzuwenden* trachtet? Sicherlich nicht. Was er will, ist der Zweck, das Gelingen; nur diesen bejaht er; nur um des Gelingens willen nimmt er die Handlungen vor, die vielleicht ins Gegentheil ausschlagen; indem er alles thut um das Mißlingen zu vereiteln, zeigt er, daß er das Mißlin-

gen nicht will. Er hat nur durch die Gefahr sich nicht
abhalten lassen; er hat die Möglichkeit des Mißlin=
gens nicht als einen Grund gelten lassen auf seinen Zweck
zu verzichten; er hat gehandelt in der Hoffnung des
Gelingens, und die Furcht überwunden. Das ist im Grunde
bei allem Handeln der Fall; wir handeln immer blos auf
Hoffnung, im Glauben an das Gelingen unseres Zwecks;
wir würden die Handlung ja unterlassen, wenn wir das
Mißlingen voraus wüßten. Wenn wir uns auf den schlim=
men Erfolg gefaßt machen, so heißt das nur, daß wir
uns vornehmen uns durch denselben nicht überraschen und
nicht afficieren zu lassen, wir nehmen ihm eben dadurch
den Einfluß auf unser Wollen; wir wollen ihn nicht, aber
wir wollen in der Fassung sein, ihn zu tragen, wir
werden unser Handeln darum nicht bereuen; wir müssen
uns die üblen Folgen gefallen lassen, d. h. hinnehmen
wie etwas was uns praktisch gleichgültig ist, wozu wir uns
nur betrachtend verhalten.

Die Bestimmung der rechtlichen Verantwort=
lichkeit kann Gründe haben, sich an den Thäter zu
halten, abgesehen davon, ob er den eingetretenen Erfolg be=
absichtigte oder nicht, wenn er ihn nur als möglich vor=
aussah; sie kann das aber nicht darauf gründen, daß er
das gewollt habe was thatsächlich aus seiner Handlung
hervorgegangen ist; sie kann nur verlangen, daß er jede
Handlung hätte unterlassen sollen, wovon er die Gefahr
einer Rechtsverletzung befürchten mußte. Sie macht ihn
haftbar oder strafbar nicht für das, was er gewollt, sondern

dafür, daß er dem als möglich vorausgesehenen Schaden keinen Einfluß auf sein Wollen gestattet hat, und sie hat vollkommenes Recht, im Interesse der Sicherheit der Gesellschaft den, der etwas nicht um jeden Preis vermieden hat, nöthigenfalls ebenso zu behandeln, wie den, der es gewollt hat. Aber anzunehmen, daß auch jener es gewollt, wäre doch nur eine Fiction, welche, wenn sie schlechthin allgemein auf dem ganzen psychologischen Gebiete gelten sollte, alles Handeln überhaupt unmöglich machte, weil sie das Wollen selbst aufhöbe. Ich kann nicht Entgegengesetztes zugleich wollen, nicht zugleich wollen, daß ich in einer Speculation gewinne und verliere, daß ich das Ziel meiner Reise erreiche und daß ich unterwegs erliege. Wollte man einwenden, daß, wer verspricht nur siegend oder todt zurückzukehren, doch auch Entgegengesetztes zugleich wolle, so übersieht man, daß es sich hier nicht um ein wirkliches „Zugleich" handelt; er will in erster Linie den Sieg, wenn dieser nicht gelingt den Tod; und er will in beiden Alternativen dasselbe, die Ehre, welche diese beiden Fälle mit Ausschluß aller übrigen in sich begreift. Er kann aber nicht zugleich den Sieg und die Niederlage wollen.

Für die meisten Fälle besteht keine solche Alternative; dem vollen Gelingen dessen, was wir unternehmen, steht eine ganze Reihe von Möglichkeiten gegenüber, die wir gar nicht alle übersehen können, die eben nur darin überein kommen, daß unser Zweck verfehlt wird und unser Handeln einen widrigen Erfolg hat. Wenn wir nun den Miß-

erfolg nicht einmal als unsere That, geschweige als etwas
von uns gewolltes gelten lassen wollen, vielmehr denselben
nur als Schicksal empfinden, als etwas, was uns durch
eine fremde und feindselige Macht angethan wird: so haben
wir dazu von dem richtigen Begriff der Causalität aus voll=
kommenes Recht. Denn durch das, was wir unmittelbar
thun, setzen wir nur einen vielleicht verschwindend kleinen
Theil der zusammenarbeitenden Factoren, deren jeder nach
seiner Natur wirkt und weitere Wirkungen erzeugt. Der
Grund, aus dem das menschliche Handeln eine bevorzugte
Stelle unter all diesen Theilursachen einnimmt, liegt zu=
letzt darin, daß in dem Denken, das dem Handeln vor=
ausgeht, diese Factoren ideell schon die Art des Eingriffs
mitbestimmen, und der Mensch, indem er ihre Wirkung be=
rechnet, sie in seinen Dienst nimmt; soweit diese Repräsen=
tation der Ursachen in seinem Bewußtsein reicht, kann er
als einheitliche Ursache betrachtet werden, gegen welche die
einzelnen Mittel, weil sie vorausberechnet sind, keine selbst=
ständige Bedeutung haben; was ich aber nicht sicher be=
rechnen kann, ist ein mir gegenüber selbstständiger Factor,
und was aus ihm hervorgeht, habe ich weder gewollt, noch
bin ich die einzige oder Hauptursache davon. Wenn der
Chirurg seine Operation nach den Regeln der Kunst voll=
zieht, und die Wunde wird trotz aller Vorsicht inficiert, so
daß der Patient an Pyämie stirbt: so stellt er nur einen für
sich ungenügenden Theil der Bedingungen des Todes her,
die offene Wunde; das direct tödtliche Agens kommt an=
derswoher, und Niemand wird sagen, daß der Arzt den

Patienten getödtet. Der Giftmischer aber, der Arsenik un=
ter das Mehl mischt, aus dem das Brod gebacken wird,
welches sein Opfer genießt, hat dieses getödtet, — obgleich
das, was er direct thut, gar keinen Erfolg hat ohne die
Willensthätigkeit Anderer; aber er hat die Thätigkeit der An=
dern vorausgesehen, und den Umstand gesetzt, der seiner
richtigen Berechnung nach mit den übrigen Ursachen zusam=
men den Erfolg hervorbringen mußte; in seinem Wollen
ist die Thätigkeit aller andern Faktoren zusammengefaßt zu
einem Ganzen, und darum wird er als der Mörder bezeichnet.

γ. Aus diesen Erwägungen ergibt sich auch die Ent=
scheidung der Frage, in welchem Causalverhältnisse
derjenige, der mit bewußtem Wollen ein Geschehen nicht
hindert, das er hindern konnte, zu demselben steht. Wenn
nach dem populären Sprachgebrauch allerdings nur derje=
nige etwas bewirkt, der durch seine Bewegung eine Verän=
derung einleitet oder eine schon im Zuge befindliche hemmt,
so scheint es sich von selbst zu verstehen, daß das bloße
Unterlassen einer Handlung, das bloße passive Zusehen den
Menschen außer allen Causalzusammenhang stellt; und die=
ses Verhältniß wird dadurch nicht geändert, wenn er etwa
eine andere Handlung vornimmt, die in gar keinem Zu=
sammenhange mit dem steht, was er beschlossen hat nicht zu
hindern. Aber der Mensch ist kein Stein oder Kloß, der
keine Wirkung ausübt, so lange er ruht; sein Verhalten
ist durch kein Gesetz der Schwere und des Gleichgewichts
bestimmt; Ruhe wie Bewegung sind in gleicher Weise Wir=
kung seines Wollens, das nicht weniger intensiv causal sein

kann, wo es Bewegungen hemmt, als wo es Bewegungen
hervorbringt. Die äußere Ruhe des Körpers bei hefti=
gem Schmerz ist so gut die Wirkung eines Wollens, das
die Reflexbewegungen hemmt, als die Ruhe gegenüber ei=
ner Beleidigung, die das Verlangen der Retorsion weckt,
Folge der Selbstbeherrschung durch den Willen ist. Dar=
über kann also gar kein Zweifel sein, daß das ruhige Ver=
halten des wachen Menschen Wirkung seines Wollens sein
kann, und in der Regel auch ist. Aber nach außen ist doch
jeder Causalzusammenhang abgeschnitten? nach außen wirkt
doch der nichts, der sich nicht bewegt, oder sich ganz an=
derswohin bewegt als nach dem Vorgang, um dessen Ursache
es sich handelt? Allerdings, für eine rein mechanische Be=
trachtung. Aber sobald wir uns vergegenwärtigen, daß
das von Zwecken geleitete Wirken des Menschen immer
darin besteht, daß er seine Bewegungen nach den voraus=
berechneten Erfolgen richtet, die sie zusammen mit den wir=
kenden Kräften der äußeren Dinge haben werden, so ist es
kein Widerspruch mehr, daß sein Handeln, d. h. diejenige
auf seine Glieder gerichtete Willensthätigkeit, die einen
durch seinen Zweck geforderten Zustand realisiert, auch ein=
mal darin bestehen könne, sich ruhig zu verhalten und da=
durch absichtlich denjenigen Gesammtcomplex von Bedin=
gungen herzustellen, aus dem der gewollte Erfolg resultie=
ren muß; es gibt in den alltäglichen Fällen gar keine feste
Grenze zwischen der Weise der willkürlichen Beherrschung
des Leibes die in Bewegungen, und derjenigen die in Hem=
mung von Bewegungen, in der Unterlassung des Eingrei=

fens in den äußeren Vorgang besteht; jedes bestimmt ab=
gemessene Thun setzt sich ja aus Bewegung und Hemmung
zusammen. Gerade weil ich für Erreichung meiner Zwecke
darauf angewiesen bin, die zum Theil immer schon in le=
bendiger Wirksamkeit befindlichen Kräfte der Natur zu be=
nützen, und sie nur beherrsche, weil ich sie berechne,
handle ich ebenso durch bewußte und gewollte Unterlassung,
wie durch Bewegung. Der Maschinist, der den Dampf in
die Locomotive eingelassen hat, erreicht seinen Zweck der
Fortbewegung, indem er, selbst unthätig, die Maschine
arbeiten läßt; durch dieses Verhalten bewirkt er, daß der
Zug Meile um Meile zurücklegt; würde er am Ziel mit
Bewußtsein unterlassen, die Maschine zum Stehen zu brin=
gen, so wäre Niemand im Zweifel darüber, daß er die
Weiterbewegung gewollt und verursacht hat. Wer in sein
Zimmer tritt, in dem die Gasflamme angezündet ist, erreicht
seinen Zweck Licht zu haben, indem er sich hütet den Hah=
nen zu berühren; der Jäger, der auf den Anstand geht,
hütet sich ein Geräusch zu machen, um das Wild nicht von
der gewohnten Bahn zu verscheuchen. Wir pflegen über=
haupt zu der Gesammtursache, von der irgend ein Ge=
schehen abhängig ist, alles das zu rechnen, von dessen wech=
selndem Verhalten es abhängt, ob das Ereigniß stattfindet
oder nicht stattfindet, so oder anders stattfindet. Der Stand
des Thermometers ist von der umgebenden Luft abhängig;
bleibt ihre Temperatur gleich, findet also keine Veränderung
statt, so bleibt der Thermometerstand gleich; ändert sich die
Lufttemperatur, so ändert sich der Thermometerstand. Der

Verlauf eines Brandes hängt davon ab, ob die Luft ruhig
oder vom Winde bewegt ist; die Windstille rechnen wir ohne
Weiteres unter die Factoren, von denen die Ausdehnung
des Brandes, die Möglichkeit ihn zu löschen bedingt ist.
In demselben Sinne bildet der Mensch überall da, wo er
Macht hat einzugreifen, und wo je nach seinem Verhalten
der Erfolg so oder anders wird, einen Theil der Gesammt=
ursache des Erfolgs, und wir haben das Recht zu sagen,
daß sein durch sein Wollen bestimmtes Verhalten causal
nach außen sei, ob er nun direct eingreift, oder durch seine
Ruhe den Gesammtcomplex der Factoren, von denen das
Geschehen abhängt, so herstellt, daß die übrigen Agentien
ungestört wirken. Es ist also buchstäblich wahr, daß durch
bloßes gewolltes Unterlassen der Mensch Ursache der weit=
greifendsten Folgen sein kann, und zwar die Ursache, die
wir mit Recht als die principale und Hauptursache betrach=
ten, weil in seinem Bewußtsein alle Factoren ideell zusam=
menwirkend eine Einheit bilden, der sein Wille die Richtung
anweist, in der sie wirken werden; seinem berechnenden
Denken gegenüber sind sie unselbstständige Mittel. Der Steuer=
mann eines Dampfers, dem ein Segelschiff in den Weg
kommt, und der mit Bewußtsein unterläßt auszuweichen,
wird mit Recht als derjenige bezeichnet, der den Zusammen=
stoß und seine Folgen verschuldet hat, obgleich für die me=
chanische Betrachtung er nichts gethan hat, und die Gewalt
des Zusammenstoßes Folge der Dampfkraft ist, die Be=
gegnung der Schiffe überhaupt aber zufällig, der Lauf ei=
nes jeden durch weit auseinanderliegende Ursachen bestimmt

war; aber in dem Kopfe des Steuermanns wirken die Ursachen zum vorausgesehenen Erfolge zusammen, und er weiß daß sein Verhalten entscheidet, ob die mechanischen Bewegungskräfte zur Zerstörung führen werden oder nicht; darum urtheilen wir ganz richtig, daß seine Unterlassung die Katastrophe herbeiführt; ebenso wie wir in einem andern Falle urtheilen, daß die Beibehaltung des Curses das Schiff gerettet hat.

Wo dagegen das künftig Eintretende nur als mögliche, vielleicht unwahrscheinliche Folge angesehen wird, findet wiederum das rein negative Wollen statt, dessen Hintergrund die Hoffnung des Nichteintretens bildet. Wer bei einem Gewitter seine Fenster nicht verwahrt, weil er denkt es schade nichts, der will nicht, weil er keinen genügenden Grund findet etwas zu thun; wer an die Gefahr gar nicht denkt, bei dem kommt es nicht einmal zum Nichtwollen, so wenig als bei dem, der versäumt mir ein Buch zu schicken, weil er vergessen hat, daß er es versprochen hatte. Wenn Fahrlässigkeit, die aus Unaufmerksamkeit oder Vergeßlichkeit hervorgeht, strafbar ist, so kann der Mensch nicht dafür verantwortlich gemacht werden, daß er etwas gewollt, sondern nur dafür, daß er seine Macht über sich selbst und seinen Verstand nicht gebraucht hat, die er hätte brauchen sollen.

ε. Neue Fragen erheben sich, wo ein Zweck mit Bewußtsein in unbestimmter Allgemeinheit gedacht wird, so daß er sich durch eine Mannigfaltigkeit verschiedener Erfolge und nur dadurch realisieren kann, daß eine

concrete Bestimmtheit dieses Allgemeinen eintritt. In diesem Falle wird das Gewollte nur nach seinen generischen,
nicht nach seinen individuellen Merkmalen vorgestellt, direct
auch nur nach seinen generischen Merkmalen gewollt; aber
sofern diese generischen Merkmale die Mannigfaltigkeit der
individuellen einschließen, werden diese zum Voraus, innerhalb der Grenzen des allgemeinen Begriffs, mit bejaht, obgleich erst die Zukunft lehren kann, worin sie bestehen.
Vollständig entwickelt würde die Ueberlegung sagen: Du
willst einen Zweck A; aber dieses A läßt sich nur entweder als α oder β oder γ verwirklichen; ob aus deiner
Handlung α oder β oder γ je nach den Umständen hervorgehen wird, weißt du nicht, aber durch jedes derselben wird
der Zweck realisiert; wodurch sie sich unterscheiden, ist dir
gleichgültig, aber da A sich nur als α oder β oder γ realisieren kann, mußt du irgendwelche dieser Bestimmungen
mit realisieren, du enthältst dich aber, dein Wollen auf die
eine im Unterschied von der andern zu richten. Der Zweck
setzt sich also aus dem gewollten Allgemeinen und dem Individuellen zusammen; dieses ist mit gewollt, sofern das
Allgemeine nur als Individuelles existieren kann, aber nicht
in seiner individuellen Bestimmtheit. Auch wenn die Dis-
junction nicht vollständig entwickelt ist, gilt dasselbe, sofern
nur das Bewußtsein der allgemeinen Natur des Zwecks da
ist, und sofern das Individuelle die durch den allgemeinen
Begriff gesteckten Grenzen nicht überschreitet. Wenn ich,
um eine Cigarre zu rauchen, in mein Kistchen greife und
eine beliebige herausnehme, so wollte ich nicht diese be-

ſtimmte haben, ſondern irgend eine dieſer Art; mein Zweck
beſtimmt ſein Object nur generiſch, nicht individuell; ich
überlaſſe es in dieſem Fall dem blinden, zufälligen Griff
meiner Hand, welche ſie ergreift, ich konnte aber nur eine
einzige wollen; ich überlaſſe es in andern Fällen ebenſo
dem Zufall was er bringt, und habe dieſes gewollt ſobald
und ſoweit es ſich unter den Zweck ſubſumiert.   Inſofern
kann man ſagen, daß mein Wollen weiter reiche als mein
Vorſtellen, aber doch nur auf Grund davon, daß ich weiß,
daß mein Zweck ſeinem Begriff nach ſpeciellere Beſtim=
mungen einſchließt. Wer mit unbekannten chemiſchen Stoffen
operiert, will wiſſen, wie ſie ſich verhalten; er ſieht den
beſtimmten Erfolg, den er herbeiführt, nicht voraus, es iſt
ihm aber auch gar nicht um einen beſtimmten Erfolg zu
thun; eben weil ſein Zweck nur die Erkenntniß deſſen iſt,
was geſchehen wird, und dieſer Zweck in jedem Falle er=
füllt wird, will er den unbekannten wirklich eintretenden
Erfolg herbeiführen, aber nicht als dieſen beſtimmten, ſon=
dern als Mittel zu ſeinem Zweck; als ſolches aber war
er vorgeſtellt. Andere Folgen aber, die ſein Thun haben
kann, z. B. der Schaden, den eine Exploſion anſtiftet,
waren nicht gewollt, da ſie außerhalb des Zweckes liegen;
waren ſie als möglich vorgeſtellt, ſo iſt höchſtens das nega=
tive Wollen da, durch die Gefahr ſich nicht von der Be=
friedigung des Wiſſenstriebs abhalten zu laſſen.

    Gibt es alſo allerdings ein Wollen von Nichtvorge=
ſtelltem, aber nur ſoweit dieſes logiſch in der Allgemein=
heit des Zweckbegriffs enthalten, und inſofern doch theil=

weife vorgestellt ift, fo trifft bieß insbesondere auch da
zu, wo ein allgemein gedachter Zweck nicht in einem ein=
zelnen Falle, fondern in einer Reihe von Fällen, die unter
ihn fubfumiert werden müffen, realifiert werden foll, alfo
überall da, wo der Inhalt des Wollens eine Regel ift.

Wer fich in ein Dienftverhältniß begibt, will aus=
führen, was ihm aufgetragen wird; er kann nicht zum
Voraus alle die einzelnen Aufträge kennen, und fie in
ihrer Beftimmtheit wollen; aber er will ihre Ausführung,
fofern fie unter den Begriff des Dienftgehorfams fällt, er
nimmt fich, indem er fich den allgemeinen Zweck fetzt, vor,
in jedem einzelnen Falle das Aufgetragene zu thun, nicht
weil es biefes und jenes, fondern weil es ihm aufgetragen
ift. Wer verfpricht, den Staatsgefetzen zu gehorchen, er=
klärt feinen Willen in Betreff von Gefetzen, die vielleicht
noch gar nicht exiftieren, gefchweige ihm bekannt find; nur
der allgemeine Begriff des Gefetzes ift es, der fein Wollen
beftimmt, aus bem mit logifcher Confequenz die einzelnen
Anwendungen hervorgehen. In folchen Fällen hat fein
urfprüngliches Wollen eigentlich das künftige Wollen der
Zwecke zum Inhalt, die in dem allgemeinen Zwecke ent=
halten find; und man kann ebenfogut fagen, er wolle feine
Confequenz, feine Treue, indem man das formelle Verhält=
niß der Subordination der Einzelzwecke unter den allge=
meinen Zweck betont; und biefes Verhältniß ift wiederum
vorgeftellt.

ζ. Ein ähnliches Verhältniß tritt baburch ein, daß
die einzelnen Dinge und Vorgänge, burch die ich meine

Zwecke verwirkliche, außer den durch den Zweck bestimmten Eigenschaften und Folgen noch eine Menge anderer haben, die durch den Zweck nicht bestimmt, auch nicht Speciali= sierungen desselben, aber mit den zweckmäßigen Eigenschaften und Folgen untrennbar verknüpft sind, als conditio sine qua non der Erreichung des Zwecks von der N a t u r ge= geben sind. Ich kann nicht von einem Orte zum andern gehen ohne die Luft in Bewegung zu setzen, Fußtapfen auf den Boden zu machen u. s. w. Soweit ich diese Neben= erfolge überhaupt vorstelle, bringe ich sie mit Bewußtsein durch mein Handeln hervor; aber wo sie schlechterdings gleichgültig sind, kann nicht deshalb gesagt werden, daß ich sie w o l l e , weil ich sie vorausgesehen habe und that= sächlich hervorbringe; sondern nur als ein Accidens meines Zweckes werden sie mit bejaht.

In nähere Beziehung zu meinem Wollen treten sie erst, wenn sie nach anderer Richtung eine practische Be= deutung haben, insbesondere dann, wenn sie gegen andere Zwecke streiten, unangenehm, nachtheilig sind, und also im Gebiete des Begehrens einen Widerstand hervorrufen. Dieser muß durch mein Wollen gebrochen werden, nun werden sie ausdrücklich mit gewollt in dem Sinne, daß sie bejaht werden, o b g l e i c h Grund zu einer Verneinung da wäre. Dieß gilt vor allem von der Unlust der Arbeit, der Er= müdung u. s. w., sie wird nicht um ihrer selbst willen ge= wollt, aber sie wird gewollt als integrierender Bestand= theil des Zwecks, die Bequemlichkeit, die von ihr abhält, kann nur durch Wollen überwunden werden.

Dasselbe ist überall der Fall, wo ich unter dem Ein=
fluß eines Zwanges handle, der mir um eines Zwecks
willen, auf den ich nicht verzichten will, ein Opfer aufer=
legt, mir nur die Wahl zwischen zwei Uebeln läßt. Daß
hier das vollkommen Unerwünschte doch im vollen Sinne
gewollt werde, kann gar nicht bezweifelt werden, sonst
würde schließlich jeder Preis, den ich für eine Waare zahle,
kein Gegenstand meines Wollens sein, wenn es mir er=
wünschter wäre sie geschenkt zu bekommen. Hier kann in
entgegengesetzter Richtung derjenige, der unter dem Einfluß
von Bedrohung eine rechtswidrige Handlung begangen hat,
nicht darum entschuldigt werden, weil er nicht gewollt habe.

2. b. Die Ausführung der beschlossenen Handlung.

Ist der beabsichtigte Zweck auch durch die einfachste
Handlung zu erreichen, so vollzieht sich diese in der Zeit
und ist also an sich in Theile zerlegbar; weitaus in den
meisten Fällen aber erfordert die Ausführung eine Reihe
aufeinanderfolgender willkürlicher Bewegungen, deren jede
durch einen besonderen Willensimpuls hervorgebracht wird.
Um durch ein Glas Wasser meinen Durst zu löschen, muß
ich meinen Arm ausstrecken, meine Hand öffnen um das
Glas zu fassen, meine Finger beugen und gegen das Glas
drücken um es zu halten, es dann zum Munde führen, es
neigen und Saug= und Schlingbewegungen machen; jedes
dieser Stadien ist eine besondere Bewegung oder vielmehr
Bewegungsgruppe. Ihre Reihenfolge geht ideell durch lo=
gische Consequenz aus dem Zweck den Durst zu löschen

hervor; aber die logische Consequenz hat nicht die Macht
sie zu realisieren; gienge aus dem Wollen des Zwecks
nicht die Erzeugung der Bewegungsimpulse hervor und
folgten die Glieder nicht diesem Impulse, so wäre die cor=
recteste Berechnung des Mittels vergeblich.

Was also für die Verwirklichung eines Zwecks ver=
langt wird, ist, daß das rein innere Wollen des Zwecks
causal sei für Hervorbringung der ihm untergeordneten
Bewegungsimpulse — eine rein psychologische Causali=
tät — und diese causal für die Hervorbringung der Be=
wegungen — die psychophysische Causalität. Ver=
sagt die letztere den Dienst, wie bei Lähmung, Erschöpfung,
Ungeschicklichkeit, so kommt die gewollte Bewegung nicht
oder anders zu Stande als sie gewollt war; versagt die
erstere den Dienst, so bleibt es beim bloßen Vorsatz ohne
Ausführung, oder bei einem Anlauf, der auf halbem Wege
stehen bleibt, bei bloßen Vorbereitungshandlungen u. s. w.
Die Art nun, wie das Wollen des Zwecks die willkürliche
Handlung in ihren einzelnen Stadien hervorbringt, ist nicht
die, daß ein Gesetz bestünde, nach welchem nothwendig und
ausnahmslos dem Beschluß auch die ganze Reihe der Ein=
zelimpulse folgen müßte; es gibt kein Gesetz der Trägheit
auf psychischem Gebiete, nach welchem der Stoß, durch den
das wollende Subject sich die Richtung auf ein Ziel gibt,
nun eine Bewegung erzeugte, die von selbst mit gleicher
lebendiger Kraft fortdauerte; vielmehr werden die aufein=
anderfolgenden Handlungen durch fortgesetztes Wollen
realisiert, und es bedarf der unausgesetzten Spannung der

Willensenergie, um durch eine Zeitstrecke hinburch den Zweck
festzuhalten und die ihm untergeordneten Willensimpulse
hervorzubringen. Wenn wir das Wollen als Selbstbe=
stimmung bezeichnen, so verstehen wir eben das barunter,
daß der auf den Zweck gerichtete Beschluß nun eine Reihe
anderer Thätigkeiten bestimmt; aber nicht mit mechanischer
Sicherheit, sondern nur durch stetiges Wollen gelingt es
den Zweck zum beherrschenden Princip der einzelnen Hand=
lungen zu machen, die ihn realisieren. Wenn ich mir vor=
nehme, meine Bibliothek anders aufzustellen, so gelange ich
nur dazu, indem mein Wollen des Zwecks jebe einzelne
Bewegung leitet, durch die ich ein Buch um das andere
ergreife und an den bestimmten Platz stelle.

Das formale Verhalten, das barin liegt, nennen wir
Consequenz — die Consequenz des Wollens im Unter=
schied von der logischen Consequenz des Denkens. Die
nähere Art und Weise, in der sich die Consequenz verwirk=
licht, ist durch die psychologischen Bedingungen bestimmt,
unter welchen sich unser Wollen vollzieht. Es liegt nicht
in der Macht eines Beschlusses, das gesammte großentheils
mit ihm nicht zusammenhängende Spiel unserer psychischen
Kräfte zu sistieren, die ganze Triebkraft unserer Seele in
die eine vorbestimmte Bahn zu leiten, wie der Maschinist
einer Fabrik den Dampf überall abstellt um ihn nur in
eine Maschine einströmen zu lassen; vielmehr geht das
ganze Getriebe der psychischen Thätigkeiten ununterbrochen
fort; unsere Sinne sind der Wahrnehmung offen, die uns
alle möglichen Bilder zuführt, und balb hier balb dort

unsere Aufmerksamkeit reizt; unsere Einbildungskraft ist geschäftig an das Wahrgenommene alle möglichen Associationen anzureihen, die ihrerseits mannigfaltige Gefühle und unwillkürlich eintretende Begehrungen zu erregen geeignet sind; diese enthalten wiederum Antriebe zum Handeln, und streben mit Umgehung des bewußten Wollens ihr Ziel zu erreichen; die Ausführung des Handelns selbst führt Gefühle herbei, die ihre Reactionen äußern, Müdigkeit, Abspannung, aus der der Wunsch nach Ruhe und Erholung sich entwickelt. Diesem Heer unwillkürlicher Functionen gegenüber, die uns nach den verschiedensten Richtungen ziehen und drängen, ist das Verhalten, das allein consequentes Wollen möglich macht, die Selbstbeherrschung. Sie äußert sich negativ als Hemmung aller durch den Zweck nicht gebotenen Thätigkeiten, und ist bedingt durch fortgesetzte Aufmerksamkeit auf das, was in uns selbst vorgeht; im Gebiete des Vorstellens wehrt sie der Zerstreutheit, bei der die zufällig eintretenden Vorstellungen die Aufmerksamkeit auf sich ziehen und von dem Zwecke ablenken, und wird als Sammlung bezeichnet; auf dem practischen Gebiete wehrt sie allen Reizen zum Handeln, die aus unwillkürlich eintretenden Gefühlszuständen und Begehrungen hervorgehen würden, und unterdrückt alle die momentanen Impulse, die vom Zwecke abdrängen. Positiv äußert sie sich als Anspannung, Anspannung der Aufmerksamkeit auf die äußeren Umstände, unter denen gehandelt wird, und des Denkens, das sie verwerthen, und die davon drohenden Gefahren vermeiden muß, gegen-

über der Unachtsamkeit und Gedankenlosigkeit; als Anspan=
nung der physischen Kraft gegenüber dem Ruhebedürfniß,
als Anstrengung; dem, Unerwarteten gegenüber als Be=
sonnenheit und Geistesgegenwart. Uebersehen wir die Menge
der psychischen Functionen, die während der einfachsten auch
nur eine Viertelstunde dauernden Handlung eintreten und
von dem wollenden Menschen beachtet, und theils gehemmt
theils auf den Zweck gerichtet werden müssen, so bekommen
wir einen Begriff von dem Herrschaftsgebiet des auf einen
Zweck gerichteten Wollens und den Formen, in denen sich
seine regierende Gewalt bewegt. Es scheint eine einfache
Aufgabe, in einer Stadt in ein eine Viertelstunde weit ent=
ferntes Haus zu gehen; aber wie viel wir dabei doch thun
im Gebiete der Selbstregierung, erkennen wir, wenn wir
ein lebhaftes Kind beobachten, das denselben Beschluß aus=
zuführen unternimmt; an jedem Object, das seine Neugierde
reizt, bleibt es stehen, verfehlt aus Unachtsamkeit den Weg,
vergißt wohl, weil ihm gerade ein anderes Ziel durch den
Kopf schießt, überhaupt, wohin es gehen wollte, kann der
Versuchung mit einem Kameraden in seinen Garten zu gehen
nicht widerstehen, stolpert aus Unachtsamkeit über einen im
Wege liegenden Stein, und hat schließlich, wenn ihm sein
Ziel wieder eingefallen und es dort angelangt ist, vielleicht
vergessen, was es dort bestellen wollte; und auch dem Er=
wachsenen begegnet es ja zuweilen, daß er „in Gedanken",
d. h. ohne Reflexion Impulsen, die der unwillkürliche Ge=
dankenlauf herbeiführt, nachgebend einen andern Weg als
den zum Ziele führenden einschlägt.

Nun bildet sich allerdings für die meisten der unter=
geordneten Einzelthätigkeiten durch fortgesetzte Uebung und
Gewöhnung ein psychologisch=physiologischer Mechanismus
aus, der dem bewußten Wollen erspart jeden einzelnen
Act, jede Bewegung der Hand und des Fußes zu beauf=
sichtigen, vielmehr erlaubt ganze Gruppen von Bewegungen
so zu sagen durch ein Commando auszulösen, und zu ver=
trauen, daß die festgegründeten Associationen von Vorstel=
lungen und Bewegungsimpulsen ohne besonderes Wollen
sich einstellen. Wer sich entschlossen hat seinen Namen zu
unterschreiben, braucht sich nicht jeden Buchstaben desselben
und jeden Zug der Feder zu vergegenwärtigen wie das
Kind, das erst schreiben lernt. Zwischen dem Lautbilde des
gehörten, dem Gesichtsbilde des geschriebenen Namens und
den Impulsen, die nöthig sind, es aufs Papier zu bringen,
besteht eine so feste Association, daß wir unser Wollen nur
auf das Ganze richten, und dem psychologischen Mechanis=
mus überlassen die einzelnen Theile herbeizuführen; wer
eine Seite vorlesen will, verläßt sich ebenso auf die festen
Zusammenhänge zwischen den Gesichtsbildern der Schrift,
den Lautbildern der Wörter und den Impulsen, die seine
Sprachwerkzeuge in Bewegung setzen; wer einen gewohnten
Weg geht, für den sind ebenso die Gesichtsbilder der Ge=
genstände mit den Schritten, die er zu machen hat, asso=
ciiert, und er bedarf keiner Besinnung, ob er hier rechts,
dort links gehen soll; der Gedanke des Ziels hat, wenn
keine besonderen Hindernisse eintreten, die Macht, die ganze
Reihe der nöthigen Bewegungen zum Ablauf zu bringen;

daß wir Hindernissen ausweichen, geschieht ebenso „mecha=
nisch", wie daß wir ein Bein vor das andere setzen, ohne
uns besonderen Wollens bewußt zu sein.

Gerade daß solche Mechanismen auch auf psychischem
Gebiete sich bilden, daß die oberste Behörde nicht alles
Detail anzuordnen hat, macht einerseits die Selbstbeherr=
schung zu einer lösbaren Aufgabe, indem die Macht der
Gewohnheit, mit der ein Glied der Kette das andere her=
vorruft, die Stärke der momentanen und zufälligen Im=
pulse bricht, andrerseits birgt es auch die Gefahr in sich,
daß der Mechanismus selbstständig wird, der Controle des
Wollens sich entzieht, und etwas nicht Gewolltes zu Tage
fördert. Wer einen Brief mit dem Namen des Adressaten,
statt mit seinem eigenen unterschreibt, folgt darin nur der
Gewohnheit, die ihm vorschwebenden Wörter zu Papier
zu bringen; er hat sich den Associationen überlassen, die
diesmal irre gegangen sind. Was er geschrieben, ist
durch eine willkürliche Bewegung entstanden — in dem
Sinne, in dem jede durch Vorstellungen und nicht durch
bloß organischen Reflex hervorgebrachte Bewegung willkür=
lich ist — aber es ist nicht gewollt, vielmehr ein Zeichen,
daß unser Wollen nicht energisch genug war den Mechanis=
mus zu beaufsichtigen und zu corrigieren.

Die Thatsache, daß die Ausführung des gewollten
Zwecks nur durch die Selbstbeherrschung möglich ist, ver=
möge welcher der auf den Zweck gerichtete Wille als immer
gegenwärtige Macht eine Reihe von Functionen bestimmt,
hat noch die weitere Consequenz, daß wir uns ersparen

können, in den Beschluß der Ausführung jedes kleinste De=
tail dessen, was wir thun wollen, aufzunehmen, uns den
ganzen Verlauf der Handlung so vorzubilden, wie wir uns
etwa eine zu haltende Rede vorher Wort für Wort ein=
prägen, um nichts zu sprechen, was wir nicht vorher über=
legt haben. Selten geben wir uns, diese Mühe, und meist
ist es überhaupt nicht möglich, den ganzen Verlauf so ins
Detail in unser Programm aufzunehmen, weil er von un=
berechenbaren Factoren abhängig ist; wir müssen uns auf
unsere Besonnenheit verlassen. Wenn ich beschlossen habe
einen Gegenstand, der in einem Schaufenster mit beigehef=
tetem Preise ausgestellt ist, zu kaufen, bietet die Ausfüh=
rung dieses Beschlusses wenig Spielraum; aber doch über=
lasse ich es ohne weitere Ueberlegung dem Augenblick, ob
ich mit dem rechten oder linken Fuß zuerst in den Laden
trete, in diesen oder jenen Worten dem Verkäufer mein
Begehren eröffne, in dieser oder jener Geldsorte, die ich
bei mir trage, bezahle; der Einfall des Augenblicks liefert
mir das concrete Detail, und die Denkthätigkeiten, die es
erzeugen und controlieren, verlaufen so leicht und rasch,
daß wir uns ihrer nicht besonders bewußt werden; aber
nichtsdestoweniger findet ein Fortwirken des Wollens statt,
das diese einzelnen Acte regulieren muß, wenn sie nicht
rein mechanisch ablaufen wie das Lesen und Schreiben.
Bei complicierteren Handlungen findet dieses fortwährende
Ausgestalten des in seinen Grundzügen entworfenen Planes
in weit umfassenderem Maße statt. Gerade darum aber
verräth sich die Individualität des Handelnden in diesen

kleinen Zügen, denen wir keine besondere Aufmerksamkeit schenken und die wir nicht zum Voraus berechnen, weil sie dem Zwecke gegenüber gleichgültig sind.

Dieses Verhältniß, daß ein allgemeiner Zweck gesetzt, die Art der Ausführung desselben aber theils dem ein= geübten Mechanismus, theils späteren Entscheidungen über= lassen wird, beherrscht nun weitaus den größten Theil un= seres Handelns. Die Zwecke des vernünftigen Menschen sind größtentheils allgemeiner Natur; sie bestehen in Re= geln, die sagen, daß wenn bestimmte Fälle eintreten, so und so gehandelt werden soll; und indem er diese Zwecke in langen Reihen von einzelnen concreten Fällen verwirk= licht, bildet sich ein Habitus des Wollens aus, der die Unterordnung des einzelnen Wollens unter jene festen Zwecke zur Gewohnheit werden läßt. Die Befolgung sittlicher Grundsätze und rechtlicher Gesetze geschieht größtentheils in dieser Form; die Prämissen zu wollen ist uns zur Gewohn= heit geworden, und wo sich die Subsumtion des einzelnen Falles durch leichte Bewegung des Denkens vollzieht, da kommt uns das Wollen der allgemeinen Zwecke, weil es die stehende Voraussetzung bildet, im einzelnen Falle gar nicht ausdrücklich zum Bewußtsein. Niemand hält sich all= gemeine Rechtsregeln vor, wenn er seine Zeche bezahlt, oder allgemeine Anstandsregeln, wenn er vor einem Be= gegnenden den Hut abnimmt; und doch ist sein Handeln die Folge eines Wollens dieser allgemeinen Regeln. In dieser Hinsicht, aber nur in dieser, hat man das Recht, von einem u n b e w u ß t e n, d. h. genauer von einem un=

bewußt gewordenen Wollen zu reben; das Wollen der allgemeinen Zwecke ist so in die Einheit unseres Wesens aufgenommen, daß es als bleibende Gesinnung die Form des Triebs angenommen hat, und durch das Medium des Gefühls, welches eine der Gesinnung entsprechende oder widersprechende Aufforderung weckt, das Handeln im einzelnen Falle leitet. Aber diese Sicherheit ist selbst erst Resultat des Wollens, und darf und muß also auf dieses zurückgeführt werden; und sobald die Subsumtion des einzelnen Falles unter die allgemeine Regel sich nicht ohne Hinderniß vollzieht, wie in den sogenannten Collisions=fällen, treten sofort auch die allgemeinen Regeln wieder ausdrücklich ins Bewußtsein, und bilden die Prämissen der Ueberlegung, die den Collisionsfall zu entscheiden strebt.

Anmerkungen.

1) Zitelmann, Irrthum und Rechtsgeschäft (S. 36 verglichen mit S. 129 Note), dessen eingehenden, sorgfältigen und methodischen Analysen der hier in Betracht kommenden psychologischen Thatsachen ich im Wesentlichen zustimmen kann, obgleich ich in der Terminologie abweiche. Nur gegen den Satz S. 72, daß der Wille (d. h. der Bewegungsimpuls) gedacht werden müsse als an sich außer jeder Verbindung mit der Vorstellung stehend, habe ich Bedenken, die im Folgenden näher ausgeführt sind.

2) Gegen diese Unterscheidung hat Laas in einem scharfsinnig analysierenden und reichhaltigen Artikel „Die Causalität des Ich" (Vierteljahrsschrift für wissenschaftliche Philosophie, IV. Jahrgang Heft 1. 2. 3) auf S. 329 Einwendungen erhoben, die ich nicht für berechtigt halten kann. Er geht von dem Gegensatz zwischen Thun und Leiden, Freiheit und Abhängigkeit des Ich aus, und bestimmt den Ursprung des Gegensatzes zwischen Thun und Leiden ganz richtig dahin, daß „Leiden" ursprünglich Veränderungen bezeichne, die der Mensch wider Willen an sich und in sich erfährt, zumal solche, die unangenehm und schmerzlich sind; diejenigen Veränderungen aber Thaten genannt werden, die von seinem Wünschen und Wollen abhängig waren; und daß für die Thaten zunächst keine weiteren Ursachen gesucht wurden, weil der Mensch seine- eigene That aus seinem Wollen völlig verständlich fand.

Leiden, fährt Laas fort, sei immer unfrei, nur Thätigkeiten seien frei. „Die Anwendung des Freiheitsprädicats auf Grund eigener innerer Erfahrungen ist eine verschiedene, je nach dem Standpunkt, den wir uns gegenüber einnehmen; sie ist vor allem eine grundverschiedene, je nachdem wir nur auf den vorliegenden Zeitpunkt achten oder weitere Rücksichten nehmen. Das Ich fühlt sich in jedem Momente bei dem, was in ihm und mit seinem Leibe geschieht, insoweit frei, als es fühlt und glaubt, mit seinem Wollen den betreffenden Vorgang causiert zu haben und so weit und so lange eigener Beifall ihn begleitet." „Uebrigens," fährt die Note fort, „ist es dafür gleichgültig, ob die Handlung mit oder ohne Reflexion geschieht. Simultan fühlt sich das Ich ebenso frei, wenn es, wie der Hund, nach dem vorgehaltenen Bissen sofort begehrlich schnappt, wie, wenn es erst nach Ueberlegung sich entscheidet." Hier kann ich den Zweifel nicht unterdrücken, ob eine Handlung, die ohne Reflexion geschieht, bei der das Bewußtsein sich nur auf den gegenwärtigen Zeitpunkt bezieht, überhaupt mit dem Bewußtsein der Freiheit verknüpft sein könne, und nicht vielmehr bloß mit Bewußtsein und etwa noch mit einem Gefühl der Lust geschehe. Daß ich zwischen freien Thätigkeiten und nicht freien in mir selbst unterscheide, ist doch nur möglich, wenn ich nicht nur auf den vorliegenden Zeitpunkt achte, sondern das Bewußtsein meiner selbst als einheitlichen Subjects habe, aus dem eine Mehrheit von Thätigkeiten in der Zukunft hervorgehen kann, oder in der Vergangenheit hervorgehen konnte, und mir bewußt bin, durch mein Wollen eine dieser möglichen Thätigkeiten verwirklicht zu haben; das Bewußtsein der Freiheit setzt nothwendig voraus, daß ich mich über den einzelnen Moment erhebe, nicht in ihm aufgehe, daß durch einen ausdrücklichen Act erst für eine als möglich vorgestellte Thätigkeit entschieden wird. Es ist dabei wahr, daß nicht jedem besonnenen Entschlusse ein Kampf zwischen Reizen und Gegenreizen vorangegangen sein muß (Laas S. 330 Note); aber ein Entschluß ist doch nur dann ein besonnener, wenn er nicht bloß den augenblicklichen Drang und die daraus erwartete Lust ins Auge faßt, vielmehr weiter hinaus auf die übrigen Interessen des Subjects und die Folgen seines Thuns achtet. Dafür, ob ein Thun als ein im strengen Sinne gewolltes angesehen werden kann, hat das Dazwischentreten der Reflexion nicht bloß secundäre, sondern fundamentale Bedeutung. Denn die Einwände von Laas ruhen zuletzt auf seiner Definition von Wollen, die er S. 44 gibt. Er nennt jeden eine willkürliche Bewegung hervorbringenden „Wunsch" — der Ausdruck ist nicht geschickt gewählt, ich würde lieber sagen Streben — ein Wollen. Diese Definition scheint mir einerseits zu weit, da zum Wollen ein Selbstbewußtsein gehört, das sich der einzelnen Action gegenüberstellt, andrerseits zu eng, sofern Wollen und selbst Absicht nur da sein soll, wo die That unmittelbar folgt. „That muß sein, wo wirklich Wille und Absicht zugestanden werden soll". Wie sind dann die Acte zu nennen, in denen ich beschließe zu einer bestimmten künftigen Zeit etwas zu thun?

Sobald ich nun von dem Bewußtsein aus, einheitliches Subject aller meiner Thätigkeiten zu sein, und durch meine Willensentscheidung die einen zu verwirklichen, andere zu unterlassen, die Vorgänge in mir auffasse, dann scheint mir unanfechtbar zu sein, daß ich die bloßen Begehrungen, das Gelüsten nach etwas, den Reiz, den ein Gegenstand des Genusses auf mich ausübt, in mir als etwas erlebe, was ohne mein Zuthun ins Bewußtſein tritt, alſo von dieſem Geſichtspunkt aus etwas Paſſives iſt, wie es ja von jeher als πάϑος, passio bezeichnet wurde; und daß, wo ſo entſtandene Begehrungen ohne Weiteres Bewegungen erzeugen, wie ich es vom Thiere vorausſetze, ich dieſe nicht als eigentlich gewollte und damit auch nicht als freie bezeichnen darf; und daß dieſer ganze Ablauf von dieſem Standpunkte aus ein unwillkürlicher genannt werden muß, weil eben kein bewußtes Wollen dazwiſchen tritt.

Laas meint, es ſei nicht einzuſehen, wie der durch hemmende Ueberlegung herbeigeführte zeitweilige Aufenthalt an ſich ſo ſchwerwiegende Discrimina hervorbringen ſoll. Der Aufenthalt an ſich thuts freilich nicht, ſondern die Thätigkeit des Subjects, die in der Ueberlegung und dem daraus hervorgehenden Wollen zu Tage tritt; die Art, wie das Thun das einemal und das andremal aus dem Subject hervorgeht, iſt eine weſentlich verſchiedene. Dort, beim widerſtandsloſen Befriedigen eines momentanen Begehrens, verhält ſich das Subject nicht anders, als der Stein Spinozas, bei dem die folgende Bewegung aus der vorangehenden nach Naturgeſetzen folgt; es iſt eine einfache Reihe aufeinanderfolgender Zuſtände; der Stein, wenn er Bewußtſein hätte, würde empfinden, daß er ſich bewegt, das Thier empfindet ebenſo, daß es ſich bewegt und Luſt davon genießt. Aber Laas ſagt ſelbſt ganz treffend, der Stein Spinozas würde ſich nicht frei fühlen, ſollte er auch Bewußtſein davon und Freude an dem haben, was mit ihm geſchieht, wenn er nicht zugleich glaubte, daß er durch ſeinen Willen ſeine Bewegung cauſiert habe; und ebenſo kann das Thier, das blindlings und ohne Reflexion ſeiner Begierde folgt, nicht eines Wollens bewußt ſein und ſich nicht frei fühlen. Die ganze Ausführung von Laas verkennt die ſpecifiſche Natur des Wollens im Unterſchiede von dem widerſtandslos in uns aufſteigenden Begehren und Gelüſten; verkennt, daß das Bewußtſein, eine Bewegung cauſiert zu haben, überhaupt nicht ohne Reflexion möglich iſt.

3) v. Jhering, der Zweck im Recht I, S. 5 ff. Ich bemerke ausdrücklich, daß ich mit dem Kern der Gedanken, deren Formulierung allein mir unrichtig ſcheint, großentheils einverſtanden bin.

4) Die umfaſſende Erörterung dieſes Begriffs ſiehe in meiner Logik, 2. Bd. §. 73. 95. 98.

5) Binding, die Normen Bd. II. S. 104 ff. beſ. S. 112.

6) S. v. Jhering, das Schuldmoment im römiſchen Privatrecht.

Die Unterschiede der Individualitäten.

Wer durch belebte Straßen wandert oder in dem Ge=
wühl eines Volksfestes sich umhertreibt, der mag sich wohl
wundern, wie unerschöpflich die Phantasie der Natur in
Erfindung all der Kopfformen und Gesichtsbildungen ist,
die ihm begegnen; und wer sich eine Reihe ihm bekannter
Personen vergegenwärtigt, der hat Grund über den Um=
fang unseres Gedächtnisses und die Schärfe unserer Unter=
scheidungsgabe zu staunen, vermöge der wir so viele Varia=
tionen eines und desselben Grundrisses festzuhalten vermögen,
und in weitaus den meisten Fällen so sicher auf den ersten
Blick beurtheilen, ob ein Bekannter oder ein Unbekannter
uns entgegentritt. Diese Fähigkeit ist um so staunens=
werther, als wir in der Regel in großer Verlegenheit
wären, genau anzugeben, worin sich eigentlich der eine von
dem andern unterscheidet, und das, was wir schließlich an
beschreibenden Merkmalen zusammenbrächten, daß der eine
braun, der andere blond ist, der eine ein breites, der andere
ein schmales Gesicht, der eine eine hohe, der andere eine
niedere Stirn besitzt, nur eine sehr unvollständige Schilde=
rung enthielte, auch gesetzt, daß sie in allen Punkten richtig

wäre; denn auch das begegnet uns, daß wir selbst in Be=
ziehung auf dieses oder jenes einzelne Merkmal gar nicht
sicher sind, und zum Beispiel in Verlegenheit kommen kön=
nen, wenn wir die Farbe der Augen Solcher angeben
sollen, mit denen wir täglich verkehren. Wir sind ja nicht
gewöhnt, uns das Bild, das anschaulich vor uns steht, in
ein solches Signalement aufzulösen; wir vertrauen der an=
schaulichen Erinnerung, welche treu genug das Gesammt=
bild bewahren wird, so fest, daß wir uns diese Mühe er=
sparen können; würde uns doch die Sprache selbst nur
einen sehr ungenügenden Vorrath von Wörtern zur Ver=
fügung stellen, nm die mannigfaltigen Formen des Ganzen
und der einzelnen Theile kurz und treffend zu bezeichnen.

Etwas größer schon ist ihr Reichthum, wenn es gilt
den Eindruck, den eine Physiognomie uns macht, nach der
Seite wiederzugeben, nach der sie der Ausdruck der inneren
Eigenschaften, sei es dauernder Charakterzüge oder vorüber=
gehender Stimmungen ist. Die Form als solche pflegt
nur dem Maler und dem Bildhauer wichtig zu sein, wenn
sie nicht durch besondere Schönheit reizt oder durch ab=
schreckende Häßlichkeit unsern ästhetischen Sinn verletzt; bei
der großen Menge der Menschen ist uns vorzugsweise
wichtig, was über ihre innere Beschaffenheit, ihre Gemüths=
art, ihren Charakter, ihre Intelligenz von den Gesichts=
zügen verrathen wird. Denn ihr inneres Leben ist es vor=
zugsweise, das auf uns wirkt, und von dem die Bedeutung
abhängt, welche sie für uns haben; an dieses knüpft sich
unsere Furcht und Hoffnung, unsere Theilnahme und unsere

Abneigung; darum suchen wir aus der äußeren Hülle den inneren Gehalt zu deuten; für die leichten Variationen des Blicks und der Züge, welche Zeichen für die seelischen Eigenschaften sind, haben wir ein merkwürdig scharfes Auge; und nur darum, weil wir auch diese kleinen Züge aus= legen gelernt haben, machen uns die Verschiedenheiten, in welchen uns das menschliche Antlitz entgegentritt, den Ein= druck einer so unerschöpflichen Mannigfaltigkeit. Denn wir wissen, daß ihrer inneren Beschaffenheit, ihrer Gemüthsart und ihrem Charakter nach die Menschen untereinander noch viel unähnlicher sind, als in ihrer äußeren Bildung, daß in viel schärferen Gegensätzen ihr Empfinden, ihr Streben und Wollen sich bewegt; und so arm die Sprache an Mit= teln ist, die Eigenthümlichkeiten der äußeren Erscheinung sicher zu zeichnen, so reich ist sie, wenn es gilt, die zahl= losen Unterschiede des geistigen Lebens nach allen seinen Seiten zu treffen.

Denn die Auffassung der inneren Eigenthümlichkeit der Menschen vollzieht sich ja nicht auf dem kurzen Wege un= mittelbarer Anschauung, die uns mit Einem Blicke ein un= serer sinnlichen Erinnerung sich leicht einprägendes Bild gewinnen ließe; nur in einer Reihe von Handlungen und Ausdrucksweisen offenbart sich die innere Natur, und es gilt denkend und schließend diese Thätigkeiten auf einen bleibenden Grund zurückzuführen, den Wechsel des Ge= schehens als Ausfluß dauernder Eigenschaften zu deuten; was so erschlossen wird, können wir nur in Begriffen aus= drücken, die der sprachlichen Bezeichnung bedürfen. Alle

Kunst der Menschenkenntniß beruht zuletzt darauf, aus den vereinzelten Beobachtungen den inneren Zusammenhang der Gedanken und Strebungen zu erkennen, das besondere Ge= setz festzustellen, nach welchem aus der inneren Natur und äußeren Anregungen die bestimmten Lebensbewegungen her= vorgehen.

Nach dieser Methode bilden wir uns im gewöhnlichen Leben unsere Urtheile über die Persönlichkeiten, welche wir mehr oder weniger genau zu kennen glauben; meist so, daß wir nur aus bestimmter Veranlassung eine Seite bezeichnen, welche uns gerade die Handlungsweise eines Einzelnen offenbart, oder welche für das Verhältniß, in dem wir zu ihm stehen, besonders wichtig ist; seltener so, daß wir aus= drücklich darauf ausgehen, ein erschöpfendes Bild seiner Eigenthümlichkeit nach allen ihren Seiten uns zu entwerfen. Aber auch wo wir dieß nicht thun, bilden sich allmählich bei längerer Bekanntschaft umfassendere und vollständigere Auffassungen der Persönlichkeiten, mit denen wir verkehren, und die Urtheile, in welchen sie sich ausdrücken, pflegen je nach unserer eigenen Art milder oder schärfer gefaßt zu sein.

So entsteht uns mit wachsender Lebenserfahrung eine Gallerie von Porträts unserer Zeitgenossen, und wir haben nur einen flüchtigen Ueberblick nöthig um zu erkennen, wie reich sie ist, und welche unabsehbare Mannigfaltigkeit der verschiedensten Charaktere sie enthält; die einen unter ihnen stehen scharf gezeichnet, bis ins kleinste Detail ausgeführt vor uns, andere nur skizziert, mit den hervorstechendsten Linien angedeutet; hier die Sonderlinge, die sich durch

ganz auffallende und ungewöhnliche Weisen ihres Empfin=
dens und Benehmens abheben, dort die andern, die durch
allerhand Aehnlichkeiten mit einander verbunden eine gleich=
artigere Masse darstellen, aber doch keiner dem andern voll=
kommen gleich. Es liegt dabei in der Natur der Sache,
daß die hervorstechendsten Züge in den weniger ausgeführten
Bildern von der Art des äußeren Benehmens genommen
sind, die uns am leichtesten entgegentritt; tiefer in das
Innere vermag nur längere und genauere Beobachtung
einzubringen.

Die bunte Reihe der Bilder, welche uns eigene Kenntniß
liefert, wird weiterhin noch bereichert durch die historischen
Persönlichkeiten, deren Charaktere uns der Geschichtschreiber
schildert, durch die nicht minder lebendigen, faßlicheren und
durchsichtigeren Gestalten der Dichtung.

Denn die Menschen, welche der Dichter schafft, pflegen
den Vorzug zu haben, daß sie in sich übereinstimmend an=
gelegt und so gezeichnet sind, daß wir aus wenigen herr=
schenden Motiven ihr Handeln und ihr Benehmen verstehen
können; die wirklichen Menschen geben uns der Räthsel
weit mehrere auf, und ihr oft wunderlich widersprechendes
und unverständliches Gebahren läßt uns rathlos, wie wir
uns in ihnen zurechtfinden sollen.

Mit dieser Kenntniß einer kleineren oder größeren An=
zahl von Individualitäten pflegen sich gewöhnlich auch auf=
merksame Beobachter und die Praktiker zu begnügen, welche
ihre Kenntniß der Menschen verwerthen, um auf sie nach
ihren Zwecken zu wirken; wenn auch einzelne überraschende

Aehnlichkeiten oder schroffe Gegensätze bemerkt werden, so liegt doch keine dringende Veranlassung vor, die Menschen in bestimmte Classen einzutheilen; so wenig es uns einfällt, uns für ihre Gesichter eine Classification zu machen, da wir uns mit den zufällig sich aufdrängenden Gruppen begnügen, welche etwa Familienähnlichkeit oder nationaler Typus bestimmt, die meisten aber als einzelne Exemplare stehen lassen, welche wir in keine bestimmte Kategorie einreihen, so wenig denken wir nothwendig daran, eine Classification ihrer geistigen Physiognomien vorzunehmen.

Allein die wissenschaftliche Betrachtung wird doch den Versuch machen wollen, durch Aufstellung allgemeiner Begriffe eine Uebersicht zu gewinnen, und den unübersehbaren Reichthum von Besonderheiten in ein bestimmtes Fachwerk einzuordnen, nach welchem sie uns in wenige große Gruppen zerfallen.

Wenn wir nun aber nach der Anleitung, welche die Logik zu geben pflegt, uns an das Geschäft machen, um zu sehen, nach welchen Aehnlichkeiten wir die Einzelnen in Gruppen zusammenfassen, nach welchen Unterschieden wir sie in verschiedene Classen vertheilen sollen, so stehen wir vor einer völlig verwirrenden Menge möglicher Gesichtspunkte, auf welche wir eine solche Eintheilung gründen könnten, und es scheint ein noch viel schwierigeres Geschäft, die menschlichen Individualitäten zu classificieren, als die Pflanzen oder die Thiere in ein leiblich brauchbares System zu bringen.

Nicht als ob nicht von den verschiedensten Bedürfnissen

aus, nach den vielseitigsten Gesichtspunkten die Einzelnen
überall regelmäßig classificiert würden. Der Statistiker un=
terscheidet Kinder und Erwachsene, Ledige und Verheirathete,
Evangelische und Katholische; er macht Rubriken für die
einzelnen Berufsarten, er zählt hier die selbstständigen, dort
die dienenden Individuen zusammen; dem Politiker zer=
fallen die erwachsenen Männer wenigstens in Conservative,
Liberale, Radicale u. s. w.; der Criminalist stellt die Un=
terscheidung zwischen bürgerlich Unbescholtenen und Be=
straften, unter diesen zwischen den verschiedenen Uebertretern
und Verbrechern auf; für den geselligen Verkehr unter=
scheiden wir zwischen Gebildeten und Ungebildeten, oder
auch zwischen langweiligen und unterhaltenden Gesellschaf=
tern; jede Prüfungscommission classificiert nach der Taug=
lichkeit der Geprüften für irgend einen Beruf.

Jeder der Gesichtspunkte, die solchen Unterscheidungen
zu Grunde liegen, ließe sich in einer stattlichen Reihe von
Unterabtheilungen weiter durchführen; und mit allen Prä=
dicaten, die wir so ertheilen, treffen wir ohne Frage be=
stimmte Eigenschaften der Einzelnen, welche sie von ein=
ander unterscheiden und zu der ganzen Eigenthümlichkeit
eines Jeden mitgehören; denn was Jeder weiß und was
er kann, was er treibt und arbeitet, welcher Confession
und welcher Gesellschaftsclasse er angehört, davon hängt
zu einem großen Theile seine Art und Weise zu sein und
zu handeln, der ganze Typus seines geistigen Lebens ab;
wir erwarten ohne Weiteres bei dem Bauern eine andere
Art zu empfinden, andere Interessen, andere Ansichten,

andere Gewohnheiten des Denkens zu finden, als bei dem Seemann oder dem Soldaten.

Allein bei allen diesen Gegensätzen werden wir doch den Eindruck haben, als ob damit der Kern der Sache nicht erreicht sei, als ob diese Unterscheidungen nur die Oberfläche berühren, nicht das innere Wesen der verschiedenen Individualitäten treffen. Sie sagen uns, was größtentheils unter dem Einflusse äußerer Verhältnisse, die dem Wesen des Menschen gegenüber zufällig sind, unter dem Einfluß der Familie, in die er hereingeboren ist, des Vermögens, dessen Vortheile er genießt, der gesellschaftlichen Verfassung, die ihn schon bei der Geburt empfängt, unter dem Einfluß der häuslichen und öffentlichen Erziehung, unter dem Einfluß der Lebensschicksale, über die er keine Macht hat, aus dem Menschen geworden ist: sie sagen uns nicht, was er an sich selbst ist, was die Grundlage war, die sich unter diesen Einflüssen so oder so entwickelt hat. Die Aufgabe scheint vielmehr zu sein, durch diese zufälligen Umstände hindurch die wesentliche Natur des Menschen, die natürliche Constitution seines Geistes zu ergreifen. Eine vom allgemeinen psychologischen Standpunkt unternommene Classification kann ja nicht alle geschichtlichen Besonderheiten berücksichtigen wollen, sondern sie muß die Unterschiede aufsuchen, die im Menschen selbst liegen, und von denen es abhängt, wie er die äußeren Einflüsse aufnimmt und gegen sie reagiert.

Wenn es nur eine leichtere Aufgabe wäre, das was der Mensch von Natur, und das was er vermöge seiner

Geschichte ist, zu sondern, wenn es nur wenigstens eine un=
bestrittene Voraussetzung wäre, daß es überhaupt natür=
liche, angeborene, unverwüstliche, individuelle Bestimmtheiten
des Seelenlebens gibt! Allein gerade hier stoßen wir
auf eine psychologische Streitfrage von tiefgreifender Be=
deutung. Die streng empiristische Schule leugnet, wie alle
angeborenen Dispositionen überhaupt, so auch angeborene
Unterschiede, sofern sie nicht etwa in der angeborenen kör=
perlichen Constitution gegründet sind; der ganze Inhalt
unseres inneren Lebens, die Richtung, die unsere Thätig=
keiten nehmen, soll nur durch das bestimmt sein, was wir
von außen in uns aufnehmen; jede Individualität sei das
Product der äußeren Umstände, der Umgebung, die der
Seele Vorstellungen von bestimmter Beschaffenheit in be=
stimmter Reihenfolge zuführt, die dann sich drängend und
stoßend Gefühle und Begehrungen zwischen sich entwickeln.
Durch Darreichung der richtigen Kost könnte man nach dieser
Theorie aus jedem Menschen alles Beliebige machen; er
wäre wie eine weiche Masse, die je nach der Umgebung in
diese oder jene Form gedrückt wird.

In Wirklichkeit ist solche Auffassung des menschlichen
Lebens auf die Lehrbücher der Psychologie beschränkt ge=
blieben, welche mit mehr oder weniger Consequenz ein
Schattenspiel von Vorstellungen an die Stelle des leben=
digen Lebens und Strebens zu setzen unternahmen. In
der wirklichen Beurtheilung und Behandlung der Menschen
hat Niemand an diese Theorie geglaubt; sondern hier ist
die Ueberzeugung festgegründet, daß die Einzelnen von Ge=

burt an burch unaustilgbare Eigenthümlichkeiten geschieden
seien, daß Jeder seine individuelle Natur mitbringe, deren
Entwicklung allerdings durch die äußeren Einflüsse in diese
oder jene Bahn geleitet, gefördert oder verkümmert werden
könne, aber doch so, daß ein charakteristisches Gepräge
bleibe. Wie je nach Pflege oder Vernachlässigung aus einem
Samenkorn eine starke und kräftige, oder aber eine ver=
krüppelte Pflanze erwächst, aber niemals aus einer Eichel
eine Buche, noch aus einer Dattel eine Tanne, so verhalte
es sich mit den angebornen Anlagen der einzelnen Menschen.

Und es ist im Grunde eine sehr einfache Regel, nach
welcher man im gewöhnlichen Leben zu unterscheiden pflegt,
was auf Rechnung der Natur, und was auf Rechnung der
äußeren Umstände, der Erziehung, des Standes zu schreiben
sei: dasjenige, was unter gleichen äußeren Einflüssen gleich
geräth, ist das Werk dieser; was trotz gleichen äußeren
Umständen verschieden bleibt, ist auf Rechnung der Natur
zu setzen. Kein Dorfschulmeister hat je daran gezweifelt,
daß innerhalb seiner Schuljugend, die unter derselben Um=
gebung, inmitten derselben Beschäftigungen, unter denselben
Sitten und unter demselben Unterrichte aufwächst, die Ver=
schiedenheit der trägen und der lebhaften, der wißbegierigen
und der stumpfen, der intelligenten und der dummen Kin=
der jedenfalls zum größten Theil auf natürlichen Anlagen
beruhe; und daß andererseits die seinen Schülern gemein=
same Summe von Kenntnissen und Fertigkeiten sein Werk sei.

Allein wenn wir auch die Richtigkeit dieser Auffassung
im Allgemeinen zugeben wollten, so würde sie nun doch im

Einzelnen nur dann anwendbar sein, wenn wir die Einflüsse, unter denen der Einzelne gestanden ist, übersehen und nach einer allgemeinen Regel bestimmen könnten, wie viel auf ihre Rechnung kommt; und wenn nicht die eigenthümliche Natur des geistigen Lebens überhaupt eine solche Trennung von Erworbenem und Angeborenem erschwerte. Denn es gehört ja zu den Grundgesetzen geistiger Entwicklung, daß ursprünglich vorhandene Kräfte verschwinden, wenn ihnen keine Gelegenheit zur Bethätigung gegeben ist; daß andrerseits durch beharrliche Uebung einer auch nur im geringsten Ansatze vorhandenen Fähigkeit diese selbst wächst, und daß später den Eindruck einer ursprünglich vorhandenen hervorragenden Begabung machen kann, was nur Resultat sorgfältiger Pflege und Ausbildung ist. Das bekannte Wort, „das Genie ist der Fleiß", enthält sicher eine Uebertreibung, aber eine Uebertreibung einer unzweifelhaften Wahrheit.

So kann nun zwar die allgemeine Ueberzeugung stehen bleiben, daß ursprüngliche Unterschiede vorhanden sind, und die Verschiedenheit der Persönlichkeiten, denen wir begegnen, zu einem wesentlichen Theile auf ihnen beruht; aber auf dem Wege der Beobachtung und Analyse der einzelnen Individualitäten diese Unterschiede zuerst im Einzelnen festzustellen, um sie nachher zu einer vergleichenden Uebersicht zu bringen, ist eine Aufgabe, welche die Mittel unserer psychologischen Analyse übersteigt.

Und so bleibt nichts übrig, als von der Ueberzeugung aus, daß es überhaupt ursprüngliche und wesentliche Verschiedenheiten gibt, einen anderen Weg einzuschlagen, um

uns klar zu machen, worin sie bestehen können. Es sollen
ja Verschiedenheiten sein, welche innerhalb einer gemein=
samen menschlichen Natur heraustreten; nur unter dieser
Voraussetzung sind sie uns überhaupt verständlich; von
einer Richtung des geistigen Lebens, von der wir in uns
selbst auch nicht eine Spur fänden, vermöchten wir uns
keinen Begriff zu machen; und jeder Versuch, ein Indivi=
duum zu verstehen, das mit einer uns vollkommen unbe=
kannten Form geistiger Thätigkeit ausgestattet wäre, das
einen sechsten Sinn hätte, oder dessen Gedanken nicht in
einer zeitlichen Folge verliefen, würde vollkommen vergeb=
lich sein. Eine methodische Eintheilung kann nur von dem
Allgemeinen selbst ausgehen, dessen verschiedene Modifica=
tionen dargestellt werden sollen, von der gemeinsamen mensch=
lichen Natur: in ihr müssen die Merkmale aufgefunden
werden, die noch unterschiedene und entgegengesetzte Be=
stimmungen zulassen; dadurch gewinnen wir eine Entwick=
lung des allgemeinen Begriffs in die in ihm selbst ent=
haltenen Besonderungen, und können nun erwarten, daß
den so gefundenen Gliedern die wirklich beobachteten Dif=
ferenzen entsprechen und die begriffliche Theilung an der
Einzelbeobachtung sich bewähre.

Versuchen wir also zunächst ein allgemeines Schema
des geistigen Lebens nach seinen gemeinsamen Zügen zu
entwerfen: so ist es uns vor allem gegeben nicht als etwas
Ruhendes, das wir in einem bleibenden Bilde festhalten
könnten, sondern in ununterbrochener Bewegung als ein
Verlauf mannigfaltiger Thätigkeiten und wechselnder Zu=

ſtände, die nach den verſchiedenſten Richtungen zu dem,
was außer uns iſt, in Beziehung ſtehen. Dieſe Lebens=
äußerungen ſind in doppelter Weiſe zur Einheit zuſammen=
gehalten: von der einen Seite durch das alle umfaſſende
Selbſtbewußtſein, vermöge deſſen Jeder alle ſeine inneren
Ereigniſſe, ſeine Vorſtellungen, ſeine Gefühle, ſeine Strebun=
gen, ſo verſchieden ihre Gegenſtände ſein mögen, als die
ſeinigen weiß, auf ſein eigenes Jch als das in allem Wechſel
einheitlich beharrende Subject bezieht; von der anderen
objectiven Seite durch den wenigſtens in ſeinen Hauptzügen
erkennbaren geſetzmäßigen Zuſammenhang, vermöge deſſen
ſie nicht in iſolierten Reihen verlaufen, ſondern in mannig=
faltigſter Abhängigkeit von einander ſtehen — einer Ab=
hängigkeit, die im Einzelnen zu erkennen eben die Haupt=
aufgabe der wiſſenſchaftlichen Pſychologie iſt.

Und nun hat die Wiſſenſchaft des inneren Lebens
durch eine lange, in der Theorie über die Principien, aus
denen alles erklärt werden müſſe, ſchwankende, in den
Hauptreſultaten doch übereinſtimmende Forſchung ein all=
gemeines Bild dieſes inneren Lebens aufzufaſſen und zu
zeichnen vermocht, indem ſie zuerſt die Vielheit von ein=
zelnen unterſcheidbaren Vorgängen und wechſelnden Zu=
ſtänden nach ihren Hauptunterſchieden ſondern und unter
wenige große Claſſen zuſammenfaſſen gelernt hat, und dann
den Hauptformen der Wechſelwirkung nachgegangen iſt,
welche zwiſchen den verſchiedenen Richtungen unſeres gei=
ſtigen Lebens beſteht.

Daß ein größerer oder kleinerer Reichthum von Vor=

stellungen und Gedanken unser Bewußtsein erfüllt, mit
deren Hülfe wir theils die uns umgebende Welt in enge=
rem oder weiterem Umfange, oberflächlicher oder tiefer,
bruchstückweise oder in größeren Zusammenhängen erkennen,
theils in freien, nur unserem Drange folgenden und uns
selbst sympathisch oder wohlgefällig berührenden Combina=
tionen phantasievoll spielen, theils überlegend den Werth
der Dinge für uns bestimmen, und die Zukunft vorbildend,
Zwecke uns setzend und Mittel suchend unser absichtliches
Handeln leiten; daß schwächere oder lebhaftere Gefühle der
Lust und Unlust, der Befriedigung oder Nichtbefriedigung
unseres eigenen Strebens, der Theilnahme am Wohl und
Wehe Anderer die wechselnden Verhältnisse zur Welt be=
gleiten, deren wir uns bewußt werden, und sich mit un=
willkürlicher Gewalt in Ton und Geberde ihren mimischen
Ausdruck geben; daß endlich neben dem Spiele der Vor=
stellungen und dem Auf= und Abschwanken der Gefühle
ebenso ununterbrochen unser Leben in Strebungen und
Willensbewegungen sich äußert, durch die wir theils unsere
Aufmerksamkeit spannen und unsere Vorstellungsthätigkeiten
bestimmen und regieren, theils unsere Glieder zur Wirkung
nach außen in Bewegung setzen, sei es, um augenblickliche
Begierden zu befriedigen, die das natürliche Streben nach
Lust und Fliehen der Unlust in uns erzeugt, sei es, um
verständig ausgedachte Zwecke zu verwirklichen oder allge=
meine Gebote zu erfüllen; daß keinem menschlichen Leben
irgend eine dieser drei Grundformen der Seelenthätigkeit,
des Vorstellens, Fühlens nnd Strebens fehlt, daß keine

derselben unabhängig von den andern und ohne vielfache
Rückwirkung auf sie ist: das sind die überall erkennbaren
Grundzüge des Bildes, das von unserem inneren Geschehen
uns dargeboten wird, und das, soweit es sich um die bloße
Beschreibung handelt, auch übereinstimmend aufgefaßt ist,
wie viel auch über die Quellen, aus denen die einzelnen
Thätigkeiten fließen und die letzte Deutung ihres Zusammenhangs gestritten werden, und wie groß die Verschiedenheit der Meinungen darüber sein mag, ob diese unterscheidbaren Formen des inneren Geschehens gleich ursprünglich sind, oder eine von der anderen abgeleitet werden muß.

Und wenn wir, unbeirrt von Schulmeinungen, unser
unmittelbares Bewußtsein selbst fragen, so kann auch darüber kein Zweifel sein, daß unser eigentliches innerstes
Sein und Leben durch die Gefühle constituiert wird, in
denen wir unsern Zustand und seine Bedeutung unmittelbar
empfinden, und durch die Strebungen, durch welche wir
wirksam uns selbst bestimmen und uns die Richtung von
einem Moment zum andern geben. Das ist der reale Kern
unserer Existenz, wie sie uns zum Bewußtsein kommt.
Darin erscheinen wir uns als wirkliche, im Zusammenhang
des Erleidens und Wirkens mit der übrigen Welt stehende
Wesen, während die Vorstellungsthätigkeit die allgemeine
Form ist, in der unser eigenes Leben als ein bewußtes und
unsere Beziehungen zur Außenwelt sich für uns abbilden,
und insofern allerdings wieder eine fundamentale Bedeutung beansprucht, als der unterscheidende Charakter des
seelischen Daseins eben darin gelegen ist, daß die Be-

ziehungen, in denen wir zur Welt stehen, nicht bloß die realen des Wirkens und Erleidens sind, sondern daneben zugleich in dieser wunderbaren, idealen Form stattfinden, vermöge der das Aeußere einen Gegenstand unseres Bewußtseins bildet. Aber es erscheint uns doch so, daß, wenn unsere Vorstellungen wechseln und ein Bild ums andere an uns vorüberzieht, damit noch nicht wir selbst in unserem eigensten Sein betroffen werden; eben weil wir das Vorgestellte uns gegenüberstellen und von uns ablösen, bildet es keinen Bestandtheil unseres eigenen Selbst; aber was wir fühlen, das ist allein unser Schmerz und unsre Lust, was wir wollen und vollbringen, das ist unsre That, und ein Stück von uns selbst. Wir können viel lernen und viel vergessen; diese Gedanken scheinen bei uns ein- und auszugehen, wie Besuche, mit denen wir uns eine Zeit lang unterhalten; was uns angehört, ist der Eindruck, den sie auf uns machen, und die Entschlüsse, zu denen sie uns bestimmen. Das Bewußtsein der S ch u l d spricht deutlicher und unwiderleglicher als alle psychologischen Theorieen dafür, daß wir unser eigentliches und wahres Sein in unserem Wollen und Fühlen finden.

Gehen wir nun aber den Wechselverhältnissen dieser verschiedenen Seiten unseres Lebens nach, so kann im Grunde kein Streit sein über ihre thatsächlichen Beziehungen untereinander. Unsere Vorstellungen kann man am ehesten versuchen als ein isolirtes Gebiet darzustellen, das nur seinen eigenen Gesetzen folge, vermöge der die Vorstellungen in unser Bewußtsein eintreten, dort sich in der vielfachsten

Weise untereinander begegnen, hemmen und verknüpfen, zu
verwickelteren Gebilden zusammenwachsen, und so ein Ganzes
darstellen, dessen Ordnung nur durch den objectiven Inhalt
der einzelnen Vorstellungen bestimmt wäre, dessen Bedeu=
tung darin bestünde, die äußere Welt in ihrem Zusammen=
hang und unser eigenes Sein in ihr abzuspiegeln. Aber
genauer zugesehen kommen sie gar nicht zu Stande und
werden nicht unser Eigenthum ohne die Betheiligung der
anderen Seiten unseres Lebens; es ist ja nicht so, als ob
nach mechanischen Gesetzen ohne Wahl die äußeren Dinge
durch die geöffneten Pforten unserer Sinne in unser In=
neres einzögen und dasselbe erfüllten; schon die sinnliche
Auffassung selbst, das was wir wirklich sehen und hören,
ist nicht bloß durch die Gegenwart der Dinge, sondern
durch unsere Aufmerksamkeit bestimmt, und diese wieder
wird durch den Werth gespannt, den die Gegenstände für
unser Gefühl haben; in der Erinnerung haftet am sicher=
sten nicht das Gleichgültige, und wäre es noch so oft un=
serem Blicke begegnet, sondern das, was uns den lebhafte=
sten Eindruck gemacht, uns beglückt oder erschreckt hat, oder
was wir uns absichtlich mit Anstrengung unseres Wollens
einprägten; umfassenderes Wissen ist nicht denkbar ohne
Wißbegier und lebendiges Streben, ohne die Anstrengung
des Nachdenkens, ohne die Aufregung des Zweifels und
die Freude der Entdeckung; und wo unsere Gedanken nicht
absichtlich der Erkenntniß zugewendet werden, da folgen sie
durchaus nicht den Anziehungen, die ihre logischen Verbin=
dungen begründen würden, sondern vielmehr unseren Stim=

mungen, und je nachdem unser Gemüth erregt ist, drängen sich andere und andere Bilder aus unserer Erinnerung, andere und andere Phantasieen für die Zukunft.

Was aber durch äußere Wahrnehmung und Mitthei= lung in uns eingeht, und was sich in uns selbst weiter spinnt, regt lebhaftere oder leisere Gefühle auf; nur die elementaren sinnlichen Lust= und Schmerzgefühle sind unab= hängig von vorangehenden Vorstellungen, unser übriges Gefühlsleben wird erst durch die Auffassung unserer Be= ziehungen zur Außenwelt und insbesondere zu unsern Mit= menschen erregt.

Unsere Strebungen aber entspringen, wo wir uns ihrer Quelle bewußt sind, aus dem Wohl und Wehe, das wir erfahren oder vorausschauend erwarten; sie sind zugleich von den Vorstellungen abhängig, welche ihre Ziele ihnen vor= halten und unseren Thätigkeiten bestimmte Richtung geben; aber umgekehrt bestimmt unser Streben und Wollen wieder der Gang des Vorstellens, das unter ihrem Druck den er= strebten Zustand festhält, und die Mittel und Wege sucht, ihn zu erreichen, und das Gelingen und Nichtgelingen er= zeugt wieder lebhafte Gefühle der Befriedigung oder Nicht= befriedigung, welche ihrerseits wieder dem Laufe unserer Gedanken seine Richtung geben.

So entsteht in endloser Mannigfaltigkeit der Verflechtung der einzelnen Fäden das bunte Gewebe unseres inneren Le= bens; dieselben elementaren Bestandtheile und übereinstim= mende Formen ihrer Verknüpfung zu einem Ganzen lassen sich durch das bunte und wechselvolle Spiel hindurch erkennen.

Wenn wir uns nun fragen, welche näheren Unterschiede an diesem gemeinsamen Schema hervortreten, und wo also die Eigenthümlichkeiten liegen können, durch welche die einzelnen Menschen ihr besonderes Gepräge erhalten, so springt uns vor allem ein doppelter Gesichtspunkt entgegen: wir können einerseits nach den Gegenständen der verschiedenen Thätigkeitsweisen fragen, andrerseits nach der Art der Thätigkeit selbst. Dort treffen wir auf Verschiedenheiten des Inhalts, der das Vorstellen der Einzelnen erfüllt, der bestimmten Arten von Lust oder Unlust, welche vorzugsweise in ihnen erregt werden, und durch welche die Gegenstände, denen sie gegenüberstehen, und die Schicksale, die sie erfahren, verschiedene Bedeutung für sie gewinnen, der Ziele, denen ihr Begehren und Wollen zugewendet ist, und deren Verwirklichung ihre Arbeit erstrebt. Hier, wo es sich um die Art der Thätigkeit handelt, kann wiederum ein doppeltes ins Auge gefaßt werden. Zuerst nemlich gibt es, wenn wir die Gesammtheit der Lebensthätigkeiten oder einzelne Richtungen derselben bei verschiedenen Individuen vergleichen, quantitative Unterschiede in der Intensität der Thätigkeit selbst, Grade der Energie, mit welcher das Gesammtleben überhaupt, oder einzelne Seiten desselben sich vollziehen; weiterhin aber treffen wir auf verschiedene Arten der Verknüpfung der einzelnen Thätigkeitsweisen, auf verschiedene Systeme der Wechselwirkung zwischen den unterscheidbaren Seiten des inneren Lebens, vermöge welcher dieselben Elemente zu verschiedenen Combinationen vereinigt sind.

Nennen wir jene Unterschiede die materiellen, diese die formellen: so ist klar, daß für das Zusammenleben der Menschen in erster Linie die materiellen Unterschiede wichtig sind; durch diese nimmt Jeder seinen bestimmten Platz in der Gesellschaft ein, auf ihnen beruht die gegenseitige Ergänzung der Einzelnen zu gemeinsamer Arbeit, oder ihr feindseliger Kampf. Was die Einzelnen wissen, welche Kenntnisse sie besitzen, welche Ansichten sie haben; ob sie vorzugsweise von Lust= oder Unlustgefühlen erregt werden, heiter oder trübsinnig sind, was ihnen ferner wohl oder wehe thut, ob sie mitleidig oder schadenfroh, ob sie für sinnliche Genüsse empfänglich sind oder Ehrgefühl haben, und was sonst sie in lebhaftere Aufregung versetzt, was sie gleichgültiger läßt; welche Zwecke sie endlich verfolgen, in welcher Richtung ihr Handeln und Arbeiten sich bewegt, was sie als erstrebenswerthe Güter betrachten — das scheidet die Menschen am auffälligsten, weil davon abhängt, wie der Einzelne zu den andern sich verhält, was er wirklich thut und leistet.

Nun ist keine Frage, daß diese materiellen Unterschiede, so wie sie uns im wirklichen Leben erkennbar gegenübertreten, zu einem Theile zufällige sind, sofern sie von den äußeren Umgebungen und Einflüssen bestimmt werden. Was ich von der Welt durch unmittelbare Anschauung kennen lerne, welche Bilder meiner Erinnerung gegenwärtig sind, hängt von der Umgebung ab, in der ich lebe, und von dem Umkreis, den ich zu durchwandern Gelegenheit hatte; die mancherlei Kenntnisse, die ich über das hinaus erwerbe,

was ich selbst sehen und beobachten kann, von dem Unter=
richte, den ich genossen, von den Bildern, die ich gesehen,
von den Büchern, die ich gelesen habe; die allgemeinsten
Ansichten, religiöse Glaubenssätze oder philosophische Meinungen, sind meist ebenso durch den Kreis bestimmt, in
dem ich aufwachse. Wenn man sich vergegenwärtigt, wie
wenig durchschnittlich Jeder selbstständig und unabhängig
von andern erwirbt, wie viel von dem, was er weiß und
glaubt, Gemeingut ist, so gewinnt man fast den Eindruck,
als ob die individuelle Abgeschlossenheit der Einzelnen blo=
ßer Schein sei, und nur für ihre körperliche Existenz gelte;
was von Vorstellungen und Gedanken in ihnen lebt, ist
etwa der Luft vergleichbar, die in ihre Lungen eingeht,
aus der allgemeinen Atmosphäre genommen, die sie um=
gibt, und wieder in diese zurückströmend. Und doch
zeigt sich bei näherer Betrachtung auch hier die durchgrei=
fende Bedeutung der Individualität; nicht nur in dem Um=
fang, in dem angeeignet und dem Gedächtnisse anvertraut
wird, treten quantitative Differenzen hervor, sondern mehr
noch zeigen sich Unterschiede in der Auswahl, die jeder
macht; und hier gehen wir auf Unterschiede der intellec=
tuellen Begabung zurück, vermöge der gewisse Classen von
Vorstellungen leicht aufgenommen und behalten, andere
aber nicht angeeignet werden, und diese Unterschiede setzen
wir als natürliche: so daß schon hier die materiellen Diffe=
renzen nicht bloß als gewordene, sondern als ursprüngliche
erscheinen. Und dann ist es ja nicht so, als ob unser Vor=
stellen nur im Aneignen eines von außen gebotenen Inhalts

bestünbe; als wäre unser Kopf nur ein Repositorium für
allerlei Bilder und Wörter und Sätze; all das wird ja
erst wichtig dadurch, daß wir in lebendiger Thätigkeit etwas
daraus zu machen wissen, daß wir unsere Sinne gebrauchen
und beobachten lernen und durch Schlüsse unsere Wahrneh=
mungen mit unseren Voraussetzungen verknüpfen und sie zu
weiterer Erkenntniß oder richtigem Handeln verwerthen. Was
wir als Talent bezeichnen, ist die angeborene Geschicklich=
keit für bestimmte Kreise der Thätigkeit, vermöge der wir
im Stande sind, unsere Vorstellungen unter sich und mit
Handlungen zweckmäßig zu combinieren, um das Gelernte
zu neuer Erfindung zu verwerthen.

Hängt so schon im Gebiete der Vorstellungen der In=
halt, mit dem sich unser Bewußtsein erfüllt, nicht bloß von
außen ab, sondern ebenso von ursprünglichen Dispositionen
und Richtungen: so ist im Gebiete des Wollens und Han=
delns ein ähnlicher und noch engerer Zusammenhang. Auch
hier zwar zeigt sich auf den ersten Blick der Mensch als
bedingt durch alle möglichen äußeren Umstände, durch die
Lage, in die er hereingeboren ist, durch die Gesellschaft, in
der er aufwächst. Sehen wir auf das, was er treibt, wo=
mit er sich beschäftigt, was Gegenstand seiner täglichen Ar=
beit ist, so ist er hier von dem gesammten Culturzustand
seines Volkes und seiner Zeit, und weiterhin von der äu=
ßeren Lage abhängig, die ihm diesen oder jenen Beruf
aufdrängt, und damit eine Reihe von Gewohnheiten der
Thätigkeit erzeugt, die auf den ganzen Habitus seines Le=
bens zurückwirken, indem sie bestimmen, worauf sich seine

Aufmerksamkeit richtet, und welche seiner Eigenschaften geübt und entwickelt, welche verkümmert werden. Ebenso ist aber auch, was er für löblich und schändlich, für geboten und verboten, für recht und unrecht hält, von der Gesellschaft und der in ihr geltenden öffentlichen Meinung abhängig; und die äußere Gewalt, welche herrschende Personen oder Gesetze ausüben, fügt einen weiteren Druck hinzu, der sein Wollen in bestimmte Richtungen zwingt. Und doch belehrt uns jeder Versuch, der im Kleinen oder Großen gemacht wird, die Menschen zu erziehen und zu regieren, daß sie sich von Hause aus zu den Zwecken, die ihnen von ihrer Umgebung zugemuthet werden, sehr verschieden verhalten, daß hier eine nicht weiter erklärliche Vorliebe für eine bestimmte Art der Beschäftigung, dort eine ausgesprochene Abneigung besteht, die nicht einmal durch Zwang überwunden wird; und der Reichthum der menschlichen Individualitäten zeigt sich auch hier in der Mannigfaltigkeit der Thätigkeitstriebe. Und ebenso weist das sittliche Gebiet, dessen Kernpunkt unser Verhalten zu anderen bildet, die schärfsten Gegensätze zwischen den geselligen und egoistischen Neigungen, zwischen willigem Anschließen und trotzigem Eigensinn auf; Liebe und Haß, Gutmüthigkeit und Bosheit sind in den verschiedensten Abstufungen vertheilt, und Niemand kann im Ernste daran denken angeborene Charakteranlagen zu läugnen.

Am ausgesprochensten endlich scheinen die materiellen Differenzen auf dem Gebiete des Gefühls dem Versuche zu widerstreiten, sie nur auf die jeweiligen Umstände und

Einflüsse zurückzuführen. Eine umfassende historische Betrachtung wird zwar auch hier Gelegenheit genug haben zu
zeigen, wie die Art, wie der Mensch von der umgebenden
Welt und dem Thun seiner Mitmenschen afficiert wird,
Sache der Gewohnheit ist; was ihm gefällt oder mißfällt,
was ihn überhaupt ästhetisch erregt und was ihn gleichgültig läßt, hängt von der Nation ab, in der er lebt, und
von der Culturstufe, der sie angehört; oft genug ist die
Verschiedenheit in dem Urtheil verschiedener Zeiten über
das, was schön und gefällig sei, betont, und beispielsweise
gezeigt worden, seit wie kurzer Zeit erst landschaftliche
Bilder den lebhaften Eindruck der Schönheit und Erhaben-
heit machen, der uns heutigen als etwas Natürliches und
Selbstverständliches erscheint. Aber auch jenseits des bloß
ästhetischen Gebiets tritt uns Vieles entgegen, was Sache
der Erziehung und des gesellschaftlichen Einflusses ist; die
Reizbarkeit des Ehrgefühls ist ebenso eine ganzen Classen
gemeinschaftliche Eigenschaft, als die Richtung, welche die
religiösen Gefühle nehmen, ihre bestimmte historische Grundlage hat. Sagt man ja oft und mit Recht, daß die Gefühle ansteckend seien.

Und doch wissen wir, daß dem Einzelnen sich nicht
befehlen läßt, was ihm gefallen und mißfallen, woran er
Freude haben und was ihm widerwärtig sein soll; daß
auch bei der größten Gleichheit der äußeren Bedingungen
noch die größte Mannigfaltigkeit des Gemüthslebens möglich ist; und gerade die Art, wie jeder in seinem Gefühle
erregt wird, scheint uns das Eigenste und Ursprünglichste,

am wenigsten aus allgemeinen Regeln berechenbar zu sein. Diese Verschiedenheit der Gefühlsaffection ist zum Theil schon mit den Differenzen der Talente und der Triebe gegeben; so gewiß die Richtungen des Strebens mit der Empfänglichkeit des Gefühls zusammenhängen, so gewiß Vorstellen und Handeln fortwährend auf unser Gefühl zurückwirken, so gewiß sind auch ursprüngliche Dispositionen des Gefühls zugleich mit der Verschiedenheit der Anlagen und der Thätigkeitstriebe gesetzt.

Wenn wir nun darauf verzichten, in die weitaussehende Untersuchung einzugehen, wie viel von den materiellen Unterschieden auf äußere Bedingungen, wie viel auf natürliche Dispositionen zurückzuführen ist, so können wir auch die enge damit zusammenhängende Frage nur berühren, welche Bedeutung den gemeinsamen Zügen größerer Gruppen zukommt, die wir als Nationalanlage oder Nationalcharakter bezeichnen. Denn auch hier wiederholt sich dieselbe Streitfrage: die eine Richtung, die streng empiristische, wird geneigt sein, die Besonderheiten in der Empfindungsweise, dem Geschmack, den herrschenden Bestrebungen und Leidenschaften eines Volks aus seiner Geschichte, und den Gang derselben zuletzt aus äußeren Einflüssen, des Klimas, der Bodenbeschaffenheit, der Nahrung und ähnlichen Ursachen zu erklären, die bewirkten, daß die von Hause aus richtungslose, für die verschiedensten Einwirkungen gleich empfängliche menschliche Natur hier diese, dort jene Bahn einschlug; und daß der Einzelne in geringerem oder höherem Grade an dem Nationalcharakter Theil nimmt, wird sie auf

Erziehung und Nachahmung zurückführen. Die andere Rich=
tung aber wird die natürliche Ursprünglichkeit verschiedener
Raſſen= und Stammeseigenthümlichkeiten betonen, und ſich
darauf berufen, daß unter demſelben Klima die verſchieden=
ſten Stufen und Richtungen der Cultur ſich entwickelten;
und ſie wird auch nach der Lehre, daß erworbene Gewohn=
heiten ſich in Form natürlicher Triebe und Neigungen ver=
erben, das geſchichtlich Gewordene von Generation zu Ge=
neration in eine natürliche und angeborene Beſchaffenheit
umſchlagen laſſen.

Aber wenn wir auch nicht feſtzuſtellen unternehmen,
wo zwiſchen den Extremen die Wahrheit liegt, ſo läßt ſich,
ſobald nur überhaupt angeborene Unterſchiede der Einzelnen
zugeſtanden ſind, wenigſtens Eines mit Sicherheit aufſtellen,
daß nemlich das Maß des Beitrags, den angeborene Dis=
poſition und äußere Einwirkung zur wirklichen Geſtaltung
der Individualität liefert, im Einzelnen ein verſchiedenes
ſein wird, der Eine ſein Gepräge überwiegend von außen
erhalten, der andere die in ihm angelegte Form ausge=
ſtalten wird. Haben wir überhaupt das Recht, das Leben
als Entwicklung einer individuell beſtimmten Anlage unter
dem Einfluſſe äußerer auf ſie einwirkender Umſtände zu
betrachten, von welchen die angeborene Kraft zu ihren ein=
zelnen Aeußerungen gereizt wird, ſo ſtehen ſich zwei ent=
gegengeſetzte Möglichkeiten gegenüber: entweder überwiegt
die Receptivität, der Verlauf des Lebens iſt vorzugsweiſe
durch die wechſelnden äußeren Anregungen, gehen ſie von
der Natur oder der Geſellſchaft aus, beſtimmt, denen der

Menſch mit bildſamer Empfänglichkeit nachgibt; ober über=
wiegend durch ſtark ausgeſprochene einſeitige Richtungen
der geiſtigen Kraft, welche bie ihr zuſagenden Objecte der
Bethätigung auswählend auſſuchen und von außen zwar
gehemmt, aber nicht beſtimmt werden können. Jene gleichen
ben variabeln Gewächſen, welche jebe Aenderung von Stand=
ort und Boden empfinden, und burch verſchiedene Form
ihrer Blätter ober verſchiedene Farbe und Größe ihrer
Blumen beantworten; bieſe ben anbern, die eigenſinnig
ihren Typus feſthalten, und wohl verkümmern, aber ſich
nicht accommobieren. Die einen ſind die ſchmiegſamen,
nachgiebigen Naturen, beren weiche Maſſe nach jebem Drucke
ſich formt, und bas Gepräge jebes Stempels annimmt;
bieſe die ſpröben und ſcharfkantigen, die in ſich ſelbſt, wie
ein Kryſtall, bas Geſetz zu tragen ſcheinen, nach bem ſie
ſich bilben.

Im Gebiete des Vorſtellens ſind bie receptiven Na=
turen biejenigen, die werden, was die Schule aus ihnen
macht; die alles aufnehmen, was Zufall ober Unterricht
ihnen bietet, ihr Gebächtniß mit beliebigem Stoffe anfüllen
und bereitwillig glauben, was man ihnen vorſagt; bieſe
bagegen ſind in ihrer Empfänglichkeit beſchränkter, gehen
an Vielem gleichgültig vorüber, ober weiſen es, wenn es
ihnen aufgebrungen wird, widerwillig ab, um mit beſto
größerer Begier bas ſich anzueignen, was ihrer Anlage
entſpricht und ihr Intereſſe erweckt, um nun ein eigen=
artiges Denken zu entwickeln.

Im Gebiete des Handelns ſind jene die leichtbeſtimm=

baren, abhängigen, dienenden Naturen, denen es Bedürfniß
ist sich leiten zu lassen, andere um Rath zu fragen und
ihrem Beispiel zu folgen, die keiner Aufforderung wider=
stehen und keinen Zweck gegen den Widerspruch anderer
oder entgegenstehende Hindernisse durchsetzen; diejenigen,
deren ganze Haltung von der Gesellschaft abhängt, in der
sie leben, die Sünder aus Schwachheit und nicht aus Bos=
heit. Jene dagegen sind die Eigenwilligen, widerspenstig
und trotzig gegen jede Zumuthung von außen, eigensinnig
in der Verfolgung selbstgewählter Zwecke, unglücklich, wenn
sie sich fügen und dienen müssen, und zufrieden nur, wenn
andere sie gewähren oder sich von ihnen beherrschen lassen.
Und derselbe Gegensatz reflectiert sich auch im Gefühlsleben:
denn wenn bestimmte Gefühle in doppelter Art entstehen,
theils aus directer Einwirkung äußerer Vorgänge, theils
durch die Rückwirkung unseres eigenen Thuns auf unser
Sein: so bringt es die Natur der Sache mit sich, daß jene
Weichen und Bestimmbaren vorzugsweise die rein passiven
Gefühle in sich erleben werden, welche von der Beschaffen=
heit desjenigen abhängen, was von außen an uns heran=
tritt; die Spröden und Eigenwilligen aber werden über=
wiegend von den Gefühlen bewegt sein, welche von dem
Gelingen oder Mißlingen der im Innern entsprungenen
lebendigen Thätigkeit abhängen.

Von der Mischung der originalen und der nachahmen=
den Individuen hängt es ab, ob eine Gesellschaft mehr
eine gleichartige Masse darstellt, einer Ebene oder welligem
Lande vergleichbar, oder ob aus ihr, schroffen Felsen und

scharfgezeichneten Spitzen ähnlich, die einzelnen Individuali=
täten mit kräftig ausgeprägter Eigenart hervorragen.

Innerhalb der Unterschiede nun, welche durch den ver=
schiedenen Inhalt des Lebens sich ergeben, treten uns
überall die quantitativen Abstufungen der Intensität der
geistigen Thätigkeit sowohl im Ganzen, als in einzelnen
Richtungen gegenüber; es ist uns ja ganz geläufig, solche
Maßangaben zu verwenden, um die Größe der leben=
digen Kraft, welche sich nach den verschiedensten Seiten
äußert, vergleichend zu bestimmen.

Gehen wir nur von dem Gesammteindruck aus, wel=
chen in dieser Hinsicht das Verhalten der Einzelnen uns
macht, so stehen uns an dem einen Extreme die trägen
und schläfrigen Menschen, bei denen die geistige Lebendig=
keit überhaupt nur ein Minimum ist, die vegetativen Na=
turen, die nur starke äußere Antriebe überhaupt für kurze
Zeit in eine merkliche Bewegung setzen, während jeder in=
nere Impuls zur Thätigkeit fehlt, und die Schwachen,
denen auch beim besten Willen versagt ist, in irgend einer
Richtung in lebhaftere Thätigkeit zu gerathen; und ganz
allmählich geht dieses untere Extrem in die pathologischen
Erscheinungen über, die wir als Schwachsinnigkeit u. dgl.
bezeichnen.

An dem andern Ende finden wir die lebhaften und
von Kraft übersprudelnden Naturen, denen nur in starker
und ununterbrochener Thätigkeit wohl, und jeder Moment
der Ruhe ein Greuel ist, die in gleicher Weise vom leb=
haftesten Triebe zur Thätigkeit bewegt werden und die

Kraft besitzen diese Thätigkeit anhaltend auszuüben. Zwi=
schen diesen Grenzpunkten liegt eine lange Leiter von Ab=
stufungen des Gesammtmaßes der Lebendigkeit.

Aber nur eine ganz summarische Schätzung könnte bei
der Vergleichung der geistigen Gesammtkraft stehen bleiben;
es wäre etwa so, wie wenn wir die Unterschiede der Ma=
schinen erschöpft zu haben glaubten, wenn wir sie nach der
Zahl der Pferdekräfte vergleichen. Jene verschiedenen Lei=
stungen der geistigen Lebenskraft vertheilen sich in doppelter
Weise verschieden: einmal, wenn wir auf den Zeitverlauf
achten, den alles Geschehen darstellt, und dann, wenn wir
auf die einzelnen Bestandtheile sehen, aus denen sich jene
Durchschnittsgröße zusammensetzt.

In der ersteren Richtung tritt uns der Gegensatz gleich=
mäßiger Thätigkeit und stoßweisen Wechsels von Ruhe und
Bewegung entgegen; dort der ruhige Fluß einer stetigen
Natur, hier längere Perioden träger Schläfrigkeit und dann
plötzliches Aufraffen zu lebhafterer Thätigkeit, in der sich
ein angesammelter Vorrath von Energie wieder rasch zu
erschöpfen scheint.

Wichtiger als diese Vertheilung der Kraft auf Perioden
des Schlafens und Wachens erscheinen überall die Unter=
schiede in der Intensität der Kraft, die in den gesonderten
Richtungen des psychischen Lebens wirksam ist; und die
allgemeinsten und am häufigsten gebrauchten Prädicate, mit
denen wir die Einzelnen charakterisieren, liegen auf diesem
Gebiete, auf dem sich ebenso die Zeugnißtabellen der Schulen
und der Prüfungen zu bewegen pflegen. Für jede Haupt=

richtung geistiger Thätigkeit haben wir eine Anzahl von
Abstufungen, zwischen dumm und gescheidt, zwischen gleich=
gültig und empfindlich, zwischen faul und fleißig oder lahm
und energisch; und wir führen die Besonderungen noch
weiter in die einzelnen Richtungen der Intelligenz oder
des Wollens hinein, wir messen die Auffassungskraft, das
Gedächtniß, das Urtheil besonders, und ebenso besonders
die Empfindlichkeit für sinnliche Lust und Unlust oder die
Reizbarkeit des Ehrgefühls. Die Tabellen zwar, in denen
diese Methode zu Hause ist, pflegen überwiegend intellec=
tuelle Fähigkeiten und Leistungen zu vergleichen; in großem
Maßstab ist aber dasselbe System von der sogenannten
Phrenologie angewendet worden, welche Anlagen, Talente
und Triebe an den schwächeren oder stärkeren Protube=
ranzen des Schädels ablesen wollte, und die ganze geistige
Individualität aus den Numern zusammensetzte, welche die
Stärke der 36 oder 60 verschiedenen „Organe" bezeichneten.

So äußerlich und mechanisch ein solches tabellarisches
Verfahren erscheinen mag, so liegt ihm doch die richtige
Ansicht zu Grunde, daß die individuellen Unterschiede zu
einem großen Theil Gradunterschiede sind, die an den ge=
meinsamen Factoren heraustreten, aus welchen überall das
Ganze des Lebens sich zusammensetzt, und daß die Mischung
dieser relativ von einander unabhängigen Richtungen in
verschiedenen Verhältnissen ein immerhin brauchbares und
zutreffendes Schema abgibt, um die Einzelnen nach einem
gemeinsamen System zu charakterisieren; und gerade die
quantitative Abstufung erhält uns den Gedanken gegen=

wärtig, daß wir es nirgends mit schroffen Gegensätzen,
sondern mit fließenden Unterschieden zu thun haben. Cha=
rakteristisch werden für den einzelnen diejenigen Prädicate
sein, die mit der höchsten Numer erscheinen; und wo wir
lauter mittlere Werthe angeben müßten, da hätten wir
eben damit das Bild eines Durchschnittsmenschen.

Was aber doch wieder einen Mangel dieses Systems
ausmacht, ist das mechanische Abbieren einzelner Posten,
als ob sie unter sich zusammenhangslos und von einander
unabhängig wären, und der Mensch sich als eine bloße
Summe nebeneinanderstehender Fähigkeiten darstellen ließe.
Wo es sich um den Umfang der Kenntnisse und intellec=
tuellen Leistungen in verschiedenen nebeneinanderliegenden
Gebieten handelt, da ist ja in der That diese Unabhängig=
keit in gewissem Sinne vorhanden; es kann einer ein guter
Mathematiker und ein schlechter Lateiner sein, in der Geo=
graphie viel wissen, aber keinen deutschen Aufsatz zu Stande
bringen; aber sobald wir auf diese Weise das ganze Seelen=
leben rubricieren wollten, so liegt auf der Hand, daß seine
einzelnen Richtungen nicht unabhängig von einander sind,
und daß die eingreifendsten Unterschiede vielmehr in den
verschiedenen Formen der Wechselwirkung zwischen den ein=
zelnen Seiten des Seelenlebens begründet sein müssen. Jene
tabellarische Methode gibt uns so zu sagen die Anatomie
des Menschen; „die Theile habt ihr in der Hand, fehlt
leider nur das geist'ge Band;" denn sie zeigt uns nicht
den inneren Zusammenhang des Lebens, die geistige Con=
stitution. Diese ist vielmehr davon abhängig, welche Seite

des Lebens die herrschende und die übrigen nach sich be=
stimmende ist. Wer einen hoch entwickelten Verstand hat,
ist darum noch kein Verstandesmensch, wer lebhafter Ge=
fühle fähig ist, noch kein Gefühlsmensch.

Verſuchen wir aber auch in diese am ſchwerſten faß=
bare Verſchiedenheit einzubringen, ſo tritt uns zunächſt der
charakteriſtiſche Unterſchied des Gefühlslebens von den übri=
gen Seiten der Seele entgegen. In der Gefühlserregung
verhalten wir uns nur zu uns ſelbſt; wir wenden alles
nach innen; jeder einzelne Moment des Lebens gewinnt
ſeine Bedeutung dadurch, daß wir ihn nur mit uns ſelbſt
vergleichen, ihn als einen willkommenen oder widerwärtigen,
als einen mit uns harmonierenden oder disharmoniſchen
empfinden; wie unſer einheitliches individuelles Sein von
dem Wechſel ſeiner Erlebniſſe bald feindlich bedroht und
angegriffen, bald begünſtigt und gefördert wird, kommt uns
in dieſer Form zum Bewußtſein, und wir ſtellen es als
dieſes empfindliche Centrum der übrigen Welt gegenüber.
Es iſt die paſſive Seite unſeres Lebens. Wo wir dagegen
im eigentlichen Sinne activ ſind, ſei es vorſtellend oder
handelnd, müſſen wir aus uns heraus, uns mit dem Gegen=
ſtande beſchäftigen, uns ihm hingeben, uns ſelbſt vergeſſen;
der Gegenſtand macht ſeine eigenen Rechte geltend, wir
können uns erkennend oder handelnd ſeiner nur bemeiſtern,
wenn wir nicht auf das achten, was uns ſelbſt dabei wider=
fährt, ſondern auf das, was nach allgemeinen Geſetzen die
Sache verlangt, die wir zu verſtehen oder auf die wir zu
wirken trachten; wir ſtehen im Kampf, und ſo lange er

bauert, dürfen wir nicht empfindlich sein, wenn wir auch
da oder dort gedrückt oder verletzt werden; nur durch Ver=
läugnung unserer selbst gelangen wir zum Sieg, und er=
greifen das Wissen, in welchem wir unsere Gedanken nach
dem Gegenstande bestimmen, und erreichen unser Ziel, in=
dem wir unsere Wünsche nach den Gesetzen der wirklichen
Welt beschränken. Während wir im Gefühl uns auf uns
selbst zurückziehen, stiften wir im Erkennen und Handeln
eine Einheit zwischen uns und einem Andern.

Und nun ist der einschneidendste Gegensatz der geistigen
Constitutionen, der sich denken läßt, dadurch bestimmt, daß
hier die passive Seite des Gefühls, dort die active des
Vorstellens und Handelns überwiegt. Hier wird das Leben
in erster Linie durch die Gefühlserregungen bestimmt, die
wir von Moment zu Moment als die Wirkung der augen=
blicklichen Lage auf unser empfindliches Gemüth erleben;
das jeweilige Gefühl gibt nach einer Seite dem Verlauf
der Vorstellungen seine Richtung, nach der andern erzeugt
es die Impulse zum Streben und Handeln; der Zusam=
menhang der einzelnen Lebensbewegungen ist durch die Auf=
einanderfolge der Gefühlserregungen bestimmt. Dort aber
sind die thätigen Richtungen des Lebens die herrschenden
Mächte; die Verknüpfung der einzelnen Thätigkeiten folgt
nach einer Seite dem inhaltlichen Zusammenhang der Vor=
stellungen, und ist andrerseits durch die Zwecke bestimmt,
die wir für unser Handeln uns setzen, und die nach den
Gesetzen der wirklichen Welt uns die Unterordnung der
Mittel unter die Zwecke dictieren; die Gefühle sind nur

die begleitenden Accorde, aber sie bestimmen nicht Melodie und Rhythmus des Lebens. Dort drückt die Formel, nach der das Leben verläuft, die ganz individuelle Innerlichkeit aus; hier das Verhältniß der gegenständlichen Welt zu der auf sie gerichteten geistigen Kraft.

Versuchen wir die Constitution, die durch das Ueberwiegen der Gefühlsseite bestimmt ist, weiter zu entwickeln: so wird sie dadurch bezeichnet sein, daß bei allem, was geschieht, die Erregung des Gefühls in den Vordergrund tritt und den Mittelpunkt des Bewußtseins bildet; die natürlichen Aeußerungen des Gefühls in Geberde und Laut, in Weinen und Lachen, seine Rückwirkungen auf die körperliche Constitution werden der inneren Erregung folgen und sie verrathen; das Bedürfniß der Mittheilung wird lebhaft sein, mag es sich in Ausdrücken der Freude oder in Klagen ergehen. Die Vorstellungswelt wird ihre Bedeutung durch die Gefühle gewinnen, die sie erweckt; an den Dingen und Personen zuerst das beachtet werden, was gefällt oder mißfällt, was erfreut oder verletzt; und gleichgültig wird lassen, was keinen unmittelbaren Eindruck hervorzubringen im Stande ist, sondern seinen Werth nur durch den objectiven Zusammenhang hat, in dem es mit Anderem steht. Ob, was mitgetheilt wird, langweilig oder unterhaltend, rührend oder abstoßend ist, macht den durchgreifenden Unterschied aus; und in der spontanen Beschäftigung des Denkens wird ebenso die Befriedigung des Gemüths gesucht werden. Für diesen individuellen Maßstab hat es keinen Sinn etwa nach einem allgemeinen Begriffe des

Schönen zu suchen, sondern „schön ist was mir gefällt"; oder nach einem allgemeinen Grundsatz des Rechts, denn recht ist, was mein Gefühl befriedigt; oder nach einem all= gemeinen Maßstab der Wahrheit, denn wahr ist, was mit mir übereinstimmt; der alte Satz, daß der Mensch das Maß aller Dinge sei, findet hier seine Verwirklichung. Auf dem Gebiete des Wollens und Handelns aber muß sich ebenso die Empfindlichkeit des Gefühls geltend machen; je reiz= barer es ist, desto ängstlicher wird jede Verletzung desselben gemieden werden, desto weniger Lust vorhanden sein, Un= bequemlichkeiten oder Gefahren sich auszusetzen; natürliche Zaghaftigkeit und Neigung zur Furcht, scheues Zurück= weichen vor jeder rauhen Berührung mit der Außenwelt erzeugen Abneigung gegen directen Kampf und rathen durch List sich zu decken. Wo aber nicht bloß Unangenehmes gemieden, sondern positiv gehandelt wird, da wird einer= seits das augenblickliche Gefühl den Impuls zum Handeln geben, und andrerseits das Handeln darauf ausgehen, un= mittelbare Befriedigung zu schaffen und einen mit der Gefühlslage harmonisch stimmenden Zustand zu erzeugen. Und da unsere Beziehungen zu andern Menschen besonders lebhafte Gefühle zu erwecken pflegen, theils sofern wir für ihre Anerkennung empfänglich sind, theils sofern sie uns günstigen oder ungünstigen Eindruck machen, sympathisch oder antipathisch sind, so wird das Handeln überwiegend durch persönliche Rücksichten geleitet sein; einerseits aus dem Bestreben hervorwachsen, andern zu gefallen, andrer= seits auf Förderung derer ausgehen, welchen wir günstig

sind, und alle energischere That, alle Aufopferung nicht
aus der Begeisterung für unpersönliche Zwecke, sondern aus
Liebe entspringen.

Diese Züge genügen schon um uns erkennen zu lassen,
daß das Bild der überwiegend durch das Gefühl bestimmten
Constitution mit demjenigen zusammenstimmt, was wir als
die Besonderheit der weiblichen Natur zu betrachten gewöhnt sind.

Mit dem allgemeinen Charakter der männlichen
Natur dagegen finden wir diese Weichheit des Gefühls
und diese Zartheit leicht verletzbarer Empfindung unverein=
bar, wir muthen ihm größere Härte gegen Eindrücke zu
und gestatten ihm die Derbheit, die sich auch um leichte
Verletzungen Anderer wenig kümmert. Der Schwerpunkt
seines Wesens soll nicht in der Empfänglichkeit für das
liegen, was ihn berührt, sondern in der Bethätigung der
Kraft des Denkens und des Wollens; er soll unbeirrt
durch die Stimmungen des Augenblicks sich nach den allge=
meingültigen Regeln richten, welche die Natur der Sache
seinem Denken vorschreibt, und mit kalter Objectivität die
Dinge nehmen wie sie sind; er soll sich ebenso Zwecke von
allgemeiner Gültigkeit setzen, und sie mit unbeugsamer Con=
sequenz zu realisieren trachten; und Gefühlen wollen wir
nur Einfluß gestatten, soweit sie, wie die Begeisterung für
Wahrheit und Recht, die Art ausdrücken, wie allgemeine
Ideen in das innerliche Leben aufgenommen sind und darum
Impulse zum Wirken bilden, oder wo sie in der stolzen
Befriedigung über die Erreichung großer intellectueller oder

sittlicher Zwecke, oder in der zornigen Erregung durch
Hindernisse bestehen, die sich dem Wollen entgegenstellen.

Ob diese allgemeine Vorstellung, die wir uns von dem
Gegensatze der weiblichen und männlichen Natur machen,
sich im Einzelnen bestätigt; ob wir Recht haben, überhaupt
das weibliche Geschlecht im Ganzen der einen, das männ=
liche der andere Richtung zuzuweisen, soll hier nicht unter=
sucht werden; genug, daß unsere Eintheilung uns auf einen
Gegensatz geführt hat, der anerkannt ist und in der Sprache
seinen Ausdruck gefunden hat, die — freilich wenig rück=
sichtsvoll gegen das schwächere Geschlecht — mit dem Bei=
worte „männlich" die Eigenschaften zusammenzufassen pflegt,
welche die Energie des Thuns ausdrücken, vom Weibe aber
zwei Adjective gebildet hat, von denen weiblich die normale
Beschaffenheit seines Geschlechts, weibisch aber im tadelnden
Sinne diese Eigenschaften bezeichnet, wo sie sich am Manne
finden. Es hängt damit zusammen, daß es ein sehr zweifel=
haftes Lob ist, einen Mann eine gute Seele oder ein gutes
Herz zu nennen; eine Frau aber als einen „Kopf" zu be=
zeichnen, ist entschiedene Beleidigung.

Ist mit dem aufgestellten Gegensatz der männlichen
und weiblichen Naturen die durchgreifendste Scheidung ge=
geben, so wird diese Theilung jetzt durch eine andere ge=
kreuzt, die von dem Verhältnisse der beiden Seiten der
Thätigkeit genommen ist, welche ja auch in der weiblichen
Constitution nicht fehlen. Die einen richten ihr Thun vor=
zugsweise auf das ideale Gebiet der Vorstellungen, und dieses
auszugestalten entweder als Abbild der wirklichen Welt

ober in freier Schöpfung ist ihnen das wichtigste Bedürfniß; die andern sind auf Erreichung realer Zwecke gerichtet, und auf Ausübung der Macht und Herrschaft über die äußere Natur oder über andere Menschen. Jene sind die beschau= lichen, theoretischen Naturen, diese die geschäftigen, praktischen. Jene finden, sonst bedürfnißlos, ihre Befriedi= gung in der Wahrheit und Schönheit ihrer idealen Schöpf= ung; diese in der Umgestaltung der Wirklichkeit, sei's für individuelle, sei's für allgemeine Zwecke; jene handeln eben= soweit, als nöthig ist, um sich die Mittel zum Ausbau ihrer Gedankenwelt zu schaffen; diese stellen ihr Erkennen und Sinnen, ihr Beobachten und Erfinden in den Dienst des Handelns.

Die männliche Beschaulichkeit wird darauf ausgehen, die Dinge in ihrem Sinn und Zusammenhang zu verstehen, von jedem Gegenstande angeregt werden, ihm seine Stelle im Ganzen zu bestimmen, ihn als Beispiel eines allgemei= nen Gesetzes aufzufassen; es ist die philosophische Richtung. Die männliche Geschäftigkeit wird das einzelne Handeln bestimmten Zwecken, sei's egoistischen, sei's sittlichen unter= zuordnen suchen, diese selbst aber in den allgemeinen Zu= sammenhang menschlicher Zwecke einreihen; ihre Bethätigung ist die Arbeit für einen Beruf.

Wo aber die Thätigkeit vom Gefühle beherrscht ist, wird jede Gefühlserregung bei den Beschaulichen sich darin äußern, daß sie Gedanken hervorruft und auffordert über den Gefühlswerth der Dinge zu reflectieren und ihre Be= deutung danach zu schätzen, ob sie mit unserer Stimmung

harmonieren ober in Mißklang mit ihr stehen; es ist die
sentimentale Verfassung des weiblichen Gemüths, die
balb in gerührtem Entzücken die Welt voll Schönheit und
Glück findet, bald in melancholischem Weltschmerz nur die
Grausamkeit sieht, mit der die Rechte des Herzens von
der rauhen Wirklichkeit mißachtet werden; bei den prac=
tischen Naturen aber werden aus den Gefühlen die leb=
haften und zum Theil stoßweisen Antriebe entspringen,
durch thätiges Eingreifen hier zu erfreuen, dort mitleib=
erweckende Noth zu lindern, nach allen Seiten das Ge=
fällige und Wohlthuende zu verwirklichen.

Zu diesen Gegensätzen der weiblichen und männlichen
Natur, der beschaulichen und geschäftigen Richtung kommt
nun, untergeordnet für den Hauptcharakter des geistigen
Lebens für sich, aber wichtig für die geselligen Verhältnisse
der Menschen und die Wechselwirkung der Einzelnen, ein
britter Gegensatz hinzu, der sich auf die Aeußerung der in=
neren Zustände bezieht, und von einer Verschiedenheit in
der Stärke des geselligen Triebs begleitet zu sein pflegt.
Bei den einen findet, was in ihnen vorgeht, nur schwer
ben Weg nach außen, in schweigender Einsamkeit verfolgen
sie den Weg ihrer Gedanken und kaum eine leichte Ver=
änderung ihrer Mienen zeigt den Wechsel ihrer Gefühle;
es sind die stillen Menschen, verschlossen, wenn auch äu=
ßere Aufforderung nicht im Stande ist, sie zur Mittheilung
zu bewegen, schüchtern, wenn dem geselligen Triebe die na=
türliche Lebhaftigkeit und der Muth zur Mittheilung fehlt.
Bei andern liegen die Gedanken auf der Zunge, und ihr

Gesicht und ihre ganze Haltung ist der Spiegel, der in fortwährendem Wechsel die Stimmungen verräth; mittheilsam für Alles, was ihnen einfällt oder sie bewegt, geben sie ihren Erregungen lebhaften Ausdruck, und Freude wie Schmerz äußert sich in lauten Ausbrüchen. Allein nur oberflächliche Betrachtung kann die Lebhaftigkeit der augenblicklichen Aeußerung für ein Maß der inneren Lebendigkeit nehmen, denjenigen für beschränkt und langsamen Geistes halten, der in Gesellschaft langweilig ist, und denjenigen für kalt und unempfindlich, der nicht Jedermann sagt, was ihm etwa wohl oder wehe thut. Im Gegentheil pflegt die Kraft, welche dazu verbraucht wird, das Innere nach außen zu wenden, dem inneren Leben selbst verloren zu gehen; und das Sprichwort, daß stille Wasser tief sind, hat wenigstens insofern Recht, als tiefe Wasser in der Regel still sind.

Die darstellenden Thätigkeiten selbst aber werden überwiegend das offenbaren, was das Bewußtsein erfüllt; der Beschauliche wird seine Gedanken offenbaren, und je nachdem er überwiegend der für alle gleichen Erkenntniß zugewendet ist, oder in freier Combination eigenthümlich sich bewegt, ist seine Mittheilung lehrhaft oder witzig und geistreich; der Geschäftige aber wird seinen Eifer für die Zwecke des Handelns an den Tag legen, seine Hoffnungen und Befürchtungen äußern oder berathend und Genossen werbend zur Theilnahme an seinem Streben überreden wollen. Die Darstellung der Innerlichkeit des Gefühls selbst endlich kann, sowie sie über den unwillkürlichen Ausdruck hinausgeht, und mit Bewußtsein und Willen geschieht,

keinen andern Zweck haben, als in andern verwandte Ge=
fühle zu erregen; und diese Tendenz ist es, die sich im
künstlerischen Thun vollendet.

Wir haben die hauptsächlichsten Gegensätze construiert,
welche sich aus der Betrachtung der verschiedenen Verhält=
nisse zwischen Hauptrichtungen des geistigen Lebens ergeben.
Allein wenn wir nun daran gehen wollten, die einzelnen
Individualitäten in die eine oder die andere der dadurch
gewonnenen Abtheilungen einzureihen, so begegnet uns eine
neue Schwierigkeit darin, daß der Einzelne selbst eine Ent=
wicklung durchmacht, in welcher die Form seines inneren
Lebens sich wandelt. Nicht nur treten erst allmählich die
Züge seiner Natur schärfer und bestimmter heraus, sondern
im Laufe seines Lebens ändert sich nach natürlichen Ge=
setzen selbst die Bedeutung, welche die einzelnen Lebens=
äußerungen für das Ganze haben, und Vieles, was später
bestimmenden Einfluß gewinnt, kann in früheren Perioden
noch nicht wirksam werden. So stellt sich uns der Einzelne
in den verschiedenen Lebensaltern verschieden dar; er scheint,
wie ein Organismus, der einer Metamorphose unterworfen
ist, durch verschiedene Formen und Typen des Lebens hin=
durchzugehen, und diese Verschiedenheit ist oft eine so durch=
greifende, daß wir in Verlegenheit sind, in dem Wechsel
einen durch alle Stadien hindurch gleichbleibenden Charakter
zu entdecken, in dem Jüngling den Knaben, in dem Manne
den Jüngling wieder zu erkennen; und von dieser Seite
angesehen wollen die Bestimmtheiten der Lebensalter zum
Mindesten gleiche Bedeutung für das Gesammtbild des gei=

ſtigen Lebens beanſpruchen, als die Unterſchiede, welche wir
zwiſchen Gleichaltrigen finden. Die Gemüthsverfaſſung des
Kindes oder des hohen Alters ſcheint uns eine ganz ſpe=
cifiſche Art des geiſtigen Lebens zu enthalten, ſo daß wir
auch einen Erwachſenen badurch charakteriſieren können, daß
er kindlich, einen Jüngling badurch, daß er greiſenhaft ſei.
Es mag ſein, daß wir der Allgemeinheit gegenüber, in
der wir die Veränderungen des geiſtigen Geſammtlebens
im Verlaufe der Entwicklung beobachten, geneigt ſind zu
überſehen, wie ſcharf ſchon in früheſter Jugend entgegen=
geſetzte Anlagen heraustreten; aber eben nur, weil der
Eindruck der Verſchiedenheit des kindlichen Lebens von dem
des reifen Alters überwiegt.

Schon barum ſcheint uns das kindliche Alter einen
gleichmäßigen Charakter barzubieten, weil viele Gegenſätze
materieller und formeller Art erſt ſpäter beutlicher heraus=
treten; und wenn wir ihn beſtimmen wollen, ſo finden wir
es in dem Weſen der Entwicklung ſelbſt, die größere Zu=
ſammenhänge des Denkens und Handelns erſt allmählich
entſtehen laſſen kann, begründet, daß die Empfänglichkeit
des Gefühls für ben Eindruck des Augenblicks überwiegt,
und die Bebeutung der Gegenwart noch nicht burch zu=
ſammenfaſſendes Denken und weitausſehende Zwecke beein=
trächtigt iſt; und ebenſo gehört es zum Weſen der kindlichen
Seele, daß in jedem Augenblick die von der menſchlichen
Natur ſelbſt vorgeſchriebene Wirkung jedes einzelnen Ein=
brucks rein und voll erfolgt, und noch nicht burch Erziehung
oder Berechnung gehemmt iſt. Eben in dieſer Natürlich=

keit und Unbefangenheit, in der Durchsichtigkeit des ganzen
Getriebes und der Offenheit, mit der jede Regung zu Tage
tritt, liegt uns der hauptsächlichste Reiz der kindlichen Seele.

Sind wir aber schon hier in Gefahr, das Bild des
kindlichen Benehmens, das uns am meisten gefällt, mit dem
allgemeinen Wesen des kindlichen Alters zu verwechseln, so
steigert sich mit den folgenden Perioden die Versuchung,
gewisse Idealgestalten etwa des Jünglings und des Mannes
zu zeichnen, und nun für eine allgemeine Beschreibung be=
stimmter Verfassungen der Seele auszugeben, was uns
eben nur ein poetisch verklärtes Bild dessen ist, was wir
als die normale Stufenfolge betrachten. Allerdings wird
die Psychologie sich zur Aufgabe setzen müssen, die Ver=
änderungen, welche an dem Einzelnen heraustreten, zu be=
greifen, aus der allmählichen Abstumpfung der Erregbar=
keit des Gefühls, der zunehmenden Erfahrung, den fester
werdenden Gewohnheiten, den unvermeidlichen Einseitig=
keiten, welche ein bestimmter Beruf mit sich bringt, zuletzt
aus der allgemeinen Abnahme der Lebendigkeit im höheren
Alter den Abstand verständlich zu finden, der das Leben
des Greises von dem des Jünglings trennt. Aber wollten
wir von den allgemeinen Gesichtspunkten reden, die hier in
Betracht kommen, so könnten doch nur sehr weitumfassende
Allgemeinheiten entstehen; in Wirklichkeit modificieren sich
die psychologischen Gesetze der Entwicklung in unabsehbarer
Verschiedenheit je nach den Individualitäten, und wir glau=
ben doch niemals eine irgendwie bestimmte und genauer
charakterisierende Angabe zu machen, wenn wir von einem

sagen, in welchem Jahrzehent des Lebens er steht; wir
deuten damit etwa an, welchen Gesammthabitus wir am
wahrscheinlichsten bei ihm erwarten dürfen, aber wir sagen
etwas viel weniger bestimmtes, als wenn wir ihn einen
Gefühlsmenschen oder einen Verstandesmenschen, wenn wir
ihn träg oder energisch nennen. Die wichtigsten Unter=
schiede, die wir kennen, pflegen zuletzt doch, wenn auch in
verschiedener Erscheinungsweise, den Menschen durch sein
ganzes Leben zu begleiten; die Wandlungen aber, welche
die Einzelnen durchmachen, verlaufen in viel zu wirren
Linien, bald aufsteigend, bald absteigend, als daß wir uns
an den Versuch wagen möchten, auch hier noch unterschei=
dende Formeln für die Lebensläufe aufzustellen. Zuletzt
müßten wir doch auf die elementaren Gegensätze zurück=
gehen, die wir oben gefunden haben, um mit ihrer Hülfe
bestimmte Ausdrücke zu gewinnen; und es war uns eben
nur um eine Uebersicht der wichtigsten Eintheilungsgründe
zu thun, nach denen die Einzelnen sich scheiden.

Wir haben die aus ihnen sich entwickelnden Gegensätze
aufgestellt, ohne dabei der ältesten und populärsten Classi=
fication der Individualitäten zu erwähnen, nemlich der
Unterscheidung der vier Temperamente. Sehr Ver=
schiedenes ist nacheinander im Laufe der Zeit mit diesem
Worte bezeichnet gewesen; im heutigen Gebrauche meint es
die größere oder geringere Erregbarkeit des Gefühls und
die damit verknüpfte größere oder geringere Raschheit und
Energie des Handelns; in diesem Sinne reden wir von
ruhigem und sanftem, oder auf der andern Seite von leb=

haftem, reizbarem, heftigem, hitzigem Temperamente. Die
gewohnten Namen der vier Temperamente wollen aber doch
nicht bloße Gradunterschiede der Erregbarkeit angeben; wir
würden sonst nicht den doppelten Gegensatz gewinnen, der
immer unter den hergebrachten Namen gesucht und freilich
in so verschiedener Weise gefunden worden ist, daß die
wissenschaftliche Sprache sich am besten dieser oft umge-
prägten Ausdrücke begäbe. Zwar daß das phlegmatische
Temperament einen geringen Grad von Erregbarkeit des
Gefühls bezeichne, darüber sind so ziemlich alle einverstan-
den, und etwa auch darüber noch, daß ein cholerischer
Mann derjenige sei, der leicht in Zorn gerathe und in
Folge davon zu raschem und heftigem Handeln geneigt sei.
Aber was man gewöhnlich unter einem sanguinischen und
melancholischen Menschen versteht, trifft nicht mehr Grade
der Erregbarkeit überhaupt, sondern Richtungen des Gemüthslebens; der Sanguiniker ist darum lebhaft, weil er
alles von der heiteren Seite auffaßt, dem Genusse des
Augenblicks mehr zugeneigt ist, als der bedächtigen Ueberlegung, der Hoffnung mehr als der Furcht; melancholisch
aber heißt uns der Trübsinnige. Nach der gewöhnlichen
Anwendung der Wörter sind also Gegensätze gemeint, die
wir oben schon aufgestellt haben, denen aber eine entschei-
dende Bedeutung neben den andern beizulegen kein Grund
vorliegt; die wissenschaftliche Begriffsbestimmung der Ausdrücke aber ist schwankend und stimmt mit dem populären
Sprachgebrauche nicht überein; die immer noch nicht aus
der Uebung gekommenen Temperamentsschilderungen endlich

sind beim Lichte betrachtet willkürliche Constructionen be=
stimmter scharf ausgeprägter Typen, denen die Bedeutung
nicht zugestanden werden kann, welche sie in Anspruch zu
nehmen pflegen, die grundlegenden Unterschiede des Natu=
rells aufzustellen und so die Hauptarten der Individualitäten
anzugeben. Je bestimmter man durch Häufung einzelner
Züge die Begriffe macht, denen die Temperamentsnamen
entsprechen sollen, desto stärker contrastiert dann damit die
Voraussetzung, von welcher die Lehre ursprünglich ausgeht,
daß jeder Mensch eines dieser vier Temperamente haben
müsse, etwa noch gemischt mit einem zweiten, und daß man
also von jedem müsse ausmachen können, zu welcher Classe
er gehöre.

Damit ist vollkommen verkannt, was schon Galenus
in Beziehung auf die Temperamentslehre seiner Zeit gesagt
hat: ausgehen müsse man nicht von den Gegensätzen, son=
dern von der Mitte; in der Mitte stehe die richtige Mi=
schung, der Normalmensch; von dieser Mitte aus müssen
die Richtungen bestimmt werden, nach denen eine Abwei=
chung von der richtigen Mischung, eine Dyskrasie stattfinde.

Was Galenus hier sagt, gilt von allen Versuchen, die
individuellen Unterschiede nach gewissen Gesichtspunkten zu
classificieren. Es handelt sich nicht darum, verschiedene
Arten von Menschen herauszubringen, die durch scharfe
Gegensätze von einander so geschieden wären, daß nun die
Gesammtheit der Menschen in getrennte Gruppen zerfiele;
die Unterschiede sind vielmehr alle fließend; in der Mitte
steht das normale Durchschnittsmaß der geistigen Lebendig=

keit überhaupt, stehen die allgemein menschlichen Richtungen
des Thuns, steht die Constitution, in welcher alle einzelnen
Kräfte und Functionen, aus deren Zusammenwirken das
geistige Leben besteht, in gleichgewogener Stärke verknüpft
sind, und keine Seite des Lebens einseitig die anderen be=
herrscht; und von dieser Mitte aus bestimmen wir die Rich=
tungen, nach denen durch das Ueberwiegen der einen oder
andern Seite die Unterschiede sich entwickeln, indem wir
als Grenzfälle die größten und ausgesprochensten Gegen=
sätze hinstellen. Und, wie in allen ähnlichen Fällen, wer=
den die Extreme verhältnißweise selten, die der Mitte sich
nähernden Werthe die häufigeren sein; je verwickelter aber
das System unterscheidbarer und gegenseitig sich bedingen=
der Functionen ist, welche die Gesammtheit des geistigen
Lebens bilden, desto unabsehbarer kann darum doch die
Mannigfaltigkeit von Formen sein, welche auch kleine Diffe=
renzen zu erzeugen vermögen. Dadurch eben ist uns das
Leben anderer verständlich, daß wir, was in uns selbst
lebt, in so verschiedener Mischung in Andern wieder finden
können, und gerade darin besteht der unerschöpfliche Reiz,
den der Mensch für den Menschen hat.

Ueber die Eitelkeit.

Ein Vortrag.

Wenn ich sage, daß ich über die Eitelkeit, ihr Wesen und ihre verschiedenen Formen reden will, so bin ich darauf gefaßt, daß einige der Anwesenden von einem gelinden Schrecken befallen werden über ein so heikles und verfäng= liches Thema; aber es sind sicher nur Herrn, die in ritter= lichem Eifer für die Damen es höchst bedenklich und un= zart finden, in ihrer Gegenwart gerade von etwas zu reden, was ihnen für eine besondere Schwäche des schönen Ge= schlechtes gilt. Ebenso gewiß bin ich aber auch, daß von den Damen selbst der Schrecken nicht getheilt wird; denn sie haben alle ein vollkommen gutes Gewissen, und sind nicht nur, jede für sich selbst, sich bewußt, daß sie entfernt nicht eitel sind, sondern sie fürchten auch gar nicht, von irgend Jemand für eitel gehalten zu werden. Sie also können keine anzüglichen Absichten hinter diesem Thema ver= muthen, denn wenn sie sich überhaupt nach lebenden Exem= peln dieser Eigenschaft umsehen wollten, fiele ihr Verdacht ganz gewiß nur auf Männer; und so erhalte ich von dieser Seite des Hauses sicher das Zeugniß, daß ich keine schul= dige Rücksicht durch die Ergründung einer Eigenschaft ver=

letze, die höchstens auf der andern gefunden werden könnte. Und wenn ich nun darauf käme, in dem, was wir Eitelkeit nennen, nur eine kleine Steigerung einer höchst lobenswürdigen und für den Bestand und das Glück der menschlichen Gesellschaft höchst wohlthätigen Sinnesrichtung zu finden, so läge es klar vor Augen, daß ich bloß die Gelegenheit ergreife, vor dem Gerichtshof, von dem wir immer ein mildes Urtheil zu empfangen wünschen, eine Schutzrede für das männliche Geschlecht zu halten.

Um dabei mit der Gründlichkeit zu verfahren, die dem Philosophen geziemt, muß ich Ihnen zumuthen, einige allgemeine Sätze von fast beleidigender Selbstverständlichkeit anzuhören. Wie die meisten Eigenschaften, durch welche wir nicht die intellectuellen Unterschiede der Menschen, sondern ihre Sinnesart und ihren Charakter bezeichnen, gehört auch die Eitelkeit zwei Seiten unseres Lebens an; sie ist einerseits eine Art und Weise zu empfinden, eine Empfänglichkeit, vermöge der uns gewisse Dinge wohl, andere wehe thun; andrerseits eine bestimmte Richtung unseres Strebens und Thuns, wodurch wir uns jenes Wohlgefühl zu verschaffen, diese Unlust zu meiden trachten. Jenes können wir die passive, dieses die active Seite der Eitelkeit nennen.

Worin aber jene Empfindungen des Eiteln wurzeln, und worauf sich diese Bestrebungen beziehen, ist nicht etwas, was wir als einzelne und isolierte Geschöpfe erleben könnten, sondern es sind Beziehungen, in denen wir zu andern Menschen stehen; die Eitelkeit gehört zu den geselligen Eigenschaften.

Nun sind die Beziehungen, in welche wir zu andern treten, doppelter Art. Auf der einen Seite handelt es sich um die Erhaltung unserer realen Existenz, um die Befriedigung unserer Bedürfnisse durch unser Wirken nach außen, um Besitz und Macht; ob wir unsere Kräfte freundschaftlich zu gemeinsamer Arbeit vereinigen, oder im Kampf ums Dasein feindlich gegeneinander wenden, unser Thun gilt realen Zwecken und Veränderungen in der wirklichen Welt der Dinge, wir suchen die Macht andern zu helfen oder das Recht ihnen zu befehlen und sie für uns arbeiten zu lassen. Auf der andern Seite ruhen unsere Beziehungen zu unsern Mitmenschen nur auf Gedanken und Gefühlen, die der realen Wirkung entbehren und rein idealer Natur sind; es kommt jetzt auf den günstigen oder ungünstigen Eindruck an, den wir gegenseitig auf einander machen, und die Beurtheilungen, die daraus hervorgehen. Die Eitelkeit gehört offenbar ganz diesem letzteren Kreise an; denn, um ihr Gebiet in vorläufigem Umriß abzugrenzen, es handelt sich bei ihr ja zunächst bloß um das, was andere von uns denken und sagen, nicht um das, was sie uns geben oder nehmen, nützen oder schaden.

Wodurch wir nun auf andere einen günstigen Eindruck machen und Gegenstand ihrer Anerkennung werden können, ist sehr mannigfaltiger Art; Gefälligkeit der äußeren Erscheinung, anregende Unterhaltung, bewundernswerthe Kraft und Geschicklichkeit des Körpers oder des Geistes, Pünktlichkeit in der Beantwortung von Briefen oder in der Rückgabe entliehener Bücher, reicher Besitz, hohes Amt, gelten nebeneinander als Vorzüge. Aus dem weiten Gebiete dessen aber, was aus verschiedenen Motiven geschätzt wird, zeichnet sich ein engerer Kreis mit einem eigenen Maßstab aus; in ihm wird unser Wollen und Handeln nach allgemein= gültigen Regeln gemessen, der Werth unserer Person nach der Gesinnung beurtheilt, welche sie in ihrem gesammten Verhalten bethätigt, und nach den Erfolgen, welche sie für die gemeinsamen Zwecke der Gesellschaft erreicht. Es ist das Gebiet der Ehre im eigentlichen und strengen Sinne des Worts; und die Geltung, die hier erlangt wird, ist Achtung vor der Ehrenhaftigkeit und Anerkennung des Ver= dienstes.

Für die strenge Betrachtung nach den Grundsätzen der Vernunft ist die Pflichterfüllung aus reiner Gesinnung das Einzige, was in Wahrheit Ehre verdient, und nach diesem Maßstab sollen wir als unbestechliche Richter uns gegen= seitig unsern Werth bestimmen. Aber die wirkliche Empfin= dungsweise der Menschen will sich nicht zu dieser strengen Vernünftigkeit bekehren lassen; sie rechnet nicht nach der reinen Goldwährung des ächten Verdienstes; sie gibt sich nicht die Mühe, immer erst den innersten Kern zu unter= suchen, sondern sie läßt sich meist durch einzelne Seiten, die in lebhafterem Eindruck uns auf den ersten Anblick ge= winnen oder abstoßen, in ihrem Urtheile leiten; und so gilt in ihrer Werthschätzung nicht nur dasjenige, was Ach= tung verdient, sondern alles was gefällt und erfreut; und wie sie fortwährend die schroffen Unterschiede verwischt, welche die Moral statuieren möchte, so können auch wir uns die strenge Sonderung der Gesichtspunkte ersparen, wo es sich nur um eine Naturbeschreibung der idealen Beziehungen handelt, in welche die Menschen durch den thatsächlichen Eindruck treten, den sie auf einander machen.

Wenn wir nun aber diese Beziehungen näher ins Auge fassen, so scheint es, als habe unsere räthselhafte Natur Alles auf den Kopf gestellt. Denn man sollte doch denken, es müßte uns vor allen Dingen darum zu thun sein, daß wir von unseren Mitmenschen, von allem, was sie sind und thun, diese glückliche und erfreuliche Anregung erhielten; wir müßten den lebhaftesten Wunsch haben, daß sie uns gefielen, daß sie uns die Freude bereiteten sie bewundern zu können, daß sie uns den unangenehmen Anblick der Häß= lichkeit oder Ungeschicklichkeit, den niederschlagenden Ein= druck ihres Unverstandes, den Schmerz der Mißbilligung ihrer sittlichen Unvollkommenheiten ersparten. Aber nein; daß dieser und jener unser Mißfallen erregt, unserem Tadel oder unserer Geringschätzung verfällt, ertragen wir mit merkwürdiger Leichtigkeit; ja wir finden eine seltsame und schwer begreifliche Befriedigung darin, manches recht unge= schickt, häßlich, widerlich, unausstehlich zu finden, recht kräf= tig tadeln, recht von Herzen verabscheuen zu dürfen; und der, den der bloße Anblick der mancherlei Unvollkommen= heiten seiner Mitmenschen im Ernste tief unglücklich machte, würde uns doch eigentlich als ein wunderlicher Heiliger erscheinen. Aber daß wir andern mißfallen, daß wir ihnen Gegenstand eines noch so schwachen unangenehmen Eindrucks werden sollen, das verletzt uns; verletzt uns höchstens dann

in geringerem Grade, wenn wir sie nicht als bloße Zu=
schauer, sondern als feindselige Gegner vor uns haben, die
es gilt unsere Macht fühlen zu lassen. Und selbst dem
Gegner wünschen wir noch nebenher zu imponieren; er soll
anerkennen, daß wir Recht haben, und eine hohe Meinung
von unserer Macht und Ueberlegenheit, und wo möglich
auch noch von unserer Großmuth gewinnen.

Die Allgemeinheit dieser Gemüthsverfassung verhindert
uns in der Regel, uns über diesen merkwürdigen Zug des
menschlichen Geschlechts zu verwundern; wir sehen als selbst=
verständlich an, daß der Eindruck, den andere von uns er=
halten, weniger für sie, als für uns selbst die Quelle leb=
haften Genusses und tieftreffender Verletzung ist. Und
doch, was haben wir denn eigentlich davon, wenn andere
uns so oder so ansehen? Was geht es uns an, ob sie uns
in ihren Gedanken Beifall schenken oder nicht? Denn es
wäre eine sehr unzureichende Erklärung, wenn man etwa
auf die Berechnung zurückgehen wollte, daß nach dem Ein=
druck, den wir auf andere machen, das practische Verhalten
derselben sich richten werde; daß, wenn wir ihnen gefallen,
sie uns beschenken, uns helfen und uns fördern, im entgegen=
gesetzten Falle uns stören und uns schaden werden; wir unter=
scheiden vielmehr ganz deutlich die aus dieser Nützlich=
keitsrechnung hervorgehende Furcht und Hoffnung von dem
unmittelbaren Eindruck, den uns das Bewußtsein zu ge=
fallen oder zu mißfallen auch gegenüber von solchen macht,
die uns weder nützen noch schaden können; wir dehnen den
Kreis derer, um deren Urtheil wir uns bekümmern, weit

über die Grenzen der Gesellschaft aus, mit der wir han=
delnd in Wechselwirkung stehen, und in der höchsten Steige=
rung dieses Interesses richtet sich ja der Blick selbst auf
die ungeborenen Geschlechter. Nicht als Mittel zu einem
andern Zweck also, sondern an sich selbst hat das Bild
von uns, das in der Seele eines andern existiert, seinen
Werth und seine Bedeutung; die Gedanken als solche, selbst
die verschwiegenen, durch kein Zeichen verrathenen Gedanken,
die wir nur vermuthen können, oder die ganz harmlose
Aeußerung derselben in Mienen oder Worten, die uns kein
Haar krümmen und keinen Pfennig unserer Habe rauben,
vermögen uns in Aufregung zu bringen, als ob unser
Wohl und Wehe von solchen luftigen und ungreifbaren
Gebilden abhienge. Was thun uns doch diese Gedanken
an? Sind wir nicht verrückt, daß wir unser leibhaftiges
Dasein vergessend immer nur nach unserem Schatten sehen,
daß wir diesen Doppelgänger fürchten wie ein Gespenst,
und ihm Opfer bringen wie einem Dämon, der Macht hat
zu beglücken oder zu verderben? Müssen wir uns nicht von
Falstaff katechisieren und zum Verständniß bringen lassen,
daß Ehre keine Wunden heilen und kein Bein ansetzen kann?

So räthselhaft sie sein mag, die Thatsache ist da; wir
begnügen uns nicht mit unserem Wissen von uns selbst,
mit dieser einsamen Betrachtung unseres eigenen Bildes,
nicht damit, daß wir uns nur in der Stille mit andern
vergleichen und für unser verschwiegenes Urtheil den Werth
unserer Existenz an ihnen messen; wir haben vielmehr
ein unüberwindliches Verlangen, Gegenstand der Gedanken

anderer zu sein, und zu wissen, daß sie uns beachten; es
ist, als ob wir unserer eigenen Existenz erst sicher wären,
wenn sie uns von andern bezeugt ist, als zerflössen wir in
Luft, wenn wir nicht gewiß sind gesehen zu werden, als
wären wir in Gefahr verloren zu gehen wie eine einzige
Handschrift, wenn wir nicht in den Seelen anderer verviel-
fältigt sind. Wir sind Idealisten; wir bestätigen fortwährend den Satz, daß dasein eigentlich heißt vorgestellt und
gedacht werden.

Dieses Bedürfniß für anderer Gedanken da zu sein
ist zuletzt nur der Ausdruck der geselligen Natur des Menschen, und eines der stärksten Motive, welche den geselligen
Zustand fortwährend erhalten; in seinen Wirkungen umfassender und anhaltender als das gegenseitige Bedürfniß
des Schutzes und der Hilfeleistung, so gewiß unsere Gedanken beweglicher und unermüdlicher sind als unsere Hände.
So lange man die Gesellschaft nur auf das Bedürfniß
der physischen Selbsterhaltung gründet, ist jeder für den
anderen nur Mittel zum Zweck, ein Werkzeug von allgemeiner Brauchbarkeit oder ein besonders gelehriges Haus-
thier; mir am nützlichsten, wenn er gar keinen eigenen
Willen hat und als Sclave mir vollkommen unterworfen
ist. Aber auch wer über Sclaven geböte, würde sich des
Gefühls seiner Herrschaft nur dann voll freuen, wenn er
sich zugleich an dem Eindrucke weidete, den seine Ueberlegenheit hervorbringt; damit ist er aber thatsächlich wieder
von seinen Untergebenen abhängig; die menschliche Seele,
die ihm gegenübersteht, ist durch ihre Gedanken eine Macht,

der er sich nicht zu entziehen vermag, und damit erst ist das Fundament der Gleichheit und Gegenseitigkeit der Beziehungen gelegt, welche die menschliche Gesellschaft auch unter einem Despoten von einer Herde unter ihrem Hirten unterscheidet.

In der Freude nun, welche uns die Anerkennung anderer gewährt, folgt die Natur ihrem allgemeinen pädagogischen Systeme der Belohnungen und Strafen; zu dem, wozu sie uns bringen will, reizt sie durch den Genuß, den sie an die Erfüllung ihrer Zwecke knüpft, und sie straft mit Unlust aller Art die Mißachtung ihres Willens. Zur Erhaltung des Lebens treibt sie durch die Pein des Hungers und das Wohlgefühl der Sättigung; freundliche und friedliche Beziehungen in der Gesellschaft herzustellen, hat sie weder der unsicheren Berechnung des Nutzens überlassen, noch hat sie der Macht selbstloser und uneigennütziger Menschenliebe vertraut, vielmehr auf alles, was das gesellige Leben begünstigt, auf alle die Eigenschaften, durch welche wir andern angenehm und förderlich sind, noch einen besonderen Preis gesetzt. Knüpft sie doch schon an die äußerlichste und gleichgültigste Form des Verkehrs, das bloße Kennen und Gekanntwerden, lebhafte Befriedigung; ja es genügt schon uns zu erheben, wenn nur unser Name von Vielen genannt wird. Welches Hochgefühl erfüllt den Primaner, wenn er zum erstenmale seinen Namen unter den zur Universität Abgehenden in der Zeitung gedruckt liest, und sich nun vorstellt, daß die Tausende von Abonnenten jetzt von ihm, dem Paul Müller oder Fritz Schulze wissen;

und ich will nicht dafür stehen, daß nicht auch der eine
oder der andere von uns noch in einem Vorlesungsverzeich=
nisse seinen Namen aufsucht — natürlich nur um sich zu
vergewissern, daß kein Druckfehler sich eingeschlichen hat —
aber doch ein geheimes Behagen empfindet, daß nun Urbi
et Orbi verkündigt wird, daß er da ist. Machen wir nicht
ferner den Anspruch, daß die gleichgültigste und flüchtigste
Begegnung eine dauernde Erinnerung hinterlasse, und im
Album jedes Gedächtnisses unsere Photographie aufbewahrt
werde; empfinden wir es nicht als eine Beleidigung, von
denen vergessen zu sein, die uns früher gekannt? Durch
diese feinen Fäden spannt sich ein weites Netz gegenseitiger
Beziehungen, durch die zuerst die Isolierung und Fremd=
heit der Einzelnen gegeneinander überwunden und ein Ge=
fühl der Zusammengehörigkeit begründet wird.

Aber wichtiger als dieses bloße Gekanntsein ist uns
die hellere oder dunklere Färbung, die unser Bild durch
die Gefühle erhält, mit welchen es betrachtet wird; Ge=
fühle des Wohlgefallens und der Anerkennung hier, Ge=
fühle des Mißfallens und der Mißbilligung dort. Wer
behauptete, daß es ihm nicht wohlthue, zu gefallen, aner=
kannt, belobt, bewundert zu werden, wäre entweder nicht
ehrlich, oder ein gemüthskranker Melancholicus; oder aber,
er wäre unerträglich hochmüthig, ein wahrer Menschenfeind,
der sich in einsamer Höhe an seinem eigenen Bewußtsein
genug sein läßt, und die übrige Welt soweit unter sich
sieht, daß er es für eine Erniedrigung achtete, ihre Stim=
men zu hören.

Auch wer sich bewußt ist, in seinem Verhalten sich
bloß durch die Gebote der Menschenliebe leiten zu lassen,
nimmt den Beifall, den er dadurch erntet, als eine ange=
nehme Zugabe hin, wie derjenige, der aus Pflicht sich
nährt, doch lieber wohlschmeckende Speise ißt; in der That
wirkt aber die Empfindlichkeit für die Anerkennung anderer
zugleich als höchst wirksames Motiv, und sie ist eine der
großen Mächte der Civilisation. Wir dürfen uns nur einen
Zustand ausmalen, in dem es Jedem gleichgültig wäre,
was andere von ihm halten, gleichgültig ob er ihnen an=
genehm oder unangenehm, edel oder gemein erscheint, und
wir bedürfen keiner besonders lebhaften Phantasie, um so=
fort alle die Gräuel der Barbarei zu übersehen, in die wir
versunken wären. Denn auch die ernsten Regeln des sitt=
lichen Verhaltens gewinnen einen großen Theil ihrer wirk=
samen Kraft nur durch die Ehre, die sich an ihre Befolgung,
die Schande, die sich an ihre Verletzung knüpft; darum ist
das sichtbare und dem öffentlichen Urtheil verfallende Ver=
halten der Menschen durchschnittlich um ein gut Theil besser
als ihre verschwiegenen Gedanken und Gelüste. Aber auch
die kleineren Dinge, die keines der zehn Gebote und kein
Rechtsgesetz regelt, und die wir doch als wesentliche Be=
standtheile eines gesitteten Zustandes betrachten, sind durch
jenen Grundzug unserer Natur bestimmt.

Aus ihm geht zunächst das Bestreben hervor, uns in
unserer äußeren Erscheinung zu idealisieren, alles was miß=
fallen und verletzen könnte, zu entfernen oder zu verbergen,
den sichtbaren Theil unseres Selbst so zu gestalten, daß er

einen günstigen Eindruck mache. Es liegt im tiefsten Grunde
ächte Menschenfreundlichkeit schon in dem Bestreben des
Wilden sich zu putzen und durch allerhand Schmuck und
Zierat sein Aeußeres stattlicher und glänzender zu machen;
es ist ein ganz richtiges Gefühl darin, daß wir eine Pflicht
gegen unsere Nebenmenschen erfüllen, wenn wir ihren Schön=
heitssinn zu erfreuen trachten und etwa sorgfältig überlegen,
welcher Schnitt unsere Gestalt am besten hebt, oder welches
Kleid heute Abend angelegt werden soll und welches Band
und welcher Schmuck dazu paßt; es ist ebenso eine Pflicht
der Menschenfreundlichkeit, dem Nächsten das Mitleid zu
ersparen, das er mit einem ungenügend gegen die Winter=
kälte geschützten Haupt oder einer Lücke in dem Zaun em=
pfinden müßte, über den bei Homer die Worte entfliehen.
Es liegt eine tiefe Philosophie in dem Interesse, das wir
diesen Fragen widmen, und das angestrengte Nachdenken,
das sie zuweilen fordern, ist darum erklärlich: wir treten
damit für eine teleologische Naturbetrachtung ein, für die
Ueberzeugung, daß die Natur dem Menschen eine Gestalt
von idealer Zweckmäßigkeit, Vollkommenheit und Schönheit
verleihen wollte, und daß es unsere Aufgabe sei, diese Zwecke
als erfüllt darzustellen und ihr nachzuhelfen, wo zufällige
Störungen ihre Absichten vereitelt haben; wir widerlegen den
Pessimismus, der die Welt für unvernünftig und zweckwidrig
erklärt, indem wir die Anerkennung ihrer Schönheit erzwingen;
und es ist ja nur ein Ausfluß derselben Zweckmäßigkeit der
Natur, wenn sie uns nun durch ein angenehmes Gefühl für
die Opfer entschädigt, die wir ihrer Verherrlichung bringen.

Freilich spricht sich in unsern Gewohnheiten die Ueber=
zeugung aus, daß nur die eine Hälfte der Menschheit die
natürlichen Anknüpfungspunkte für diese ästhetische Ideali=
sierung darbiete, bei der andern, mit Ausnahme weniger
besonders Begünstigter, die rauhe Wirklichkeit nur die rea=
listische Darstellung des Charakteristischen gestatte. Bei Völ=
kern niederer Culturstufe allerdings suchen beide Geschlechter
wetteifernd sich zu putzen und zu schmücken; mit fortschrei=
tender Einsicht scheint die Menschheit gefunden zu haben,
daß das männliche Geschlecht besser thue, auf solche Hebung
seiner äußeren Erscheinung zu verzichten und nur etwa auf
Bedeckung seiner allzu sichtbaren Mängel sich zu beschränken;
den Dohlen, Elstern und Nebelkrähen in winterlicher Land=
schaft gleich haben wir aus unserer Tracht die Farbe be=
seitigt und den Schmuck verbannt, höchstens daß ein aus
den ältesten untersten Schichten verschämt hervorlugender
Hemdknopf noch, wie eine Versteinerung, an jugendlichere
Perioden erinnert. Denn was etwa im Gebiete der De=
coration an farbigen Bändern und Sternen sichtbar wird,
soll ja nicht direct als verschönernder Schmuck auf das Auge
wirken, sondern ist nur Symbol für unsichtbare Vorzüge.

In der Offenbarung dieser ist uns zu unserem Trost
ein weites Gebiet idealisierender Selbstdarstellung geblieben,
auf dem wir mit dem schönen Geschlechte zu wetteifern ver=
mögen. Geberden, Worte und Handlungen sind der natür=
liche Ausdruck des Innern, der Gedanken, Stimmungen
und Gesinnungen. Und nun beruht ja unser ganzer ge=
selliger Verkehr darauf, daß wir nicht rücksichtslos gegen

den Eindruck, den wir auf andere machen, unsere Gedanken aussprechen, unsern Stimmungen Ausdruck geben, unsere Gesinnung bethätigen. Wir sind Schauspieler, und unser Publicum besteht auch aus Schauspielern; jeder spielt eine Rolle und stellt sich mit mehr oder weniger Glück so dar, wie er eigentlich sein sollte, oder wenigstens wie er wünscht, daß er den andern erscheine. Zwar mehr Verstand und Witz zu verrathen als man hat, ist eine schwierige Sache, und wer hierin bedeutender erscheinen will als er ist, verlegt sich besser auf stummes Spiel mit vielsagendem Lächeln und ausdrucksvollem Kopfnicken; aber liebenswürdige und edle Eigenschaften bieten sich leichter der dramatischen Kunst. Wir gewöhnen uns, in Gesellschaft uns heiter und aufgelegt zu zeigen, wenn wir verdrießlich und verstimmt sind; wir verhüllen unser Mißfallen, unsern Zorn und Haß, und spannen alle Kraft der Selbstbeherrschung an, um keine Scenen herbeizuführen; wir zeigen uns theilnehmend, für jede Aufmerksamkeit dankbar, gegen unsere Feinde großmüthig, in unsern eigenen Ansprüchen bescheiden. Es wäre eine sehr kurzsichtige Moral, welche diese Komödie, die wir fortwährend gegeneinander spielen, in Bausch und Bogen als täuschenden Schein und unwürdige Heuchelei verurtheilen und damit alles, was wir Lebensart und Anstand nennen, verwerfen wollte, wo es nicht ächter, natürlicher, unverfälschter Ausdruck unserer wirklichen Gesinnung und Stimmung ist; die uns verbieten wollte, dem ungelegenen Besuch, dessen Klopfen uns ein verdrießliches Brummen erweckt, zu sagen, daß es uns freue ihn zu sehen, oder geböte durch

aufrichtiges Schelten dem Aerger Luft zu machen, den uns
ein durch die Ungeschicklichkeit des Nachbars verdorbenes
neues Kleid oder ein Flecken Rothwein auf einem frischen
Tischtuche verursacht. Es genügt auch nicht, diesen Schein
etwa dadurch zu entschuldigen, daß er ja nicht täusche
und von allen durchschaut werde, daß Niemand unsere
Höflichkeiten für baare Münze nehme, und die kleineren
und sanfteren Mittel, mit denen wir jetzt unsere Unzu=
friedenheit andeuten, die Kraft und Wirkung der stärkeren
und gröberen gewinnen, zu denen die ungezügelte Natur
uns treibt. Es liegt vielmehr, wie in der Pflege der äuße=
ren Erscheinung, so auch in dieser Schauspielkunst, trotz den
damit verbundenen Gefahren, eine tiefere Bedeutung, eine
Huldigung, die einem menschlichen und sittlichen Ideale
dargebracht wird; was wir thun, soll nicht mit jeder Auf=
wallung unserer Leidenschaften, sondern mit unserem wahren
und besseren Selbst harmonieren; die äußere Darstellung
eines edleren Charakters wirkt als sittigende Macht nach
innen zurück, und das Wort Mignons: So laßt mich schei=
nen, bis ich werde, trifft den wahren Sinn dieser Aeuße=
rung unseres Strebens nach Anerkennung.

So gewiß nun das Prädicat der Eitelkeit eine
Schwäche bezeichnen und einen leichten Tadel ausdrücken
will, so gewiß kann es nicht diese allgemein menschliche
Sinnesart überhaupt meinen, welche des Beifalls und Lobes
sich freut, und durch die Art, wie wir uns verhalten und
darstellen, Mißfallen und Mißbilligung zu vermeiden trachtet.
Wir würden im Gegentheil den, der dagegen unempfindlich

wäre, mit weit stärkerem Tadel hochmüthig oder unver=
schämt nennen. Nur einige besondere Zweige also, die auf
diesem Stamme wachsen, können wir als Eitelkeit bezeichnen
wollen; denn allerdings gibt es Unterschiede theils in dem
Grade jener Empfindlichkeit, theils in der Richtung, in der
sie sich äußert.

Unter einem eitlen Menschen verstehen wir nun jeden=
falls einen solchen, bei dem die Empfänglichkeit für Aner=
kennung besonders lebhaft ist, und die daraus entspringen=
den Gefühle eine unverhältnißmäßige Stärke besitzen; wir
unterscheiden ihn aber von dem Ehrgeizigen, mit dem er
diese allgemeine Richtung theilt, dadurch, daß der Ehr=
geizige auf verdientes und dauerndes Lob achtungswerther
Leistung ausgeht, und mit dem jeweils Erreichten unzu=
frieden seine Kraft anspannt, um immer größere Ehre zu
erwerben, der Eitle aber auf die gegenwärtige Anerkennung
dessen Werth legt, was er schon ist, und sich jeder Art des
Beifalls, auch des vorübergehenden Eindrucks freut.

Nun kann, was so lebhaft uns erregen soll, nicht etwas
sein, was wir als selbstverständlich erwarten oder was wir
längst gewöhnt sind. Es geht mit dem Wohlgefühl der
Anerkennung wie mit dem der Gesundheit; in gewöhnlichen
Zeiten fühlen wir uns nicht besonders beglückt, wenn wir
Morgens aufstehen können und keine Schmerzen haben.
Eitel kann nur sein, wer der Anerkennung nicht sicher ist
und im Geheimen fürchtet zu mißfallen; nur wer mit Zagen
das Urtheil anderer erwartet, kann durch den günstigen
Ausfall desselben hoch beglückt werden. Aphrodite können

wir uns nicht eitel denken; sie weiß daß sie schön ist, und
es kann ihr keine freudige Ueberraschung sein, wenn sie be=
zaubert. Aber die Sterblichen, die nicht in fertiger Schön=
heit dem Meere entsteigen, sondern langsam aus den Schul=
bänken heraus wachsen, pflegen die glückliche Zeit solcher
Ueberraschungen durchzumachen; sie fangen an zu merken,
daß sie beachtet werden, daß sie gefallen, und nun erst
wachsen sie in ihren eigenen Augen und achten begierig
auf jedes Zeichen der Aufmerksamkeit, auf jedes Wort,
das sie anerkennt; und aus der passiven Eitelkeit wächst
die active von selbst hervor, welche sich bemüht, bei jeder
Gelegenheit vor den Augen der Richter zu bestehen und
neuen Beifall zu ernten. Aber auf dem Niveau dieser
Eitelkeit kann in die Länge doch nur stehen bleiben, wer
fortfährt sich selbst zu mißtrauen, und also immer wieder
die eigene Schätzung seines Werthes von dem Urtheil an=
derer abhängig macht, und für jede neue Anerkennung
dankbar ist, weil er nicht das Selbstgefühl hat, sie als
sein Recht zu fordern. So ist die Eitelkeit dem Stolze
entgegengesetzt, der im sichern Bewußtsein des eigenen Wer=
thes der Anerkennung wenigstens der Urtheilsfähigen zum
Voraus gewiß ist, und ruhig gerade aus gehen kann, ohne
rechts und links zu schielen und zu horchen, was die Leute
sagen und was sie für Gesichter machen. Und dieselbe Un=
sicherheit drängt den Eitlen nun, durch das Eindruck zu
machen, was in die Augen fällt; er geht darauf aus, von
den Leuten gesehen zu werden und von jedem einen wohl=
gefälligen Blick oder ein zustimmendes Wort zu erhaschen;

er thut mit Vorliebe, was den augenblicklichen Beifall
möglichst Vieler hervorruft; denn das verständige Urtheil
über den ganzen Mann pflegt nicht so leicht und nicht so
oft hörbar zu werden, als das flüchtige Lob einer einzelnen
öffentlichen Leistung, einer gelungenen Volksrede oder auch
eines populären Vortrags.

Diese Eitelkeit ist der Trost der Unsicheren und Schwa=
chen, wo sie gutmüthig und heiter genug sind, sich an jedem
Sonnenblick des Beifalls zu freuen; ihre Qual aber, wo
sie mit besonderer Stärke jede Verletzung empfinden, weil
das eigene Bewußtsein gegen den Tadel wehrlos ist. Dieser
verbreitetsten Form der Eitelkeit, die zudem keine feste
Grenze von der normalen Empfindlichkeit scheidet, können
wir nicht zürnen; sie erkennt ja demüthig die Ueberlegen=
heit unseres Urtheils an und bemüht sich naiv und offen
um ein gutes Zeugniß; sie macht gesellig, lenksam und
dienstwillig; wir können sie als die liebenswürdige
Eitelkeit bestimmen, und wir würden fast etwas ver=
missen, wenn sie ganz aus der Welt verschwände.

Aber derselbe Zweig treibt noch vereinzelte andere
Blätter. Das Bedürfniß, sich anerkannt zu wissen, ist leb=
haft; der ausgesprochenen und deutlich hörbaren Bewunde=
rung ist viel zu wenig, um den Appetit zu stillen; es ge=
sellt sich dazu der Verdruß des Eitlen, daß es Leute gibt,
auf die seine Schönheit keinen Eindruck macht, oder die bei
seiner Unterhaltung gähnen, oder die sonst gegen seine Vor=
züge blind sind. Gegen solche Verweigerung der Alimente
seines Selbstgefühls hilft er sich nun dadurch, daß er sich

selbst an die Stelle des Zuschauers versetzt, und an sein
eigenes — natürlich unbefangenes — Urtheil appelliert;
sie stellt sich vor den Spiegel, um zu finden, daß sie doch
gewiß hübsch und auch geschmackvoll gekleidet sei, und Jedem
gefallen müsse, der Augen habe; er liest sich Stellen aus
seinen Werken oder Gedichten vor, sie sind treffend, geist=
reich, packend, klassisch — und damit ist von dieser Appella=
tionsinstanz das Urtheil erster Instanz vernichtet, auf diesen
Spruch hin wird die Entscheidung derer, die geschwiegen
haben, nach dem Grundsatz „Wer schweigt, der stimmt zu"
ergänzt, und die künftigen Entscheidungen anticipiert. Das
ist das Thun der Eitelkeit, die wir die selbstgefällige
nennen, nicht um zu sagen, daß sie nur sich selbst gefallen
wolle, sondern daß sie sich einbildet, was ihr gefalle, müsse
auch dem Publicum gefallen, das sie sich im Hintergrunde
denkt.

Eine Abart der selbstgefälligen Eitelkeit des Einge=
bildeten ist die thörichte Eitelkeit, die sich in den
Mitteln vergreift, durch welche sie Beifall zu gewinnen
glaubt. Mittelmäßige Gedichte drucken lassen; über einen
kleinen geselligen Verstoß tiefere Bekümmerniß empfinden,
als über eine Läßigkeit im ernsten Geschäft; durch jugend=
lichen Putz blühend erscheinen wollen, der doch nur durch
den Contrast die Vergeblichkeit dieses Beginnens um so
deutlicher hervortreten läßt; in gleichgültigen Künsten die
Auszeichnung suchen, die man sich durch wichtigere Lei=
stungen verdienen könnte; mit grauen Haaren eroberungs=
lustig tänzeln, — das sind die Züge, die wir in höchster

Steigerung als die lächerliche Eitelkeit des Gecken be=
zeichnen.

Bis jetzt haben wir immer noch gutartige Erscheinungs=
formen dieser Epidemie beschrieben; aber sie tritt auch in
weniger harmloser Weise auf. Denn auch in dieses Ge=
biet, das ursprünglich auf gesellige und menschenfreundliche
Sinnesrichtung sich gründet, drängt mit dem egoistischen
Kampf ums Dasein ein feindseliges Element sich ein. Der
gutartigen Eitelkeit genügt es, ihren Theil des Lobes zu
ernten; die neidische will, daß ihr Theil der größte sei;
sie lebt von Comparativen und Superlativen, sie will nicht
glänzen wie die Sterne am Firmament, die zu Tausenden
das Auge erfreuen, sondern wie die Sonne, vor der alle
anderen Lichter erbleichen. Der Spiegel an der Wand soll
nicht nur sagen: Du bist schön, sondern wie der der Königin
im Märchen: Du bist die Schönste im ganzen Land; die
glänzendste Theaterkritik macht einen Bühnenheros unzu=
frieden, wenn daneben eine ebenso günstige einer andern
Rolle steht; es ist ihm unerträglich, daß, mit Göthes Wort,
zwei solche Kerle da sein sollen.

Darum beginnt nun der Wettkampf; zuerst in Ge=
danken, in der stillen Vergleichung des Eindrucks, den ich
selbst machen müßte, mit dem, den andere auf mich machen;
in der Abschätzung, um wie viel besser ich aussehen, reden,
schreiben würde, als dieser und jener; in der Zuversicht,
daß ich solche Fehler wie andere doch gewiß nicht gemacht
hätte; und im Eifer dieser stillen Vergleichung waffnen wir
— ich meine natürlich nicht uns — unsere Brust mit brei=

sachem Panzer gegen die Wirkungen, die fremde Vortreff=
lichkeit auf uns ausüben könnte, setzen blaue Brillen auf,
um kein zu helles Licht sehen zu müssen und das Auge
für das Mikroskop tauglich zu erhalten, durch das wir die
eigenen Verdienste betrachten. Welche wunderliche Rang=
ordnung käme doch heraus, wenn jeder aufrichtig den Platz
bezeichnete, an den er nach seiner Meinung eigentlich hin=
gehört!

Nun gilt es aber eben darum, auch nach außen den
Eindruck zu steigern, alle Mittel aufzubieten um andern
das Verständniß für die eigene Vortrefflichkeit zu öffnen;
und das nächstliegende ist, von sich selbst zu reden, sich zu
loben, von seinen Heldenthaten, oder noch besser von dem
Lobe anderer zu erzählen; in gespreizter Wichtigthuerei
auch in den gewöhnlichen Dingen feierlich zu sein, um den
Eindruck des Bedeutenden zu machen, und jede Leistung
eines Andern, die mit Anerkennung erwähnt wird, nöthigen=
falls durch Gegenüberstellung der eigenen Triumphe auf
ihr richtiges Maß zurückzuführen.

Aber diese prahlerische Eitelkeit, besonders wi=
derwärtig, wo sie nur durch plumpe Schaustellung des
Reichthums imponieren will, verfehlt ja meist ihren Zweck
und erweckt die Lust des Widerspruchs; was feiner zu
Werke geht, sucht durch die klagende Methode zum Ziel
zu kommen, die einen Widerspruch zu unsern Gunsten her=
ausfordert. Man thut recht bescheiden; man setzt sich gegen
andere herab; man seufzt mit melancholischer Stimme, daß
nichts gelingen wolle. Aber wehe dem, der naiv genug

wäre zuzustimmen, in aufrichtiger Theilnahme mit zu klagen
und zur Resignation zu mahnen; wüthende Blicke würden
die elegische Weichheit Lügen strafen.

Diese heuchlerische Bescheidenheit führt uns nun in
eine Region des geselligen Scheins zurück, die eine Carri-
catur seines ursprünglich edlen Sinnes ist. Wir vermuthen,
daß es dem andern besonders angenehm ist, wenn er erfährt, daß er von uns bewundert wird, und statt ihn dadurch zu gewinnen, daß wir selbst uns in einer idealeren
Gestalt ihm zeigen, machen wir uns zum bloßen Spiegel,
in dem er sein verschönertes Bild sieht; wir reflectieren
nicht bloß den Schein, den er selbst zu verbreiten trachtet,
sondern fügen einen zweiten künstlichen Schein hinzu, in
der Aussicht, daß ihm ein Spiegel besonders werthvoll,
und um so werthvoller sein werde, je schmeichelhafter sein
Bild daraus zurückstrahlt. Und nicht nur das; indem wir
vor andern, oder gar öffentlich übertriebenes Lob aussprechen, hat der Gelobte die Befriedigung, daß sein ge-
schmeicheltes Bild auch von andern gesehen wird; durch
diesen doppelten Reflex sieht er sich von lauter verschönerten
Abbildungen umgeben, und er erfährt jenen schwindel-
erregenden Eindruck, den wir in einem Spiegelsaale empfangen. Wo diese Methode liebenswürdig zu sein und
sich angenehm zu machen die herrschende würde, da wäre
allerdings alle Wahrheit des geselligen Verkehrs, die mit
dem gefälligen Scheine des Anstands sehr wohl zusammen-
bestehen kann, der Lüge preisgegeben, nicht bloß der Lüge
dessen der schmeichelt, sondern auch der halbbewußten Selbst-

täuschung dessen, dem geschmeichelt wird. Dem cynischen
Grundsatz: Calumniare audacter, semper aliquid haeret,
tritt jetzt der nicht minder cynische zur Seite: Adulare audacter, semper aliquid haeret; der, den Du lobst, um ihm
zu gefallen, wird, wenn er Dich auch nicht für aufrichtig
hält und einige Procente abzieht, sich doch angenehm ge=
kitzelt fühlen und Dir günstig sein; denkst Du, er wäre
mißtrauisch, wenn Du ihn selbst lobst, so lobe seine Kinder,
lobe seinen Hund und seine Katze, zeige Dich von der kleinsten
Kleinigkeit, die ihm gehört, entzückt, so wirst Du bei ihm
einen Stein im Bret haben. Denn es gehört immerhin
einiger Weltverstand dazu, die ächte und wahrhaftige Theil=
nahme an dem, was uns angehört und uns erfreut, von
täuschendem Spiegeln zu unterscheiden, und nur gesunder
Geschmack empfindet Ekel vor solcher Süßigkeit. Manche
aber, und nicht immer die Schlechtesten, zieht eine dämo=
nische Gewalt in den Kitzel dieses Spiegelspieles so hinein,
daß sie es nicht entbehren können, und daß, wie dem
Säufer der Taumel, so ihnen die geistige Berauschung
im Weihrauch zum täglichen Bedürfniß wird. Und wie
der Säufer am Ende beim gemeinsten Getränke anlangt, so
verliert, wer dem Delirium der Lobsucht verfallen ist, zu=
letzt die Unterscheidung für den Werth der Person, aus
deren Munde das Lob kommt; der Eitelkeitswahn erzeugt
Hallucinationen, und wer die vierte Gallerie klatschen hört,
glaubt es sei das ganze Publicum.

Kein Wunder, daß der widerliche Anblick solcher wahn=
kranker Eitelkeit den verständigen Menschen treibt, auf seiner

Hut zu sein, und auch jeden Schein der Eitelkeit zu meiden; alle die Mittel zu verschmähen, welche der Eitelkeit dienen könnten, Sorgfalt in der Kleidung, Gefälligkeit im Be= nehmen, freundlichen Dank für erwiesene Ehre; alle Welt soll wissen, daß er nicht darauf ausgeht ihr zu gefallen. Häufig ist es ja wahrhaftige Einfachheit und ächter Eifer um die Sache, der sich so äußert. Aber schon Socrates hat dem Antisthenes gesagt, daß durch die Löcher seines Mantels die Eitelkeit hervorsehe; mit dem Scheine der Eitelkeit ist nicht sie selbst verschwunden, und nur aus Eitelkeit wollen manche zu denen zählen, die nicht eitel sind; die Krankheit hat sich nur auf die inneren Theile gezogen, und ist um so hartnäckiger.

Mit dieser letzten Form der Eitelkeit, der versteckten, könnte ich meine Naturgeschichte derselben schließen, wenn ich dächte, Sie halten es für möglich von der Eitelkeit zu handeln, ohne auf die Mode zu kommen; denn die perio= dischen Seufzer, die ihre Wechsel uns auspressen, sind zwar oft heuchlerisch genug; wie viele möchten doch den Glanz missen, der auf sie selbst von der Eleganz, die an ihrem Arme wandelt, zurückfällt — aber geheuchelt oder nicht, jedenfalls werden sie auf Rechnung der leidigen Eitelkeit geschrieben, welche nicht lassen könne, immer die neueste Mode mitzumachen. Nun bin ich diesem Capitel gegenüber freilich in einer schlimmen Lage; die Philosophie muß suchen, die Dinge zu begreifen, und geht von der Vor= aussetzung aus, daß das Wirkliche vernünftig ist, aber die Mode oder vielmehr die Moden überzeugen uns, daß es

mehr Dinge im Himmel und auf Erden gibt, als unfere
Philosophie verstehen kann; und da es mir noch nicht gelungen ist, auch nur den ersten Schritt zu thun und sicher
zu ergründen, wer denn die mysteriöse Macht ist, welche
anordnet, daß man jetzt breite Hüte trägt, jetzt spitze, jetzt
Hüte, die keine Hüte, sind, und welche zu glauben befiehlt,
daß was 1879 schön und fein war, 1880 unpassend, 1881
aber abscheulich und unanständig sei, so kann ich nur bis
zu besserer Belehrung meine vorläufige Ansicht aussprechen,
daß Eitelkeit und Mode vielmehr in directem Gegensatze
stehen. Es erfordert ja nichts als Selbstverläugnung, nicht
bloß auf jede Bequemlichkeit und Zweckmäßigkeit der Kleidung zu verzichten, sondern auch zu tragen, was zu Kopf
und Gestalt vielleicht gar nicht paßt, mit wahrhaft mili-
tärischem Gehorsam jede Uniform anzulegen, welche von
der geheimnißvollen Regierung befohlen wird, und von
dieser strengen Disciplin nur in den seltenen Fällen kurzen
Urlaub zu erhalten, wenn lebende Bilder oder eine Theater-
vorstellung ermöglichen dem eigenen Geschmack zu folgen,
wo dann auch herauszutreten pflegt, wie viel Licht für gewöhnlich unter den Scheffel der Mode gestellt wird. Die
Herrschaft der Mode könnte als Folge einer demokratischen
Verschwörung der Mittelmäßigkeit der großen Masse gegen
die Aristokratie des persönlichen Adels, eines nihilistischen
Complots für die Gleichheit aber gegen die Freiheit erscheinen; indem alle Aufmerksamkeit auf das Kleid gezogen
wird, soll der freilich vergebliche Versuch gemacht werden,
alle Unterschiede der Geburt verschwinden zu lassen. Fragen

wir aber nach dem Motiv, aus dem sich die selbstverläug=
nende Unterwerfung unter jene Befehle erklären läßt, so
kann ich nichts finden, als lobenswerthen Gemeinsinn. Denn
die Mode des Tages ist zuletzt doch nicht so ganz demo=
kratischer Natur; sie hat ihre Bedeutung als Erkennungs=
zeichen für das, was man die Gesellschaft, man meint die
feine Gesellschaft nennt; indem man der Mode folgt, erklärt
man seine Zugehörigkeit zu derselben, schließt sich mit
Seinesgleichen zusammen, und erhält gerade dadurch die
sociale Ordnung. Freilich hat das Erkennungszeichen den
Uebelstand, kein geheimes zu sein, wie das der Freimaurer;
denn jedes strebsame Stubenmädchen bemächtigt sich desselben
auch, und rechnet sich damit zu den Bevorzugten, die man
unter dem mystischen „Man" versteht; auch sie legt ab,
was „man" nicht mehr trägt; und dadurch ist es noth=
wendig, alle paar Monate eine neue Parole auszugeben,
um durch den Vorsprung der Neuheit die Gesellschaft zu
retten. Nicht die Befriedigung der Eitelkeit also wird in
der Mode gesucht, sondern die Ehre des pünktlichen und
opferwilligen Gehorsams gegen das geheime Comite der
permanenten Revolution an Haupt und Gliedern im Dienste
der socialen Ordnung. Nicht einmal die zuletzt betrachtete
versteckte Eitelkeit kann im Spiel sein; denn diese will sich
doch auszeichnen, gegenüber den anderen auffallen; die Mode
wird aber gerade mitgemacht, um ja nicht aufzufallen, um
nicht den Schein zu erwecken, als ob man seinen eigenen
Geschmack haben und sich dadurch über die andern erheben
wollte; wer der Eitelkeit der Löcher im Mantel huldigte,

würde sich vielmehr außer Reih' und Glied stellen. Mögen auch die einzelnen Moden ursprünglich mit dem Gedanken erfunden werden, daß sie gefällig und reizend sind, so vollzieht sich durch ihre Verallgemeinerung unfehlbar der fortwährende Proceß der Selbstvernichtung der Eitelkeit, und so komme ich zu dem Resultate, daß, was die Mode vorschreibt, im Grunde ein fein ersonnenes System von Bußübungen ist, um alle Eitelkeit auszurotten, die sich auf die äußere Erscheinung gründen könnte. Es erhellt daraus, welches Recht die Frauen zu dem Glauben haben, daß sie von dieser Eigenschaft frei sind. Wie es bei uns Männern steht, ist eine andere schwierigere Frage; ganz kann ich unser Geschlecht ehrlicherweise nicht von jedem Verdachte freisprechen; ich selbst wenigstens wünsche lebhaft, durch einen kurzen Schluß Sie angenehm zu überraschen.

www.ingramcontent.com/pod-product-compliance
Lightning Source LLC
Chambersburg PA
CBHW020858020726
47497CB00005B/1459